청소년을 위한
라이벌 한국사

청소년을 위한 라이벌 한국사

초판 1쇄 발행 2010년 2월 1일
초판 7쇄 발행 2018년 1월 20일

지은이 강응천
펴낸이 유재건 | **펴낸곳** (주)그린비출판사 | **등록번호** 제2017-000094호
주소 서울 마포구 와우산로 180, 4층 | **전화** 02-702-2717 | **이메일** editor@greenbee.co.kr

ISBN 978-89-7682-808-8 43910
이 도서의 국립중앙도서관 출판시도서목록(CIP)은 서지정보유통지원시스템 홈페이지(http://seoji.nl.go.kr)와
국가자료공동목록시스템(http://www.nl.go.kr/kolisnet)에서 이용하실 수 있습니다.(CIP제어번호: CIP2010000201)

청소년을 위한

라이벌 한국사

강응천 지음

gB
그린비

머리말

『청소년을 위한 라이벌 세계사』를 낸 지 3년여 만에『청소년을 위한 라이벌 한국사』를 낸다. 3년 전에 이야기한 것처럼 사람들은 라이벌 없이 모든 이와 조화롭게 사는 세상을 꿈꾼다. 그러나 현실에서 우리는 싫든 좋든 여러 종류의 라이벌과 경쟁을 벌이며 살아가고 있다. 싸우면서 키 큰다고 했으니 인류가 성숙할 때까지 이러한 라이벌 관계는 인류 곁을 떠나지 않을 것이다.

라이벌 관계 중에는 김연아와 아사다 마오 사이처럼 서로의 성취를 촉진하는 아름다운 경쟁 관계도 있지만, 미군과 알카에다처럼 내가 살기 위해 이기거나 없애야 하는 적敵도 있다. 『청소년을 위한 라이벌 한국사』에서 다루는 라이벌은 대체로 후자 쪽이 많다. 그리고 개인 간의 라이벌 관계보다는 집단이나 사상, 사건 등의 라이벌 관계를 많이 다룬다. 그쪽이 역사의 흐름을 이해하는 데 더 많은 도움을 주기 때문이다.

사람 사이에 라이벌 관계가 존재한다는 것은 그만큼 사회가 경쟁적이거나 적대적인 집단과 계층으로 갈라져 있다는 것을 뜻한다. 그런데 세상이 하도 복잡하고 별의별 인간관계로 얽혀 있다 보니까 우리는 때때로 손잡아야 할 친구를 적으로 돌리기도 하고 경계해야 할 상대와 희희낙락하기도 한다. 거미줄처럼 우리 의식을 칭칭 감고 있는 각종 미디어가 혼란스러운 지식과 정보를 쏟아내면서 내 편인 '아' 我와 상대편인 '비아' 非我에 대한 우리의 판단력을 혼미하게 하고 오도한다.

이러한 사정은 역사에서도 마찬가지다. 우리 주변의 수많은 역사책이 서로 다른 관점을 제시하고 때로는 사실마저 다르게 보여 주면서 사람들의 판단을 혼란스럽게 하고 있다. 심지어는 교과서마저 서로 다른 역사관의 쟁탈 대상이 되어 자라는 청소년들을 더 큰 혼란 속으로 몰아넣는다. 현대 한국인의 의식 속에 이미 소중한 가치로 자리 잡은 평화, 민주주의, 민족 자주 등에 위배되는 역사적 인물이나 사실에 대해 논리적 포장을 씌우고 재평가를 시도하기도 한다. 예컨대 평화를 강조하며 외세의 침략을 극복해 온 우리 역사를 찬양하다가도 우리도 고대에 다른 민족을 정복하고 제국을 건설한 적이 있었다며 흥분하는가 하면, 민주주의적 가치관에 위배되는 침략자나 독재자를 온갖 구실과 함께 미화하는 사례가 그것이다.

혼란에 빠지지 않기 위해 필요한 것은 무엇보다도 주체적인 판단력이다. 그러한 판단에는 고통이 따른다. 일제 강점기의 역사를 되돌아보면서 친일파가 나쁘고 독립 운동가들이 옳다는 판단은 누구나 쉽게 할 수 있다. 그러나 오늘날 친일파처럼 나쁜 행위는 무엇이고 독립 운동가의 정신을 이어받는 올바른 행위는 무엇일까 판단하는 것은 결코 쉬운 일이 아니다. 따라서 좌충우돌하고 이합집산하며 역사를 만들어 갔던 과거의 라이벌들을 살펴볼 때는 "나라면 어땠을까?", "지금이라면 어떨까?"라는 불편한 질문을 끊임없이 던져야 한다. '한국사의 라이벌'은 그러한 질문을 던지는 데 도움이 되도록 우리 역사를 형성해 온 쟁점과 이를 둘러싼 라이벌 관계를 정리해 보았다. 독자들이 올바른 판단력을 가지고 역사 속으로 들어가 동지와 맞수를 올바로 판별하여 삶의 멘토와 반면교사로 삼는 데 도움이 되기를 기원한다.

끝으로 3년간 연재를 허락하고 원고를 다듬어 준 『독서평설』 편집진과 책으로 만들어 더 많은 독자들과 만날 기회를 준 그린비출판사에 감사드린다.

2010년 1월 강응천

차례

3부 라이벌 근대사

4부 라이벌 현대사

프롤로그

자주 VS 사대
한국사상 오천 년래 제일의 대정점

동아시아 바깥 세계에서 볼 때 한국은 대단히 이상한 나라다. 중국이라는 거대한 나라의 한쪽 끝에 붙어 있으면서도 어떻게 독자적인 문화를 가진 독립 국가를 유지해 왔는지 선뜻 납득이 가지 않는다. 중국은 지금도 세계적인 강대국으로 발돋움하고 있지만, 과거 수천 년간 '세계의 중심'이라는 이름이 과장되어 보이지 않을 만큼 막강한 국세를 안팎으로 과시해 왔다.

한민족의 조상이 세운 최초의 국가는 고조선(기원전 2333?~기원전 108)이었다. 독자적으로 살아갈 것인가, 중국에 예속되어 살아갈 것인가 하는 문제는 이 최초의 국가에서부터 사활을 건 쟁점이었다. 고조선부터 그 나라 이름을 계승한 조선(1392~1910)에 이르는 수천 년 동안, 우리 조상은 중국에 대한 사대와 자주의 노선 사이에서 숱한 갈등과 싸움을 겪어 왔다.

이 문제는 우리가 중국의 영향권에서 벗어났다고 생각했던 근대 세계에 들어와서 오히려 더욱 강해지고 날카로워졌다. 과거의 중국보다 훨씬 강하고 집요하고 침략적인 세력들이 한반도를 둘러싸 버렸기 때문이다. 오늘날 두 개의 국가로 갈라진 한민족은 미국, 일본, 러시아, 중국 등 어느 하나도 녹록지 않은 강대국을 상대하며 녹록지 않은 생존 투쟁을 해나가고 있다. 이 투쟁이 힘들면 힘들수록 한국인의 '자주성'은 더욱더 두드러지는 경향을 보인다. 수천 년간 한국인이 벌여 온 '자주와 사대' 사이의 치열한 노선 대결을 살펴보면서, 한국의 '독자성'이 역사상 필연적인 근거를 지니고 있음을 확인해 보자.

낙랑군은 한나라가 고조선에 설치한 4군현(낙랑·임둔·진번·현도) 중 하나로 특히 식민통치의 중심 기능을 담당했다. 낙랑군이 자리 잡고 있었던 평양 일대에서는 와당, 오수전, 봉니, 고분 등 다양한 유물과 유적이 발견되고 있다. 사진은 문서를 봉인하는 데 쓰인 봉니이다.

고대—부딪치고 싸우며 '자주'의 조건을 익히다

고조선이 동북아시아의 주역으로 자리 잡고 있을 때, 중국에서는 한漢나라(기원전 202~서기 220)가 천하를 통일했다. 한나라는 중국이 세계의 중심이라는 '중화사상' 中華思想을 확립한 제국이었다. 이런 나라가 고조선에게 신하의 예를 갖추라고 했는데도 고조선의 우거왕右渠王(?~기원전 108, 고조선의 마지막 왕)은 이를 거부했다. 한나라에 예속되는 대신 동북아시아의 강국으로 자리를 굳히겠다는 뱃심 좋은 계산이었다.

기원전 109년, 한나라는 5만 7천 대군으로 고조선을 공격했고, 고조선은 1년이나 맞서 싸웠다. 그러나 한나라와 내통한 내부 '사대 세력'의 배신으로 결국 고조선은 멸망했다. 한나라는 고조선 땅에 군현郡縣(전국을 군郡으로 가르고 이를 다시 현縣으로 갈라, 중앙 정부에서 지방관을 보내어 직접 다스리던 제도)을 설치했고, 한국사의 싹은 거기서 꺾이는가 싶었다. 그러나 우거왕과 재상인 성기成己(?~기원전 108)가 죽을 때까지 항전하며 보여 준 '자주'의 싹은 여전히 살아 있었다.*

한나라가 만주와 한반도 북부에 설치한 군현은 고조선이 멸망한 뒤에도 이 지역 토착 세력과 끊임없이 갈등을 빚었다. 그러한 갈등 속에서 태어나 이를 이겨 내고 성장한 나라가 고구려(기원전 37~서기 668)였다. 고조선이 망할 무렵 북만주에는 또 다른 우리 조상의 나라 부여가 자리 잡고 있었는데, 고구려는 이 부여에서 갈라져 나와 압록강 북쪽에 선 나라였다. 종족으로 보나 지역으로 보나, 이 나라는 한나라 군현과 각축을 벌이며 생존 영역을 확보해 나갈 운명을 띠고 있었다.

* 기원전 109년, 중국 한나라 무제(武帝)가 대군을 보내 고조선을 공격했을 때, 처음에는 고조선이 우세했다. 하지만 한나라의 공격이 점차 강해지자, 고조선 내부는 화친을 하자는 세력과 계속 싸우자는 세력으로 분열되었다. 화친파 가운데는 망명하거나 항복하는 자들이 속출했다. 그 와중에 왕자인 장이 적군에 투항하고 우거왕이 암살되었다. 최후까지 성을 지키던 성기라는 재상마저 암살되자, 왕검성은 함락되고 고조선은 멸망했다.

아들 장수왕이 아버지 광개토대왕의 업적을 기리기 위해 세운 광개토대왕의 능비. 현재 중국 지린성 지안시에 있다. 이 지역은 신라의 삼국 통일 이후 우리 역사의 주무대에서 벗어나 있었고, 광개토대왕릉비의 존재는 오래도록 알려지지 않았다. 능비의 존재가 공식 기록에 처음 등장하는 것은 『용비어천가』. 이성계의 동녕부(옛 국내성, 현 지안 일대) 원정을 서술하는 부분에 "(지안 지역에) 황성이 있고 그 북쪽 7리 되는 곳에 큰 비석이 있다" 라고 되어 있다. 고려 말에 공민왕의 명령을 받은 이성계가 중국 원나라의 동녕부를 공격하고 일시적으로 장악하면서 비로소 고려인에게 비의 존재가 알려졌던 것. 그러나 당시 이 비는 중국 황제의 비로 여겨졌다.

고구려가 만주와 한반도에 남아 있는 한 군현을 마지막으로 쫓아낸 것은 서기 313년, 한나라가 망한 뒤로도 100년 가까이 지난 뒤의 일이었다. 한 군현 중 하나인 낙랑군은 본국인 한나라가 망한 뒤에도 독자적인 중국 세력으로 지금의 평양 일대를 호령하다가, 고구려의 미천왕美川王(?~331)에 의해 숨통이 끊겼다.

통일 제국 한나라가 망한 뒤 중국은 오랜 분열의 시대로 들어갔다. 조조曹操(155~220), 유비劉備(161~223), 손권孫權(182~252)이 천하를 셋으로 가른 삼국 시대와, 양쯔강 남쪽과 북쪽에 각각 수많은 왕조가 들어선 위진남북조 시대가 360여 년간 이어졌다. 바로 이 시기에 고구려는 중국 여러 나라와 싸움도 하고 교류도 하면서 세력을 키워 나갔다. 그리하여 광개토대왕廣開土大王(375~413)에 이어 장수왕長壽王(394~491)이 집권한 5세기의 고구려에서, 우리는 매우 인상적인 '자주국' 의 등장을 목격하게 된다.

광개토대왕의 능비陵碑를 보면, 그 당시 고구려는 스스로를 '천손의 나라' 로 생각하고 독자적인 연호를 쓰며, 남쪽의 백제, 신라, 가야로부터 조공을 받던 대국이었다. 요동 평야와 한강 유역의 평야 지대에 걸친 영토는 넓고 기름졌으며, 불교를 중심으로 한 문화는 강건했다. 어느 모로 보나 이 나라는 중국의 여러 나라와 대등하게 겨루며 독자적인 세력권을 구축한 '동북아시아의 중심' 이었다.

고구려의 위세에 숨 죽이고 있던 백제와 신라는 상대적으로 중국과의 갈등이 적었다. 오히려 고구려에 대해 '자주성' 을 지키는 것이 당면 과제였다. 그래서 백제와 신라는 고구려에 맞서 손을 잡았고, 마침내 고구려를 협공하여 한강 유역을 빼앗았다(551년). 그러나 다음 순간 신라는 동맹을 깨고 백제를 공격하여 한강 유역을 독차지했다(553년).

고구려 석성(石城)의 본래 모습을 가장 잘 간직하고 있는 백암산성. 수와 당은 고구려를 치기 위해 이 산성을 넘어야 했다.

이처럼 **고구려, 백제, 신라가 서로의 운명을 걸고 골육상쟁을 벌여 나갈 때, 이 세 나라가 서로를 언젠가 하나로 합쳐야 할 동족으로 생각했을 가능성은 매우 적다.** 서로의 생존 영역을 확보하기 위해 경쟁하는 동안, 영토와 주민이 교차하고 교류가 이어지면서 공감대가 넓어지는 정도였을 것이다.

그러는 와중에 중국이 다시 통일되었다. 수隋나라(581~618)가 남북조를 통일했고(589년), 수나라는 또 다른 통일 제국 당唐나라(618~907)에게 패망하면서 천하를 넘겨주었다(618년). 이것은 고구려의 위기였다. 실제로 수나라와 당나라는 잇달아 고구려를 압박해 왔고, 고구려는 옛날 고조선이 그랬듯 끝까지 굴복하지 않았다. 그러나 고구려, 백제, 신라가 힘을 합쳐 통일 중국에 대항하려는 노력은 결코 일어나지 않았다. 고대 그리스의 여러 도시 국가가 거대한 페르시아 제국의 침략*에 맞서 보여 준 동족 의식이 아직 우리 조상의 나라들 사이에는 없었다.

고구려의 연개소문淵蓋蘇文(?~666?)은 당나라의 위협을 단호히 배격하는 동시에, 신라의 김춘추金春秋(604~661)가 내민 동맹의 손길을 가차없이 뿌리쳤다. 그에게 백제와 신라는 지배해야 할 약소국에 지나지 않았다. 그러자 김춘추는 당나라와 손을 잡고 백제와 고구려 정벌에 나섰다. 수나라와 당나라의 대규모 침략군이 몇 차례씩 두드려도 무너지지 않던 고구려의 철옹성鐵甕城(방비나 단결 등이 견고한 사물이나 상태)은 신라가 당나라에 가세하자 모래성처럼 허물어지고 말았다(668년).

고구려가 중국에 대해 '자주'적 입장을 견지한 것은 역사적 사실이다. 그러나 신라가 중국이라는 '외세'를 끌어들여 '동족'인 백제와 고구려를 쳤다고 말하는 것은 역사적

* 페르시아 제국이 기원전 5세기 초에 시도했다가 실패한 그리스 원정 전쟁. 기원전 492년 다리우스 왕이 트라키아 시(市)를 침략한 전쟁을 제1차 페르시아 전쟁, 2년 뒤 페르시아 함대가 에레트리아 시를 공격하면서 시작되어 기원전 479년까지 계속된 전쟁을 제2차 페르시아 전쟁이라 한다.

백제 지역에서 출토된 수막새. 가운데 새겨진 '대당'(大唐)이라는 글자로 보아 당이 설치한 관청에 쓰인 수막새로 추정된다. 당나라는 신라와 함께 백제와 고구려를 멸망시킨 후 백제의 옛 땅에는 5개의 도독부(都督府)를, 고구려 땅에는 9개의 도독부와 이를 총괄하는 안동 도호부를 설치했다.

으로 옳은 이야기만은 아니다. 삼국 간에 동족 의식이 희박했던 당시, 신라의 행동은 하나의 외세를 이용하여 다른 외세를 친 쪽에 가깝기 때문이다.

문제는 백제와 고구려가 무너진 다음이었다. 당나라가 백제와 고구려의 옛 땅을 다 차지하고 신라마저 먹겠다고 덤벼들었기 때문이다. 그제야 신라는 깜짝 놀라 백제, 고구려의 부흥군과 손을 잡고 당나라에 맞섰다. 이미 망한 백제와 고구려에 대해, 신라는 이전의 수백 년보다 이때의 8년 동안 훨씬 더 진한 동족 의식을 느꼈다. 이러한 동족 의식은 마침내 신라가 당나라군을 한반도에서 몰아내고 진정한 삼국 통일을 이룩하는 원동력이 되었다(676년).

신라는 삼국 통일을 '삼한일통'三韓一統이라는 말로 표현했다. '삼한'은 중국에서 한반도와 만주의 여러 나라를 가리킬 때 대명사처럼 쓰던 말이었다. **신라는 이러한 삼한이 진정으로 중국과는 다른 공동체라는 사실을 중국과 싸우면서 뚜렷하게 인식하게 되었다.** 고구려, 백제, 신라가 하나의 동족이며 중국에 대해 '자주'를 지켜야 한다는 의식은 이처럼 값비싼 대가를 치르고 난 뒤에야 나타났다.

중세 — '사대'의 틀 위에서 '자주'를 모색하다

통일 신라는 당나라의 침략을 물리치고 '자주'적으로 '삼한'을 지켰다. 그러나 삼한이 포괄하던 지역은 통일 신라로 접어들어 대동강 이남으로 축소되었다. 그러자 고구려 유민이 주도하는 나라 발해(698~926)가 당나라의 방해를 물리치고 옛 고구려 땅에 들어섰다(698년).

"이제 삼한이 한 집안이 되고, 백성이 두 마음을 갖지 않게 되었습니다."

673년 와병 중인 김유신은 자신을 문병 온 문무왕에게 이렇게 말한다. 자신이 일평생 몸을 바친 삼국 통일의 과업이 이루어졌다는 뜻이다. 2년 뒤 신라는 매소성에서 당나라 군대를 물리치고 이듬해 완전한 삼국 통일을 이루었다.

통일 신라와 발해가 서로를 동족으로 여기고, 미흡했던 '삼한일통'을 완수하려 노력했던 흔적은 없다. 통일 신라는 삼한의 주인으로, 발해는 동북아시아의 패자霸者(한 분야의 으뜸가는 사람이나 단체)였던 고구려의 계승자로 각자 자리매김하면서 경쟁했다. 그러한 경쟁은 당나라가 이룩한 동아시아 국제 질서의 틀 속에서 이루어졌다. 당나라에서 시행한 빈공과賓貢科(외국인 대상의 과거 시험)에서 어느 나라 사람이 장원을 했는가, 당나라의 외교 서열에서 어느 나라가 더 높은 대우를 받는가 등이 경쟁의 주요한 내용이었다.

흔히 중세를 '보편의 시대'라고 한다. 각 지역, 각 나라의 특수성보다는 국제적인 보편성이 우위에 섰다는 뜻이다. 당나라는 동아시아 세계에서 이러한 보편의 중심에 있었다. 당나라가 무너지자 당나라 중심의 보편 질서에 편입되어 있던 발해와 통일 신라에도 위기가 찾아왔다. 발해는 거란족의 요遼나라(916~1125)에게 망하고, 통일 신라는 고려(918~1392)에게 항복했다. 고려는 통일 신라의 영토를 계승하고 발해 유민을 받아들여, 실질적으로 한민족의 역사적 토대를 마련한 왕조로 일컬어진다. 실제로 고려 이후의 한국사에서는 남북한 분단 이전까지 두 나라 이상으로 갈려 다투는 일은 사라졌다. '통일 국가' 고려는 고구려의 옛 영토를 회복하려는 북진 정책을 쓰고, 독자적인 연호를 사용하는 등 '자주' 노선을 걷기 위해 애썼다. 그러나 다른 한편으로는 중국에 '사대'의 예를 갖추며 중세적 보편 질서에 적응하려는 노력도 보였다. 이러한 '사대'의 자세는 배외적인 태도를 취하며 일어난 '서경천도운동'*을 유학자 김부식金富軾(1075~1151)이 진압한 뒤 더욱 강화되었다. 김부식은 『삼국사기』三國史記에서 대국 당나라에 저항한 연개소문을 맹렬히 비난하고 김춘추를 찬양했는데, 이것은 19세기 조선 왕조

* 서경천도운동 : 1135~36년, 고려 인종 때 묘청 등이 수도를 서경(지금의 평양)으로 옮기려 한 사건. 이때 서경 출신의 신진 관료 세력은 굴욕적인 사대 외교를 버리고 금나라에 대항할 것을 주장했으나, 서경천도운동의 실패를 계기로 개경 세력인 문벌귀족에 의해 제거되었다.

임진왜란 때 조선을 도와준 데에 대한 보답으로 명나라 신종과 의종의 제사를 지냈던 만동묘. 송시열의 유언으로 건립되었고, 일제 강점기 때 철거되었다가 최근 복원되었다. 대개의 건축물이 햇볕이 잘 드는 남향이나 동남향으로 짓는 것에 비해 만동묘는 북쪽을 향하고 있다. 명나라에 대한 은혜를 잊지 못한다는 뜻이라고 한다.

말엽까지 지속된 우리나라 지배층의 기본적인 사고였다.

이러한 동아시아 중세의 보편 질서는 유학에 기반을 두고 있다. 우리나라 유학자들은 중국이 천하의 중심이라는 '중화사상'을 아무런 저항감 없이 받아들였다. 몽골족의 원元나라(1271~1368)가 중국을 평정하고 중화를 표방했을 때, 만주족의 청淸나라(1636~1912)가 한족의 명明나라(1368~1644)를 정복했을 때, 그들이 야만족 출신이라는 데 대한 반감에서 격렬한 저항을 벌이기도 했다. 그러나 중국을 대국으로 모시는 '사대'의 형식은 고려와 조선이라는 두 중세 왕조에 걸쳐 지속되었다.

오랜 중세의 '사대'는 역설적으로 '자주'의 도구로 이용되기도 했다. 특히 조선의 유학자 관료들은 중화의 은혜를 제대로 입은 우리나라가 중국 못지않은 문화 국가라는 점을 강조하고 자랑스러워했다. 우리가 중국에 버금가는 중화 국가라는 '소중화'小中華론은 그런 인식에서 나왔다. 명나라가 멸망한 뒤에는 "이제 중국에서 중화가 사라졌으니 조선이 진정한 중화"라고 주장하면서 청나라에 '자주적으로' 맞서는 사람도 있었다. 요컨대 **한국 중세사는 자발적인 '사대'를 통해 보편적 국제 질서에 적응하면서 그 틀 안에서 '자주'적인 문화 국가를 지향했던 역사였다고 말할 수 있다.**

근대 이후 — '사대'는 갔으나 '자주'는 오지 않은

1897년 10월 12일, 중세의 '사대' 질서를 무너뜨리는 대사건이 일어났다. 조선이 청나라에 대한 '사대'를 끊고 근대적 '자주' 국가인 대한제국으로 바뀌었음을 전 세계에 알린 것이다. 그러나 이 선포식이 우리나라의 진정한 '자주화'를 가져올 것이라 믿는

사람은 그리 많지 않았다. 그 당시는 서유럽에서 시작된 근대적 세계 질서가 이미 청나라를 이빨 빠진 호랑이로 만들어 버리고 동아시아를 접수한 상태였다.

19세기 말, 근대적 세계 질서는 제국주의의 질서로 재정비되고 있었다. 먼저 근대 국가로 나아간 열강이 앞 다투어 세계 곳곳에서 식민지를 개척해 나갔다. 조선, 아니 대한제국을 식민지로 삼으려고 대기하고 있는 열강 가운데 선두 주자는 일본이었다. 천여 년 만에 '사대' 에서 벗어나 새로운 '자주' 국가를 세우려는 숱한 애국자들의 노력도 덧없이, 대한제국은 13년 만에 간판을 내리고 한반도는 일본 제국의 식민지로 굴러떨어졌다. 그것은 중세의 '사대' 라는 문화적 관계와는 비교도 할 수 없는 정치적 억압과 경제적 수탈의 노예 관계였다.

중세의 중화 질서에서 '2등' 은 된다고 큰소리치던 나라가 근대 세계에 명함도 내밀 수 없는 식민지로 전락하자, 많은 사람들이 정신을 바짝 차렸다. 그들은 울분에 찬 목소리로 우리의 나태했던 과거를 질타하고, 근대 세계에서 진정한 '자주' 국가로 부활할 방법을 모색했다. 이 과정에서 중세를 지배했던 김부식의 역사관은 뭇매를 맞아야 했다. 김춘추는 동족을 외세에 팔아넘긴 매국노가 되었고, 연개소문은 불세출의 애국자로 복권되었다. '서경천도운동' 의 실패는 한국사의 큰 흐름을 '자주' 에서 '사대' 로 바꿔 놓은 최대의 비극으로 묘사되었다.

이러한 **새로운 역사관에서 '사대' 와 '자주' 를 평가하는 기준은 '민족'** 이었다. 만주와 한반도를 무대로 펼쳐진 유구한 역사 속에 형성되어 온 한민족이, 침략자 일본을 몰아내고 근대적 자주 독립 국가를 건설해야 한다는 것이 이 역사관의 핵심 주장이었다. 신

← 원구단(환구단)은 원래 임금이 제천의식을 행하던 곳이었다. 그러나 제후국 왕이 천자의 의례인 원구단의 제천의례를 행하는 것이 잘못이라고 하여 조선 중기 이후 중단되었다. 1897년 고종이 대한제국 황제로 즉위하면서 다시 원구단에서 제천의례를 거행했다. 1913년 조선총독부는 원구단을 헐어내고 그 자리에 철도호텔(현 조선호텔)을 세웠다. 현재는 사진 왼편의 황궁우와 고종 즉위 40년을 기념하여 만들었다는 석고(石鼓) 3개만이 남아 있다.

채호申采浩(1880~1936), 박은식朴殷植(1859~1925) 등에서 비롯된 이 민족주의 사관은 오늘날에 이르기까지 한국인의 역사 인식을 지배하고 있다. 친일 잔재를 청산하지 못하고 외세에 의해 분단된 현실 때문에, 민족주의 사관의 호소력은 아직도 크다.

흔히 근대를 '민족의 시대'라고 한다. 보편의 시대였던 중세와 달리 근대에는 민족적 특수성이 우위에 놓인다. 그렇다고 해서 우리 조상의 나라들이 서로를 동족으로 의식했는지도 의심스러운 고대나, 보편적 질서 속에서 '자주'의 문제를 고민하던 중세에까지 근대적 '민족'의 잣대를 들이대는 것은 무리가 있어 보인다. '자주'적이었던 연개소문에게서도 신라와 백제를 동족으로 인식하지 못한 역사적 한계를 볼 수 있고, '사대'적이었던 조선 유학자들에게서도 문화적 자부심을 읽을 수 있기 때문이다.

지금 우리는 '사대'의 시대에서 멀찌감치 벗어나, 약육강식의 논리가 창궐하는 세계, '민족적 자주'를 풀어 나가야 하는 시대를 지나고 있다. 세계화, 분단된 반쪽의 핵 실험, 일본의 재무장, 한미 자유무역협정FTA 등 과제를 어렵게 하는 문제들이 첩첩산중으로 놓여 있다. 이 산들을 넘지 못하면 우리의 후손은 근대 민족주의 사학이 김춘추나 김부식에게 하는 것보다 더 심한 저주를 우리에게 퍼부을지도 모른다. 그보다 더 심각한 시나리오는 그럴 후손마저 없는 것이다. 그런 점에서 수천 년간 '자주'와 '사대'를 오가면서도 중국 중심의 천하를 '주체적으로' 살아온 조상들이 자랑스럽다.

라이벌

한국 고대사(기원전 2333?~서기 936)는 고조선부터 남북국 시대까지를 포괄한다. 드물게
는 신라의 삼국 통일까지를 고대사로 분류하고, 남북국 시대는 중세사로 보는 사례도
있다. 이 시대는 만주와 한반도에 흩어져 있던 우리 민족의 조상들이 이합집산을 거치
며 일체감을 갖는 통일 국가를 이룰 때까지의 여정을 담고 있다. 그런 점에서 기원전 3
세기 진·한이라는 통일 제국이 등장할 때까지를 포괄하는 중국사의 고대와 비슷하다.
한국사의 원형이 만들어지던 시대인 만큼 고대사를 이끌고 간 라이벌 관계는 주로 한

고대사

국사의 독자성이나 통일성과 관련되는 쟁점을 가지고 있다. 단군과 기자는 한국사의 기원이 독자적이냐 중화적이냐 하는 쟁점과 관련되고, 연개소문과 김춘추의 맞수 관계는 한국사의 주체들이 '일체감'을 느끼게 된 과정을 알려준다. 한편 일본사는 서기 3세기 말경의 야마토 정권부터 서기 12세기 막부 정권의 탄생에 이르는 시기를 고대로 설정하고 있다.

우리 역사의 상징을 둘러싼 경쟁

단군 V

단군檀君과 기자箕子는 우리 역사의 첫머리를 장식하는 사람들이다. 그러나 두 사람의 역사적 실체는 안개 속에 가려져 있다. 단군은 고조선을 건국한 사람으로 알려져 있지만, 신화적 존재 쪽에 더 큰 비중이 실려 있다. 기자는 단군에 이어 고조선을 다스린 사람으로 알려져 있으나 역사적 사실을 의심받고 있다.

고조선의 역사는 기원전 7세기경부터 비교적 사실적으로 재구성되고, 가장 생생한 기록이 남아 있는 것은 한나라와 전쟁을 벌인 마지막 1년간이다.

⬆ 민족의 시조로 일컬어지는 단군.

S 기자

『삼국유사』三國遺事에 단군이 나라를 세웠다고 쓰여 있는 시기는 기원전 2333년이다. 이때 이미 서아시아에는 도시 국가들이 융성했고, 이집트에는 파라오의 무덤인 피라미드가 여기저기 세워져 있었다. 이에 비해 단군과 기자가 불확실한 기록의 주인공으로만 남아 있는 것은 안타까운 일이다. 그 뒤 우리 역사에 단군과 기자가 끼친 영향은 파라오가 이집트 역사에 끼친 영향보다 훨씬 깊고 강력한 것이었기 때문이다.

🔼 중국 주나라의 무왕에 의해 조선의 왕으로 책봉되었다는 기자.

단군과 기자가 함께 잊혀 가다―고조선 멸망

단군 조선에 관한 최초의 기록은 고려 후기인 13세기 말에 승려 일연이 쓴 『삼국유사』의 「기이」紀異편이다. 여기 소개된 단군 신화에 따르면, 단군왕검檀君王儉의 아버지는 하느님인 환인의 서자 환웅이고, 어머니는 곰이 사람으로 변한 웅녀였다. 단군은 무려 1,500년 동안 나라를 다스리다가 기자를 조선의 임금으로 봉한 뒤 나이 1,908세에 산신이 되었다.

이 신화는 역사적으로 보통 이렇게 해석된다. 환웅과 웅녀의 결혼은 환웅 부족과 곰을 토템*으로 삼는 부족의 융합을 뜻하며, 단군왕검은 제정일치 사회의 제사장을 가리키는 호칭이다. 이는 곧 단군 한 사람이 1,500년 동안 고조선을 다스린 것이 아니라 여러 단군왕검이 오랜 세월 이어서 다스렸다는 사실을 의미한다. 기자를 임금으로 봉했다는 것은 권력의 교체, 곧 단군 조선에서 기자 조선으로 넘어간 사건을 뜻한다.

그렇다면 기자란 누구인가? 기원전 3세기경에 지어진 중국의 역사서 『상서대전』尚書大傳(중국 한나라 때 복생伏生이 저술한 역사서)에 따르면, 그는 본래 갑골 문자(고대 중국에서, 거북의 등딱지나 짐승의 뼈에 새긴 상형 문자)로 유명한 중국 은殷나라의 현자였다. 은나라의 주왕紂王(기원전 1154~1111)이 주지육림酒池肉林**에 빠지자 기자는 왕의 잘못을 타이르다가 감옥에 갇히는 신세가 되었다. 그런데 주周나라의 무왕武王(기원전 1169?~1116)이 은나라를 멸망시키고 기자를 풀어 주자, 기자는 두 임금을 섬길 수 없다면서 조선으로 들어갔

* 토템 : 미개 사회에서, 부족 또는 씨족과 특별한 혈연관계가 있다고 믿어 신성하게 여기는 특정한 동식물 또는 자연물. 각 부족 및 씨족 사회 집단의 상징물이 되기도 한다.
** 주지육림 : 술로 연못을 이루고 고기로 숲을 이룬다는 뜻으로, 호사스러운 술잔치를 이르는 말이다. 중국 은나라 주왕이 못을 파 술을 채우고 숲의 나뭇가지에 고기를 걸어 잔치를 즐겼다는 고사에서 유래했다.

← 민간에 전승되고 있던 단군신화는 정사인 김부식의 『삼국사기』에는 '괴력난신'(이성적으로 설명하기 어려운 불가사의한 존재나 현상)으로 치부되어 실리지 못했다. 그러나 일연은 「기이」편 서문을 통해 김부식의 유교적 합리주의를 정면으로 반박하면서 건국 신화, 설화, 불교 관련 기사 등 신이한 이야기들로 삼국의 이야기를 재구성했다. 이러한 점이 오늘날 『삼국유사』의 사료적 가치를 높여 주는 데 일조했다. 사진은 일연이 『삼국유사』를 저술했다는 경북 군위군의 인각사.

다. 그때 무왕은 기자를 조선 왕으로 책봉했다고 한다. 유명한 역사학자 사마천司馬遷(기원전 145?~86?)이 쓴 『사기』史記에도 비슷한 기록이 있다. 중국 한나라에 관한 역사책인 『한서』漢書, 「지리지」에서는 기자가 조선에 가서 그 백성에게 예의와 농사, 양잠(누에를 기름), 베 짜기 기술을 가르쳤고, 그때 8조법***이 시행되었다고 한다.

단군과 기자에 관한 기록은 그 역사적 근거를 두고 아직도 논란이 많다. 기원전 194년 고조선의 서쪽 변경을 지키던 위만衛滿이 정변을 일으켰는데, 그 당시 고조선의 왕이었던 준왕準王이 단군의 자손인지, 기자의 자손인지, 이도 저도 아닌지는 알 수 없다. 위만이 왕검성을 차지하여 고조선의 왕이 되자, 준왕은 사람들을 이끌고 남쪽으로 내려가 스스로 한왕韓王이 되었다고 한다.

위만이 세운 고조선, 곧 위만 조선은 만주와 한반도 북부에 걸친 강력한 국가로 떠올랐다. 특히 위만의 손자인 우거왕 때에 이르면, 중국의 한나라와 한반도 남쪽 여러 소국 간의 직접 교역을 가로막고 중계 교역권을 독점할 만큼 성장한다. 한 무제武帝(기원전 156~87)는 이런 고조선을 내버려두지 않고 대대적인 침략을 감행하여 1년 만에 멸망시켰다.

고조선 옛 땅에는 한나라가 직접 통치하는 군현들이 설치되었고, 고조선 옛 주민들은 남쪽으로 내려가거나 한나라의 지배를 받았다. 그러나 오래지 않아 만주와 한반도 북부에는 고구려라는 새로운 우리 조상의 나라가 나타나 고조선의 영토를 회복해 갔다. 그렇다고 해서 고구려가 고조선을 직접 계승한 나라는 아니었다. 고구려의 일부 세력

*** 8조법 : 고조선의 사회상을 알려 주는 법률로, '범금팔조'(犯禁八條)라고도 한다. 현재 '① 살인자는 즉시 사형에 처한다. ② 남의 신체에 상해를 입힌 자는 곡물로써 보상한다. ③ 남의 물건을 도둑질한 자는 소유주의 집에 잡혀 들어가 노예가 됨이 원칙이나, 배상하려는 자는 50만 전을 내놓아야 한다'는 3개 조목의 내용만이 전해지고 있다.

대종교는 음력 10월 3일을 개천절로 정해 기념했고, 대한민국 임시정부도 대종교와 함께 개천절을 기렸다. 대한민국 정부는 1949년에 양력 10월 3일을 개천절로 정하고 국경일로 지정했다. 왼쪽의 포스터는 그 직후나 1950년대에 제작된 것으로 추정된다.

이 남하하여 세운 백제나 한반도 동남부에서 성장한 신라도 고조선을 계승한다는 의식은 없었다. 고구려와 백제는 동명성왕이라는 공통의 시조를 섬겼고, 신라는 박혁거세(기원전 69~서기 4)를 주인공으로 하는 건국 신화를 가지고 있었다. 삼국 시대에도 단군과 기자를 인식하거나 숭배한 흔적이 있기는 하지만, 그들이 삼국 공동의 기원을 상징하지는 않았다. 삼국이 따로따로 커 나가는 가운데 고조선과 단군, 기자는 잊혀 가고 있었다.

단군이 부활하다 ― 고려 말 동족 의식의 성장

삼국은 서로 싸우다가 신라에 의해 통일되었다. 그러나 그 통일은 영토는 물론 백성의 통합 면에서도 불완전한 것이었다. 고구려 유민의 상당수는 중국으로 끌려가거나 대조영(?~719)이 세운 발해에 합류했다. 통일 신라의 영토에 온전히 포함된 백제 사람들도 신라를 자기 나라로 받아들이지 않았다. 군사적으로 신라에 정복되었다는 의식이 더 강했다.

이러한 불완전함은 통일 후 200년도 더 지난 시점에 백제와 고구려가 다시 세워진 것을 보면 잘 알 수 있다. 통일 신라의 기강이 흔들리고 사회가 혼란스러워지자 호족이라고 불리는 각 지방의 세력가들이 반기를 들고 일어났다. 이때 옛 백제 지역의 호족들을 통합하여 완산주(지금의 전라북도 전주)를 도읍 삼아 일어난 나라가 후백제였다(900년). 이 나라를 세운 견훤(867~936)이 나라 이름을 후백제라고 한 것은 그만큼 많은 사람이 옛 백제를 그리워했다는 뜻이다. 옛 고구려 지역에서 일어난 궁예(?~918)도 나라

훼손당한 단군상. 제사장(무당)이었던 단군의 출신 성분 덕분에 애꿎은 단군상이 미신이나 우상숭배로 치부되어 일부 개신교도들에게 종종 봉변을 당하곤 했다.

이름을 후고구려라고 했다.

신라, 후백제, 후고구려의 후삼국을 다시 통일한 것은 고려 태조 왕건(877~943)이었다. 후고구려의 재상이던 그는 난폭해진 궁예를 몰아내고 고려를 세웠는데, 고려는 말할 것도 없이 옛 고구려를 계승하는 이름이었다. 왕건은 발해 유민도 받아들이고 영토도 통일 신라보다 북쪽으로 조금 더 넓혔다. 그러나 옛 삼국의 백성들이 고려를 자기 나라로 인식하는 데는 아직 많은 시간이 필요했다. 12세기까지도 경상도 농민들이 신라 부흥을 외치며 들고 일어날 만큼 삼국의 그림자는 길게 드리워져 있었다.

이러한 분열 의식이 청산된 계기는 13세기 몽골의 침략이었다. 거대한 제국의 침략 앞에서 위기를 맞은 고려인에게 백제 유민이니 신라 유민이니 하는 의식은 사치였다. 고려는 중국과 구별되는 별개의 나라며, 그 안에 사는 백성은 모두가 하나의 운명 공동체라는 의식이 확산되었다. 바로 이때 그 백성들을 하나로 묶는 상징이 필요했고, 그때 되살아난 것이 단군이었다. 삼국 이전에 이 땅에는 고조선이라는 나라가 있었고, 그곳에 공통의 시조라고 할 수 있는 단군이 있었던 것이다. 『삼국유사』에 실린 단군 신화는 바로 이러한 시대정신에 따른 단군과 고조선의 재조명이었다.

이처럼 나라의 정신적 통일을 이루는 구심점으로 떠오른 단군은 고려에 이어 세워진 다음 왕조에서 그 지위가 더욱 확고해졌다. 태조 이성계(1335~1408)가 고려를 무너뜨리고 세운 이 왕조는 나라 이름을 아예 조선이라고 지어 단군의 나라를 부활시켰기 때문이다.

일제 강점기에 촬영된 기자묘. 오른쪽 지도에서는 내성 북쪽에 표시되어 있다(①).

기자가 부활하다 — 조선 시대 중화사상의 융성

조선의 건국은 그 이름만으로 보면 고조선 멸망 이래 여러 갈래로 나뉘었던 우리 조상들의 전통을 하나로 묶었다는 의미가 있다. 그 당시 조선을 앞장서서 이끈 사대부들의 자부심은 대단했다. 그들은 조선의 독자적인 전통을 내세우며 독자적인 역사와 문화를 정리하고 일으켜 세우는 데 힘썼다. 그 상징인 단군을 중시한 것은 물론이다.

그러나 유학자인 사대부들은 근본적으로 중화주의자이다. 조선이 독자적인 문화 국가라는 것도 중화의 틀 안에서 성립하는 이야기다. 조선만의 특색 있는 문화도 유학과 한문학을 중심으로 하는 중화 문화의 보편성 안에서 이루어졌다는 뜻이다.

그렇다면 우리나라는 언제부터 중화의 세례를 받기 시작했을까? 바로 이 질문에서 사대부들이 주목한 존재가 기자다. 기자는 중국 은나라의 현자로서 고조선에 들어와 예의를 가르쳤다고 하지 않았던가? 그러니까 기자야말로 이 땅에 중화의 은혜를 전한 최초의 인물이다. 이렇게 볼 때 조선이라는 나라 이름은 단군 못지않게 기자로 인해서 빛나게 된다.

임진왜란이 끝난 지 얼마 안 된 1607년(선조 40년), 사대부 한백겸(1552~1615)은 평양에서 엄청난 발견을 했다고 주장한다. 기자 정전, 곧 기자가 조선에 들어와 실시했던 정전井田이라는 토지 제도의 흔적을 찾았다는 것이다. '정전'이란 농민 개인 소유의 농토와 공동으로 경작하는 농토를 '우물 정井' 자 모양으로 결합시킨 이상적인 토지 제도를 가리킨다. 한백겸은 왕검성이었던 평양의 대동강변에서 격자 모양의 유적을 보고 드디어 기자가 이 땅에 왔던 증거가 나타났다며 기뻐했다.

18세기에 작성된 『해동지도』의 「평양부」 일부분이다. 읍성 안쪽 서북부에는 단군의 제사를 모신 단군전(숭령전, ②)과 기자를 모신 숭인전(③)이 표시되어 있다. 사림 세력이 정국의 주도권을 잡으면서 기자 조선을 정통으로 보는 경향이 강해졌지만 단군의 존재를 완전히 부정하지는 않았다.

조선의 왕실과 사대부들도 환호했다. 조선이 수천 년 전부터 중화의 은총을 받은 사실이 밝혀졌으니 어찌 기쁘지 않으랴. 평양에 기자묘와 기자궁이 지어지고, 평양은 '기자의 성'이라는 뜻에서 '기성'箕城으로 불렸다. 단군이 조선의 독자성을 상징하는 존재라면, 기자는 조선의 보편성을 상징하는 존재로 확고한 자리를 차지하게 되었다. 그 뒤 간행된 평양 지도와 풍경화에는 한결같이 기자 정전의 흔적이 표시되었다. 순조(1790~1834) 때 암행어사를 지낸 박내겸은 평양을 유람하면서 기자묘, 기자궁, 기자 정전을 돌아보았다. 당대의 문화인을 자처하는 사대부들에게는 단군보다 기자가 더욱 자랑스러운 조선의 상징이었을 것이다.

근대 이래 중화사상에 바탕을 둔 조선의 사대주의가 비판받으면서, 기자 조선의 존재는 거의 전면적으로 부정되었다. 기자가 조선에 왔다는 기록은 고고학적 자료나 다른 문헌과 맞지 않고, 한백겸이 발견한 격자 유적은 고구려 평양성의 도시 구획이었을 가능성이 높다고 한다. 반면 단군은 우리 민족의 성조聖祖로서 그 상징적 지위를 날로 높여 왔다.

유학 중심의 중화사상이 부활하지 않는 한 기자 숭배가 부활할 가능성은 없다. 그러나 우리 조상들이 이룩한 문화적 업적은 그들이 기자에 붙였던 의미와 떼어 놓고 살펴볼 수 없다. 한편 단군에 대해서는 역사적, 고고학적 연구가 더욱 진전되어 너무나 큰 공백으로 남아 있는 고조선사가 좀더 또렷한 모습으로 되살아나기를 기대해 본다.

우리 역사의 중심 무대를

만주 V

만주는 중국의 동북 지방을 가리킨다. 랴오닝성遼寧省, 지린성吉林省, 헤이룽장성黑龍江省의 3성으로 이루어진 이 지역의 면적은 80만㎢에 이르러 한반도의 4배에 가깝다. 러시아 땅인 연해주까지 합치면 100만㎢에 육박한다. 이처럼 드넓은 만주 벌판이 옛날 우리 조상의 삶의 터전이었다고 생각하면 가슴이 뛴다. 그리고 이곳이 지금은 남의 땅이라는 생각에 다다르면 안타까운 마음이 절로 든다.

그러나 면적은 비록 22만㎢에 지나지 않아도, 한반도는 만주보다 더 사람이 살

↑ 위성사진으로 본 만주.

둘러싼 경쟁

S 한반도

기 좋은 땅이다. 그리고 한반도만을 무대로 전개되어 온 지난 1,000년의 한국사가 보잘것없거나 부끄러운 역사였던 것도 아니다. 지금 우리 한국인은 그 한반도의 반쪽짜리 땅에서 세계 10위권의 경제 대국을 일구어 냈다.

고대의 만주와 한반도는 앞서거니 뒤서거니 하면서 한국사의 주체와 문화 전통을 빚어낸 무대였다. 그 역사를 되새기며, 오늘날 우리가 만주와 한반도를 어떤 태도로 바라보아야 할지 곰곰이 생각해 보자.

⬆ 위성사진으로 본 한반도.

→ 동명성왕의 뒤를 이은 유리왕은 졸본에서 국내성으로 천도하면서 국내성을 방어하기 위한 산성을 축조했다. 지금은 현재의 산 이름을 따 환도산성이라 부르지만 김부식의 『삼국사기』에는 위나암성 혹은 위나야성으로 기록되어 있다. 244년 위나라 관구검의 고구려 침공으로 동천왕은 강원도로 피신하고 환도성은 불에 타 그 기능을 상실했다. 오른쪽 사진은 환도산성의 일부.

요동이냐 평양이냐

만주의 동쪽에 요하遼河라는 강이 있다. 중국 말로는 '랴오허'라고 한다. 이 강의 서쪽을 요서遼西, 동쪽을 요동遼東이라고 하는데, 요동은 우리 민족의 요람 가운데 하나다. 우리 역사상 최초의 국가인 고조선도 요동을 세력권으로 삼고 있었다. 고조선의 대표적 유물 가운데 하나인 비파형 동검이 이 지역에서 집중적으로 발견되고 있다는 것이 이를 뒷받침한다.

학계에서는 고조선의 왕도王都인 평양성이 지금의 평양이냐 아니면 요동의 어느 곳이냐를 놓고 논란을 벌여 왔다. 기원전 108년 한나라가 평양성을 점령하고 그 자리에 낙랑군을 두었다는 기록이 있으므로, 고조선 말기의 평양성은 지금의 평양일 가능성이 높다. 이를 근거로 어떤 학자들은 고조선의 중심지가 시종일관 평양이었다고 주장한다. 이에 반대하는 학자들은 고조선의 중심지가 요동에서 평양으로 옮겨 갔다고 추측한다. 어느 쪽이든 고조선의 우리 조상들이 만주와 한반도에 걸쳐 살았다는 것만은 틀림없는 사실이다.

고조선이 만주에서 평양으로 천도했다는 학설은 고구려 역사를 떠올리게 만든다. 『삼국사기』에 따르면, 고구려 역시 만주에서 시작해 평양으로 천도했기 때문이다. 고구려가 건국된 곳은 압록강 북쪽이었다. 고구려는 압록강의 지류인 훈장(혼강)渾江변의 약간 외진 졸본이라는 곳에서 태어났다. 그리고 얼마 안 가 그 근거지를 압록강변의 교통 요지인 국내성으로 옮겼다. 하지만 졸본이나 국내성은 '드넓은 만주 벌판'을 이야기하기에는 다소 구석진 산악 지대였다. 이처럼 척박한 땅에서 삶을 개척했던 고구려 사람

들은 생활 조건을 확보하기 위해서는 주변 지역으로 세력을 키워 나갈 수밖에 없었다. 건국한 뒤 300년가량이 지나면서 고구려는 드디어 요동 벌판으로 진출하기 시작했다. 압록강을 따라 서쪽으로 나아가 서안평(현재 중국 랴오닝성의 도시인 단둥丹東)을 점령하고, 이를 발판으로 랴오양(요양), 선양(심양) 등 요동의 중심 지역으로 진출했다. 그리고 요동 반도의 비사성에서 만주 중앙 지대의 부여성에 이르는 국경 지대에, 지금도 자취가 남아 있는 성들을 잇달아 건설했다. 5세기에 찾아온 전성시대에 고구려는 국내성을 중심으로 만주와 한반도 중북부를 아우르는 동북아시아의 강대국으로 우뚝 섰다.

여기서 우리는 한 가지 역사적 의문을 지니게 된다. 만주에서 일어난 고구려가 왜 한반도의 평양으로 왕도를 옮겼을까? 그 당시 중국은 여러 왕조가 난립하는 위진남북조* 시대를 지나고 있었기 때문에 고구려를 크게 위협하지 못했다. 게다가 고구려의 국세는 어느 때보다도 강했다. 만주나 몽골 고원에서 일어난 다른 종족의 예를 보면, 이런 상황에서는 대개 중국으로 쳐들어갔다. 금金나라를 세운 여진족이 그랬고, 원元나라를 세운 몽골족이 그랬다. 그러나 고구려는 진로를 달리하여 한반도를 택했다.

왜 그랬을까? 여러 가지 이유가 있겠지만 이후 고구려의 행보에서 한 가지 답을 얻을 수 있다. 평양으로 천도한 장수왕은 한반도의 곡창 지대를 차지하고 있던 백제를 계속

* 위진남북조 : 중국 역사상 후한(後漢)이 멸망한 다음부터, 수나라 문제(文帝)가 진(陳)나라를 멸망시키기까지(220?~589)의 시대를 가리킨다.

남쪽으로 밀어붙여 한강 유역의 기름진 땅을 빼앗았다. 이처럼 고구려는 다른 기마 유목민처럼 중원中原(중국 문화의 발원지인 황허 강黃河의 중·하류 지역)으로 쳐들어가는 대신 한반도의 농경지를 확보하는 쪽을 택했다. 고구려는 유목민의 나라가 아니라 농경민의 나라였고, 중국이 시비를 걸어오지 않는 이상 평화롭게 공존하며 만주와 한반도의 강자로 남기를 바랐을 것이다.

발해냐 통일 신라냐

고구려가 왕도를 평양으로 옮긴 뒤 국내성과 평양 사이에는 크고 작은 주도권 다툼이 일어났다. 기득권을 지키려는 국내성의 귀족들이 대대적인 반란을 일으킨 일도 있었다. 평원왕平原王(?~590)이 평양의 '하급 귀족' 온달溫達(?~590)을 평강 공주와 결혼시킨 것도 국내성 출신의 기득권 세력을 제압하려는 정치적 선택이었다고 한다.

이렇게 고구려의 중심 추는 만주에서 한반도로 기울었으나, 한반도의 사정은 고구려의 입맛대로 돌아가지 않았다. 신라가 백제와 힘을 합쳐 고구려로부터 한강 유역을 빼앗더니, 곧 백제마저 몰아내고 이 지역을 독차지했다(553년). 고구려는 온 힘을 다해 한강 유역을 되찾으려 나섰고, 그 선봉에 선 사람이 평양 시대의 기린아 온달이었다. 그러나 신라는 더 이상 고구려 앞에서 오금을 못 펴던 과거의 군소群小 국가가 아니었다. 온달은 뜻을 이루지 못한 채 한강변의 아차산성에서 적의 화살에 생을 마감하고 말았다. 그 뒤 고구려는 중국을 통일한 수·당의 침략을 막아내면서 한강을 되찾아 한반도의

← 온달이 화살을 맞고 숨을 거뒀다는 아차산성. 계립현과 죽령 이서의 땅을 회복하지 못하면 돌아오지 않겠다던 온달은 끝내 살아서 고구려로 돌아가지 못했다. 관이 움직이지 않아 평강 공주가 그의 넋을 달래고 나서야 비로소 관을 들어 장례를 치렀다는 기록은 온달의 한을 짐작케 한다. 그의 죽음과 더불어 고구려의 한강 진출도 중단되었다.

맹주가 되려고 노력했으나, 당나라와 신라의 협공을 받고 끝내 700년 긴 역사의 막을 내렸다(668년). 그리고 고구려가 그토록 원했던 한반도의 맹주 자리는 이 지역을 통일한 신라에게 돌아가고 말았다.

신라는 한반도마저 통째로 차지하려 드는 당나라의 야욕을 물리치고 자주국으로 우뚝 섰다(676년). 하지만 만주에 대해서는 고구려 유민과 함께 몇 번 두드려 보다가 당나라 군에게 밀리자 미련을 버렸다. 우리는 645년 고구려가 당 태종太宗(598~649, 당나라의 제2대 황제)이 이끄는 10만 대군을 물리친 안시성 싸움*을 잘 알고 있다. 그런데 바로 그 안시성이 고구려 멸망 후에는 오히려 당나라의 방어 기지가 되어, 신라와 고구려 부흥군의 공격을 좌절시킨 곳이라는 사실은 잘 알려져 있지 않다.

그리하여 대제국 당나라가 동아시아를 평정하고 우리 조상의 활동 무대가 한반도로 축소되는가 싶은 순간, 역사의 신은 "아직!" 하고 손가락을 까딱거렸다. 당나라로 끌려 갔던 고구려 장수 걸걸중상과 그 아들 대조영이 반란을 일으켜 옛 고구려 땅에 발해를 세웠던 것이다(698년).

발해는 초기에 자기를 인정하지 않으려는 당나라와 전쟁을 벌이기도 했지만, 발해가 만주의 주인이라는 사실을 당나라가 인정한 뒤에는 당나라에 조공을 바치며 사이좋게 지냈다. 반면 통일 신라와는 끝까지 사이가 좋지 않았다. 그렇다고 해서 과거의 고구려처럼 한강 유역으로 진출하기 위해 통일 신라와 싸우는 일도 없었다. 두 나라는 국운을 건 전쟁 대신 당나라 중심의 국제 질서 속에서 더 수준 높은 문화 국가로 인정받

---

* 안시성 싸움 : 고구려가 당나라 군대와 안시성에서 벌인 공방전을 말한다. 당나라가 동북아시아까지 세력을 뻗치자, 고구려는 당에 대해 강경책을 추진하며 당의 침략에 대비했다. 이에 당 태종은 직접 10만 대군을 이끌고 요하를 건너 요동성·개모성·비사성 등을 빼앗은 뒤, 전략적으로 가장 중요한 안시성을 공격했다. 하지만 고구려군은 백성들과 합심하여 안시성에서 60여 일간이나 완강하게 저항했고, 그 사이 전열을 정비한 고구려는 대대적인 반격을 펼쳐 마침내 당의 군대를 물리칠 수 있었다.

통일 신라의 대문장가 최치원. 열두 살에 당나라 유학, 열여덟의 나이로 당나라 빈공과 합격, 「토황소격문」을 써 황소를 침상에서 떨어지게 했다는 이십대 초반의 문장가. 요즘 세상에서도 보기 드문 '스펙'을 갖춘 인재였으니 그 콧대 높음이 짐작되기도 한다. 그러나 천하의 최치원도 신라의 골품제 앞에서는 무릎을 꿇어야 했다. 김부식은 최치원의 말년을 이렇게 묘사했다. "계속하여 혼란한 세상을 만나 발이 묶이고 걸핏하면 허물을 뒤집어쓰니, 때를 만나지 못한 것을 스스로 가슴 아파하여 다시 관직에 나갈 뜻이 없었다."(『삼국사기』 중)

기 위해 경쟁을 벌였다.

통일 신라는 대체로 발해보다 우위에 있었다. 당나라의 외교 행사나 문서에서 통일 신라는 언제나 발해보다 앞에 있었다. 당나라가 외국인을 대상으로 실시한 과거 시험인 빈공과에서도 통일 신라는 대문장가 최치원崔致遠(857~?) 등 혁혁한 급제자를 여럿 배출했다. 그런데 875년 뜻밖의 일이 일어났다. 빈공과에서 발해인 오소도가 신라인 이동을 제치고 장원을 차지한 것이다. 발해를 '북국'이라고 부르며 경멸하던 통일 신라의 충격은 컸다. 최치원은 발끈하여 "(곡물을) 날릴 제 쭉정이가 앞선다지만 어찌 처진 술 찌꺼기를 마시기 좋으랴? (신라는) 사방의 조롱거리가 되었고 길이 수치로 남으리라"(『동문선』)라며 분을 참지 못했다.

이러한 최치원의 수치심은 897년에야 조금 가라앉았다. 그 당시 발해 왕자 대봉예는 당나라 황제인 소종에게 발해의 국세가 통일 신라보다 강성해졌으니 외교 서열에서도 통일 신라보다 발해를 앞세워 달라고 요구했다. 소종이 이 요구를 거절하자 최치원은 감격하여 그에게 감사의 편지를 보냈다. "발해가 원래 모래와 자갈의 도태물로 신라와는 구름과 진흙의 구별이 있거늘, 감히 소의 꼬리가 되기를 부끄러워해 용 머리가 되고자 망령을 피웠군요."(『삼국사기』)

또 906년 신라인 최언위崔致遠(868~944)는 오소도의 아들 오광찬을 누르고 빈공과에서 장원을 차지하여 통일 신라의 상처받은 자존심을 회복시켜 주었다. 그러자 이번에는 발해의 오소도가 발끈하여 당나라 조정에 항의했다. "신이 급제할 때 이름이 이동 위

함경북도 신포시 오매리 절골 발해 유적 고구
려층에서 출토된 금동판. 고구려와 발해의
연속성을 보여 주는 유물이다.

에 있었으니, 신의 아들 광찬도 언위 위에 올라야 할 것입니다."(『고려사』) 그러나 최언
위의 재주와 학문이 넉넉하다는 이유로 이 항의는 기각당했다.

906년이면 당나라가 망하기 1년 전이다. 이처럼 만주의 발해와 한반도의 통일 신라는
끝까지 당나라를 심판자로 삼아 누가 더 잘났는지 경쟁을 벌였다. 그리고 당나라의 몰
락과 더불어 두 나라의 운명도 내리막길로 접어들었다.

북벌이냐 사대냐

발해는 거란족의 요나라에 망했고(926년), 통일 신라는 고려에 항복했다(935년). 고려는
통일 신라 말기의 혼란을 극복하고 한반도를 재통일하면서 발해 유민도 대거 받아들
였다. **발해가 거란족에게 망하고 그 유민이 한반도로 내려왔다는 것은 만주가 우리 조상의**
생활 무대에서 사라졌다는 것을 의미한다. 그러나 고려의 건국 세력은 비록 한반도에 머
물러 있었지만 만주를 포기하지는 않았다.

고려 태조 왕건은 발해를 형제의 나라로 생각하고 있었다. 발해는 고구려를 계승한 나
라였고, 고려도 고구려를 계승하려는 뜻을 가진 나라였기 때문이다. 그래서 태조 왕건
은 발해를 무너뜨린 요나라가 친선 사절과 함께 낙타 50마리를 선물로 보내오자, 그
낙타들을 다리 밑에서 굶겨 죽이기까지 했다(942년). 그리고 후대 왕들에게 고구려의
옛 땅을 회복하라는 유훈을 남겼다.

고려는 한반도를 무대로 500년 역사를 꾸려 가면서 단 한순간도 만주 회복을 꿈꾸지
않은 적이 없었다. 그러나 고려가 이 꿈을 실행시키기에는 국제 정세가 녹록지 않았

경기도 이천에 있는 서희의 묘. 거란의 침입을 저지했을 뿐 아니라 실지였던 강동6주까지 되찾아온 서희의 성공 요인은 단순히 계책과 달변만이 아니었다. 서희는 소손녕과의 담판 전 고려 조정에서 충분한 토론을 벌였고 이를 통해 질서정연한 논리를 갖출 수 있었다.

다. 만주를 되찾기 위해 맞부딪쳐야 하는 첫 상대는 요나라였는데, 오히려 요나라 쪽에서 먼저 싸움을 걸어왔다. 이때 고려의 서희徐熙(942~998)가 나아가 요나라 장수 소손녕과 벌인 담판은 유명하다(993년). 소손녕은 요나라가 옛 고구려 영토의 대부분을 차지하고 있으니 고려가 가진 나머지 고구려 영토도 내놓으라고 으름장을 놓았다. 그러자 서희는 말했다. "나라 이름으로만 보아도 고려(고구려도 고려라고 불렸음)는 고구려의 후계자올시다! 그렇게 따지면 당신네가 가진 고구려 옛 땅을 내놓아야 할 것이오."

이 담판은 고려가 가지고 있던 만주 회복의 의지를 잘 읽을 수 있는 일화라고 할 수 있다. 이러한 고려의 의지가 꺾인 것은 여진족이 금나라를 세우고 요나라를 멸망시킨 1126년 이후의 일이었다. 여진족은 우리 조상과 함께 만주에서 살아온 말갈족의 후예였다. 그들이 세운 금나라는 만주와 화북 지방(중국 베이징北京 시와 허베이河北·산시山西·산둥山東·허난河南의 4성에 걸친 지역)을 차지한 뒤, 스스로 중국 정통 왕조임을 내세우며 사대의 예를 갖추라고 고려를 압박했다.

금나라의 요구에 대해 고려 조정의 의견은 둘로 갈렸다. 김부식을 비롯한 유학 관료들은 현실적으로 판단하여 금나라에 사대의 예를 갖추자고 주장했다. 반면 승려 묘청妙淸(?~1135)을 비롯한 신진 관료 세력은 도리어 금나라와 싸워 만주를 빼앗자고 맞섰다. 김부식 쪽에 힘이 실리자 묘청은 옛 고구려의 왕도인 평양을 근거지로 삼아 반란을 일으켰다(서경천도운동, 1135~36년). 이 반란이 김부식에 의해 진압되면서 고려에서 만주를 회복하자는 목소리는 결정적으로 작아졌다. 고려는 금나라에 신하의 예를 갖추었고, 김부식은 고려 이전의 우리 역사를 정리한 『삼국사기』를 쓰면서 발해를 빼 버렸다.

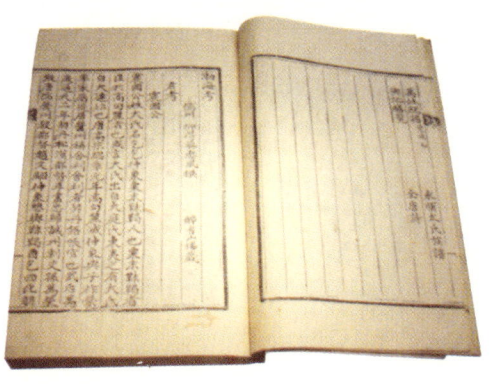

유득공의 『발해고』. 발해 역시 우리의 역사이기 때문에 통일 신라와 함께 남북국으로 불러야 한다고 주장했다.

그 뒤 우리 역사는 원나라, 명나라, 청나라로 이어지는 중국 통일 왕조에 대한 사대의 역사였다. 고려 말의 최영과 조선 중기의 효종이 북벌을 시도한 일이 있었지만, 모두 찻잔 속의 태풍으로 끝났다. 18세기 들어 북학파라고 불리는 박지원, 박제가, 유득공 등이 청나라를 드나들며 고구려와 발해의 옛 역사를 들추어내기 전에는, 만주가 우리 조상의 생활 터전이었다는 사실조차 가물가물 잊혀 가고 있었다.

북학파는 한반도 안에만 갇혀 있던 조선 선비들의 좁은 세계관을 질타하면서 드넓은 요동 벌판처럼 큰 포부를 갖자고 부르짖었다. 그렇다고 해서 강성한 청나라로부터 만주를 빼앗자는 북벌을 주장한 것은 아니다. 그들은 오히려 청나라로부터 새로운 문물을 받아들이고 기술과 문화를 배우자는 입장이었다. 새로운 문물이란 서양에서 청나라로 쏟아져 들어가고 있던 근대 과학 기술의 성과들을 말한다.

상황은 다르지만 북학파의 주장은 오늘날 우리에게 시사하는 바가 크다. 우리는 만주 벌판이 우리 조상의 땅이었다는 것을 기억해야 한다. 이는 이미 남의 땅이 되어 있는 것을 강제로 되찾겠다는 영토적 야심이 아니라 원대한 역사의식, 포용력 있는 세계관으로 승화되어야 할 것이다. 넓은 세상을 무대로 펼쳐져 온 우리 역사에 대해 자부심을 가지고, 앞으로 통일될 한반도에 창조적이고 보편적인 문화를 꽃피우는 것이 바로 우리에게 주어진 과제일 것이다.

우리 고대사의 주류와 비주류

삼국 V

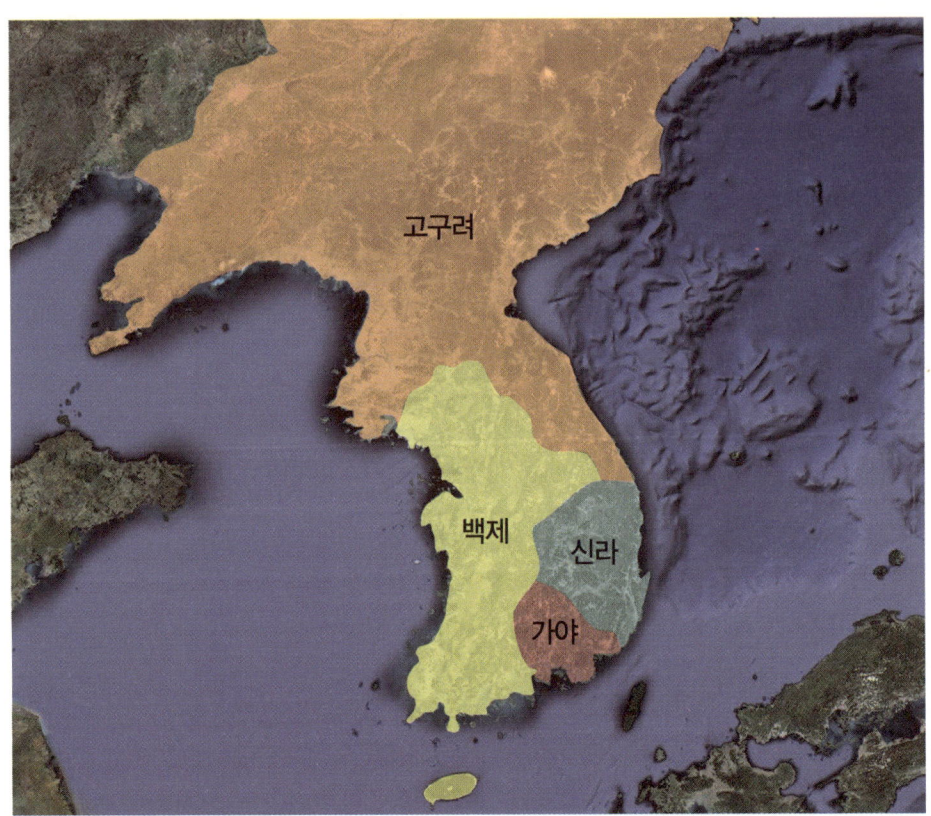

고려가 발해 유민을 받아들이고 후삼국을 통일할 때까지 천 년도 훨씬 넘게 전개된 우리 역사는 '배틀 로열' battle royal (프로 레슬링에서, 여러 명의 선수가 동시에 링 위로 올라가서 마지막 한 사람이 승리할 때까지 싸우는 시합 형식)을 연상시킨다. 수많은 역사力士들이 링 위에 올라 서로 치고받은 끝에 최후의 승자를 가리는 격투기 말이다.

많은 역사책이 고조선 멸망 이후의 고대사를 '삼국 시대'로 간단히 정리하고 있지만, 사실 고구려·백제·신라 삼국이 세발솥처럼 정립鼎立했던 기간은 100년도 채

⬆ 4세기경의 삼국과 가야. 가야는 6세기 이후 사라진다.

S 여러 나라

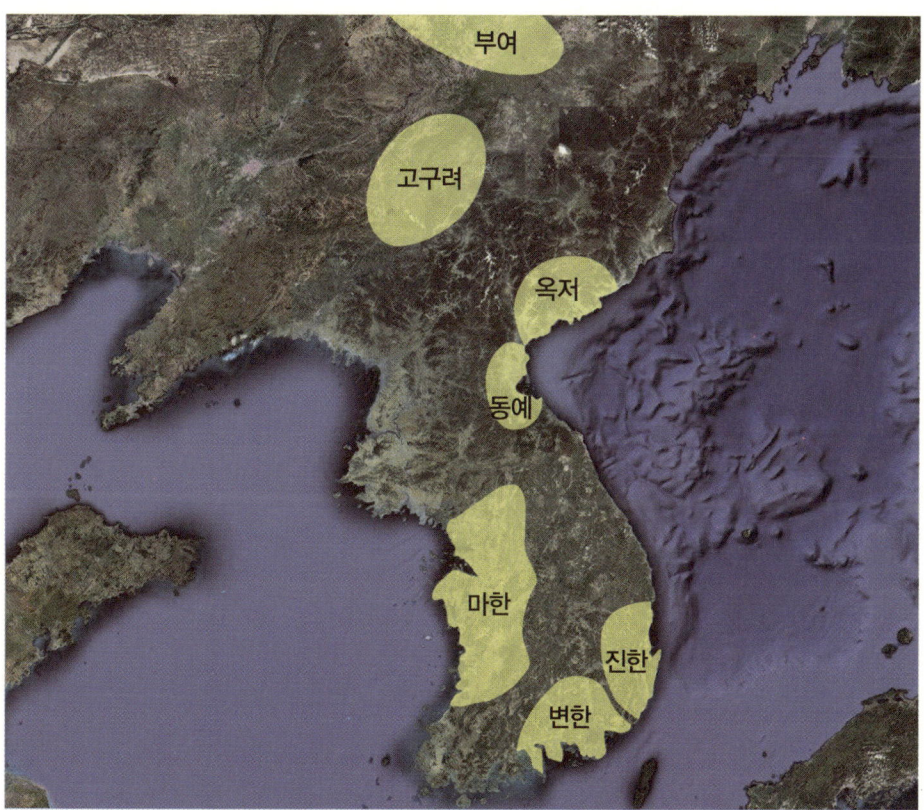

부여

고구려

옥저

동예

마한

진한

변한

안 된다. 부여, 옥저, 동예 등의 북방 국가들과 마한, 진한, 변한의 삼한으로 통칭
되는 수많은 국가들이 삼국과 함께 존재했다. 그러니까 삼국 시대란 수많은 우리
조상의 나라들이 마지막에 세 나라로 정리되었다고 해서 생긴 결과론적인 이름이
지, 처음부터 계속 세 나라만 있었기 때문에 만들어진 이름은 아니다. 삼국으로 이
루어진 화려한 '메이저 리그'에 가려져 있던 우리 고대사의 '마이너 리그'를 들여
다보자.

⬆ 고대의 비주류 국가들. 이들은 결국 고구려, 백제, 신라로 흡수된다.

고구려의 두번째 수도인 국내성. 오늘날의 중국 지린성 지안시에 있다. 유리왕 때 졸본에서 옮겨 왔다. 사진은 지안시에 남아 있는 국내성 서벽.

고구려와 북방 국가들

「주몽」은 고구려 건국사를 다룬 텔레비전 사극으로, 2006년부터 2007년 봄까지 한국 사회에서 큰 화제를 불러일으켰다. 이 사극의 기둥 줄거리를 이루는 것은 부여와 고구려의 갈등이고, 그 핵심에는 부여 왕인 대소帶素(?~22)와 고구려 왕인 주몽朱蒙(기원전 58~기원전 19)이 있다. 사극은 주몽이 대소의 방해를 물리치고 고구려를 건국하여 단단한 반석 위에 올려놓는 것으로 막을 내린다.

그러나 역사란 한 편의 드라마로 끝나는 것이 아니다. 주몽이 죽은 뒤에도 부여와 고구려의 대결은 계속되었다. 주몽의 뒤를 이어 고구려 왕이 된 유리瑠璃(?~18)는 대소의 침략을 받아 이를 격퇴했다. 그리고 유리왕의 뒤를 이은 대무신왕大武神王(4~44)은 마침내 대소왕을 죽이고 부여를 고구려에 통합시키는 대업을 이룩했다. 그것이 서기 22년의 일이었다.

그렇다고 해서 부여의 명줄이 완전히 끊어지고 북만주가 모두 고구려의 손아귀에 들어간 것은 아니었다. 부여는 고구려가 중국 한나라와 다투는 틈바구니를 이용하여 부흥할 수 있었고, 옥저와 동예라는 부족 국가도 고구려 주변에서 어른거리고 있었다. 이 나라들이 모두 고구려의 영역에 확실히 편입된 것은 광개토대왕이 대대적인 정복 사업을 펼친 5세기 초의 일이었다.

사실 우리 민족사의 형성 과정에서 부여라는 나라가 갖는 위치는 매우 중요하다. 우리 조상이 세운 최초의 국가는 고조선이지만, 뒷날 세워진 나라 가운데 고조선을 직접 계승한 나라는 없다. 반면 고조선이 망하기 전에 이미 북만주에 웅거雄據하고 있던 부여

주몽이 도망쳐 나온 부여 도성의 현재 모습. 부여는 지금의 중국 지린 성 눙안, 창춘 일대에 자리 잡고 있었다.

는 고구려와 백제로 그 맥이 이어졌다. 고구려를 세운 주몽은 부여의 왕자였고, 백제를 세운 온조溫祚(?~28)는 고구려의 왕자였다. 이 전설적인 혈연관계는 제쳐 두더라도 고구려의 건국 집단이 부여에서 갈라져 나왔고, 백제의 지배 세력이 고구려의 지배 세력과 깊은 관계가 있다는 것은 증명된 사실이다. 부여, 고구려, 백제가 다 같이 동명성왕(여기서 동명성왕은 신적이고 상징적 존재를 의미함)을 섬겼고, 백제가 성왕聖王(?~554) 때 나라 이름을 남부여로 바꾸었다는 사실만 보아도 세 나라의 연관은 의심의 여지가 없다.

옥저와 동예는 중앙 집권적인 고대 국가로 나아가지 못한 부족 국가였다. 옥저는 초기부터 고구려에 복속하여 물고기와 소금, 동물 가죽 등을 바치며 살아가던 작은 나라였다. 표범 가죽, 단궁檀弓(박달나무로 만든 활의 하나) 등의 특산물로 유명한 동예는 스스로 고구려와 동족이라고 생각했다. 그러나 동예는 낙랑군과 고구려 사이를 오가다 313년 낙랑군이 망하고 나서야 고구려의 세력권으로 들어갔다.

부여, 옥저, 동예는 뜻했든 아니든 **고구려에 풍부한 정치적·문화적 자양분이 되어 주었다.** 고구려는 부여로부터 만주에 대한 연고권과 정치적 정통성을 물려받았고, 옥저와 동예가 바치는 특산물은 고구려가 좁은 내륙에 고립되어 있던 시절 어려움을 이겨 내는 데 도움이 되었다. 부여의 영고, 동예의 무천 등 이들 나라에서 해마다 농사를 무사히 마친 것을 감사하며 지내던 제천 행사는 고구려의 동맹이라는 국가적 축제에 흡수되었다. 이들 나라의 공통된 제천 행사야말로 만주와 한반도 북부에 자리 잡은 우리 조상들이 농사를 지으며 살던 정착 농경민이었다는 것을 뚜렷이 보여 준다.

고구려가 우리 조상의 나라들을 통합하고 북부의 패자覇者로 떠오르는 과정은 한사군

묘지석이 출토되면서 무덤의 주인이 정확하게 밝혀진 백제 무령왕릉. 1971년 우연히 발견되어 17시간 만에 졸속으로 발굴 작업을 마쳤다. 2009년에는 왕이나 왕비의 뼈로 추정되는 뼛조각이 유물 재정리 과정에서 뒤늦게 발견되어 화제가 되었다.

漢四郡*을 비롯한 중국 세력과 싸우며 독자적인 세력을 굳혀 나가는 과정과 함께 진행되었다. 이 모든 것이 완료된 때는 이미 '삼국 시대'의 끝이 250년밖에 남지 않은 시점이었다.

백제와 마한

흔히 백제 하면 충청도와 전라도가 떠오른다. 그러나 백제 역사 700년 가운데 500년 가까운 세월 동안 이 나라의 중심지는 지금의 서울이었다. 고구려에서 사람들을 이끌고 내려온 온조가 자리 잡은 곳은 지금의 한강변이었고, 한동안 그 주변을 벗어나지 않았다.

온조가 처음 나라를 세웠을 때, 그 이름은 '십제'十濟였다고 한다. 이 작은 나라는 한강 유역부터 전라도 일대까지를 포괄하던 거대한 연맹체, 마한의 일개 소국에 지나지 않았다. 십제가 백제가 되고 점점 성장하여 마한 전체를 아우르기까지는 많은 시간이 필요했다.

그렇다면 도대체 마한은 어떤 연맹체였을까? 이 연맹체에는 수천 호戶에서 1만여 호에 이르는 규모의 소국이 무려 54개나 속해 있었다. 백제를 포함한 이들 54개 소국은 각각 여러 마을로 이루어져 있었고, 그 가운데 중심 마을인 국읍國邑이 물자 교류의 중심지 노릇을 했다. 이러한 국읍의 지도자는 신지·견지 또는 읍차·부례라고 불렸다.**

54개 소국 가운데 가장 세력이 컸던 나라는 지금의 충청남도 직산에 있던 목지국이라고 하지만, 목지국의 지도자가 왕처럼 마한 전체를 호령했던 것은 아니다.

* 한사군 : 기원전 108년에 중국 전한(前漢)의 무제가 위만 조선을 멸망시키고 그 자리에 세운 4개의 군현. 낙랑군과 임둔군, 현도군, 진번군 가운데 낙랑군은 독자적인 중국 세력으로 남아, 본국인 한나라가 멸망한 뒤에도 한반도 북부에서 고구려와 경쟁했다.
** 삼한의 지배자 중 세력이 큰 것은 신지, 견지 등으로, 작은 것은 읍차, 부례 등으로 불렸다.

마한의 고분으로 추정되는 전남 나주의 반남고분군. 외관상의 규모는 백제나 신라의 고분보다 오히려 크다. 3m나 되는 옹관(항아리관)에 시신을 안치했는데 마한의 족장의 무덤일 것으로 추측된다.

백제가 목지국을 누르고 마한 사회의 주도권을 손에 넣은 것은 3세기의 일이다. 그러나 영산강 주변, 그러니까 전라남도 일대의 마한 사회는 여전히 백제의 영향력으로부터 멀리 떨어져 있었다. 심지어 『진서』晉書(중국 당나라 때, 방현령 등이 황제의 명에 따라 펴낸 진나라의 정사正史)에는 이 지역의 20여 개 소국이 독자적으로 중국과 조공朝貢 외교를 맺었다는 기록도 남아 있다. 그래서 많은 학자들은 3세기까지도 영산강 일대의 마한 소국들이 독립적인 연맹체를 이루고 있었으리라 추측한다.

백제가 마한에 대해 확고한 지배권을 갖게 된 것은 백제라는 나라를 강국의 반열에 올려놓은 근초고왕近肖古王(?~375) 때의 일이었다. 그는 전라도 지역에 진출하여 이곳의 마한 소국들을 정벌했을 뿐 아니라 이웃의 가야에도 진출하여 세력을 넓혔다. 사실 강성했던 고구려까지 쳐들어가 고국원왕故國原王(?~371)을 전사시켰던 왕이니, 마한의 소국들이 근초고왕의 상대가 되기는 버거웠을 것이다.

그리하여 5세기가 되자 백제 왕에게 충성을 바치는 벼슬아치들이 서울에서 전라도 땅끝 마을까지를 다스리는 '백제 천하'가 도래하게 되었다. 이처럼 백제가 마한의 54개 소국을 평정하고 한반도 서남부를 확실하게 장악하는 데는 고구려가 북부의 패자로 떠오르기까지와 비슷한 시간이 걸렸다.

신라와 가야

마한의 54소국을 통합한 것이 백제라면, 변한과 진한의 각 12소국을 통합한 나라는 신라였다. 신라의 모체는 지금의 경상북도 경주에 자리 잡은 진한의 사로국이었다. 이

새의 모습을 형상화한 가야 시대의 금관. 경북 고성에서 출토되었다.

나라가 진한을 아우른 것은 3세기 후반의 일이다.

그러나 마한과 진한 사이에 자리 잡고 있던 변한은 별도의 왕국들로 통합되어 갔다. 금관가야(지금의 경상남도 김해)와 대가야(지금의 경상북도 고령)를 중심으로 한 여섯 가야 왕국이 그것이다. 지금의 한려수도와 그 안쪽의 아름다운 지대에 자리 잡고 있던 6가야는 너무 작아서 왕국으로 성장하지는 못했으리라는 추측이 많았다. 그러나 잇따라 발굴된 옛 가야 지역의 무덤에서 왕관을 비롯한 왕의 유품들이 나와, 가야가 당당한 왕국의 연맹이었다는 것을 잘 알려 주고 있다.

가야는 남해상에 띠처럼 늘어선 지리상의 특성 때문에, 중국과 일본을 잇는 국제 교역의 중심지 역할을 했다. 그래서 이곳에는 일본인들이 들어와 살았던 흔적도 많이 발견된다. 일본의 일부 학자들은 이것이 바로 '임나일본부' 설을 뒷받침하는 증거라고 주장한다. 가야는 우리 조상들의 독립 왕국 연맹이 아니라 일본의 식민지인 임나였다는 것이다. 가야가 신라에 마지막으로 통합된 것은 562년의 일인데, 그 당시까지 문화의 흐름이 한반도를 거쳐 일본으로 내려갔다는 것을 생각할 때, 일본이 거꾸로 한반도 일부를 통치했다는 것은 어불성설이다.

다양한 국제 교류의 흔적을 정치·군사적 지배 관계로 해석해 버리는 '침략자적 심성'에 대해 구구히 논할 여유는 없다. 우리의 관심은 6가야가 차례로 신라 땅이 되어 가다가 마지막으로 대가야가 신라에 항복한 시점에 있다. 그 **562년이야말로 만주와 한반도에 고구려, 백제, 신라만이 남게 된 시점, 곧 진정한 삼국 시대의 출발점**이라고 볼 수 있다. 그런데 그로부터 98년 만에 백제가 신라에 정복당하면서 삼국 시대는 끝나 버린다. 바

여인의 것으로 추정되는 신라 시대의 금관. 경주 황남동의 황남대총에서 출토되었다.

로 이 점 때문에 어떤 학자는 '삼국 시대'라는 용어 대신 가야를 포함한 '사국 시대'를 사용하자고 한다. 그렇다면 4~5세기까지 명맥을 이어 가던 부여나 동예는 어떻게 할 것이며, 삼한의 수많은 소국들은 어떻게 할 수 있을까?

신라는 대가야를 흡수함으로써 귀중한 역사적 동력을 얻었다. 가야금이라는 문화적 보배도 넘어왔을 뿐 아니라, 삼국 통일의 영웅인 김유신金庾信(595~673)이 바로 대가야의 장군 출신인 김무력의 손자였기 때문이다. 삼국을 통일한 신라는 스스로 "삼한을 일통一統했다"라고 생각했다. 뒷날 신라의 문호 최치원은 "마한은 고구려, 변한은 백제, 진한은 신라"에 해당한다고 주장했다.

신라가 통일한 것이 삼한이어도 좋고 삼국이어도 좋다. 여하튼 여러 나라가 난립하는 바람에 전쟁으로 얼룩졌던 한반도를 하나로 통일하여 우리 민족의 기틀을 마련한 것은 위대한 업적이기 때문이다. 그러나 오늘의 우리가 가슴에 새겨야 할 것이 있다. 승자의 입장에서 정리된 역사만 바라보아서는 우리 조상들의 풍부한 전통을 온전히 받아들일 수 없다는 사실이다. '삼국 시대'에 대한 결과론적이고 도식적인 정리에 만족하지 말고, 현재까지 한반도 각지와 우리 생활 속에 남아 있는 수많은 옛 나라들의 문화 전통을 잊지 말아야 할 것이다.

고대의 정점에서 만난 두 영웅

연개소문 V

우리나라 사람 대다수는 고구려가 삼국 통일을 했더라면 하는 아쉬움을 갖고 있다. 그리고 당나라를 끌어들여 고구려와 백제를 정복한 신라를 곱지 않은 시선으로 바라본다. 과연 신라의 삼국 통일은 이처럼 낮은 평가를 받아 마땅한 일이었을까? 신라와 당나라의 연합을 이끌어 낸 주역은 김춘추였고, 이 두 나라와 끝까지

⬆ 충남 천안 국학원 내의 연개소문 동상.

S 김춘추

싸운 고구려의 집권자는 연개소문이었다. 두 사람은 그 당시에도 숙명의 라이벌이었을 뿐 아니라 역사적 평가에서도 늘 반대편에 서 왔던 우리 역사상 최고의 라이벌 가운데 하나다. 두 사람의 맞수 관계를 통해 삼국 통일의 역사적 의의와 한계를 찾아보자.

↑ 경북 경주 통일전의 김춘추 초상.

두 영웅의 만남

642년 겨울, 김춘추가 고구려의 평양성을 방문했다. 그 해 8월 백제군이 신라의 대야성을 공격해 함락시켰는데, 이때 대야성의 성주城主이자 김춘추의 사위였던 김품석金品釋(?~642)이 김춘추의 딸과 함께 그들의 손에 죽었다. 그리하여 김춘추는 복수를 하겠다는 일념으로 고구려의 도움을 받아 백제를 치기 위해 그때까지 적이었던 고구려로 들어간 것이다.

그 당시 고구려는 엄청난 정치적 혼란기를 겪은 직후였다. 같은 해 8월에 연개소문이 반대파 귀족들과 영류왕榮留王(?~642)을 죽이고 보장왕寶藏王(?~682)을 세운 뒤, 고구려의 최고 권력자가 되었던 것이다. 그 무렵 중국에서는 당나라가 수나라에 이어 중국을 통일한 다음 호시탐탐 고구려를 노리고 있었다. 이에 연개소문은 당나라와 끝까지 맞서 싸우자고 주장했지만, 영류왕과 많은 귀족들은 당나라와 타협하려고 했다. 그들이 연개소문을 해치려 하자 연개소문이 선수를 쳤던 것이다.

연개소문은 신라의 실력자로 소문나 있던 김춘추를 환대하며 성대한 잔치를 베풀었다. 그 자리에서 김춘추는 보장왕에게 고구려와 신라가 서로 싸우지 말고 힘을 합쳐 백제를 치자고 제안했지만, 보장왕은 거꾸로 이렇게 윽박질렀다.

"마목현과 죽령은 본래 우리나라 땅이었다. 그 땅을 돌려주지 않으면 그대를 보낼 수 없느니라."

마목현과 죽령은 신라가 이미 오래전에 안간힘을 다해 고구려로부터 빼앗은 한강 유역이었다. 신라가 전략적으로 중요한 이 땅을 양보할 리는 없었다. 이처럼 받아들이기

← 현재 경남 합천에 자리 잡았던 대야성. 진흥왕 때 백제의 침공을 막기 위해 쌓았다고 한다. 대야성의 수난사는 642년(선덕여왕 11년) 백제의 윤충에게 함락당해 김춘추의 사위(김품석)와 딸이 죽은 것으로 그치지 않았다. 920년(경명왕 4년)에는 후백제 견훤의 손에 또 한번 무너졌다. 현재는 대부분 훼손되어 원형을 찾아보기 힘들고 건물터와 울타리의 흔적이 부분적으로 남아 있다.

어려운 제안을 한 것으로 보아, 고구려의 실세였던 연개소문은 사실상 신라와 동맹할 생각이 없었던 것으로 보인다. 이에 김춘추는 단호히 거절했다.

"한 나라의 땅을 어찌 일개 신하가 마음대로 할 수 있겠습니까? 신은 그런 명령에 따를 수 없습니다."

이 말을 들은 보장왕은 불같이 화를 내며 김춘추를 연금시켰다. 김춘추는 자칫하면 딸과 사위의 복수는커녕 자기 자신의 목숨도 보전하기 어려운 판이었다. 따라서 그는 선도해라는 고구려 관리에게 미리 준비해 온 베를 뇌물로 바치고 조언을 구했다. 이때 선도해가 김춘추에게 들려준 이야기가 그 유명한 토끼와 거북 설화, 곧 '구토지설'龜兎之說* 이었다고 한다. 김춘추는 이 이야기의 뜻을 금방 알아차리고 보장왕에게 편지를 보냈다.

"마목현과 죽령은 본래 고구려의 땅입니다. 밝은 해를 두고 맹세컨대 신이 귀국하면 우리 왕께 청하여 돌려드리도록 하겠습니다."

이 말을 듣고 보장왕은 기뻐하며 김춘추를 돌려보냈다. 김춘추가 신라로 돌아간 뒤 약속을 지키지 않았던 것은 물론이다.

이 이야기는 『삼국사기』의 「김유신전」에 나온다. 여기서 보장왕의 뜻은 최고 권력자인 연개소문의 뜻과 다르지 않았을 것이다. 그러므로 이 이야기는 당대의 두 영웅인 김춘추와 연개소문이 서로 얼굴을 맞대고 벌인 외교전의 기록이라 할 수 있다.

두 사람의 협상이 결렬되면서 고구려와 신라는 완전한 적이 되었다. 신라는 당나라와

* 구토지설 : 『삼국사기』의 「김유신전」에 나오는 이야기로, 조선 시대에 만들어진 판소리 「수궁가」, 소설 「토생원전」, 「별주부전」 등의 근원 설화가 되었다. 용왕의 딸이 심장병에 걸리자 토끼 간을 먹어야 낫는다는 처방이 내려지고, 이에 용왕의 충신인 거북이 물 밖으로 나가 토끼를 용왕에게 데리고 간다. 하지만 토끼는 깜빡 잊고 간을 뭍에 놓아두고 왔다는 거짓말로 위기를 모면한다.

동맹을 맺고 고구려와 백제를 공격했으며, 고구려는 있는 힘을 다해 당나라와 신라의
협공에 저항했다. 그러한 역사적 대결의 중심에 각각 서 있던 존재가 바로 김춘추와
연개소문이다.

조국의 운명을 건 맞대결

김춘추와 만난 지 3년 만인 645년, 연개소문은 대대적인 당나라의 침공에 직면한다.
중국 역사상 가장 위대한 군주 가운데 한 명으로 일컬어지는 당 태종이 몸소 10만 대
군을 이끌고 고구려로 진군한 것이다.

당 태종의 원정군은 30여 년 전 수 양제煬帝(569~618, 수나라의 제2대 황제)가 고구려를 침공
할 때 거느리고 온 100만 대군보다는 적어도 한참 적은 숫자였다. 그러나 타고난 전략
의 천재였던 당 태종은 자신의 무사들을 수나라의 오합지졸과는 비교할 수 없는 정예
精銳로 만들었다. 무거운 갑옷을 벗어 버리고 기동력을 높인 경기병과 용감한 무사들은
태종의 지휘에 따라 고구려의 성들을 잇달아 격파했다. 수 양제의 침공 때 100만 대군
의 발목을 묶었던 요동성(요동성은 고구려의 전략적·정신적 요충지로 이름이 높았음)도 오래 버
티지 못하고 무너졌다.

← 일제 강점기에 촬영된 태종무열왕릉비. 귀부(龜趺; 거북 모양의 받침돌)와 이수(螭首; 용 모양의 머릿돌)만 남아 있는 모습이다. 비록 비신(碑身)은 없지만 머릿돌 중앙에 '태종무열대왕지비'(太宗武烈大王之碑)라는 여덟 글자가 또렷이 새겨져 있어 비석의 주인이 누구인지 알려 주고 있다. 외교의 달인으로서 살아서 '당나라통'이었던 태종무열왕 김춘추는 죽어서도 당나라풍에 뒤처지지 않았다. 받침돌과 머릿돌은 당나라의 영향을 받은 것으로 태종무열왕릉비는 한반도에서 이러한 양식을 보여 주는 첫 사례라고 한다.

당 태종은 평양성으로 쳐들어가기 전에 전략적으로 중요한 안시성(삼국 시대에 고구려와 당나라의 경계에 있던 산성)에 대대적인 공격을 퍼부었다. 연개소문도 안시성이 무너지면 고구려가 위험하다고 판단하여 급히 15만 대군을 편성해 지원군으로 보냈다. 그 당시 안시성 성주는 정변政變을 일으킨 연개소문에 복종하기를 거부한 정적이었는데,[*] 두 사람은 거대한 공동의 적 앞에서 힘을 하나로 합쳤다. 하지만 안시성을 도우러 온 15만 지원군은 당 태종의 책략과 당나라 장수 설인귀薛仁貴(613~682)의 활약에 밀려 허무하게 패한 뒤 항복하고 말았다.

지원군마저 항복해 버린 절체절명의 순간에도, 성주를 중심으로 단결한 안시성 군사들은 끝내 당나라군의 공격을 막아 냈다. 쉽게 보았던 작은 성 앞에서 좌절을 맛본 당 태종은 날씨가 점점 추워지자 군대를 돌렸고, 안시성 성주의 용맹과 지략을 칭찬하며 비단을 선물로 보냈다고 한다.

당 태종이 분루憤淚를 삼키며 장안으로 돌아간 지 3년 만에 그의 앞에 새로운 희망을 주는 인물이 나타났으니, 그가 바로 김춘추였다. 그는 647년 말에 김유신과 힘을 합쳐 진덕여왕眞德女王(?~654)을 왕위에 올리는 정변을 일으켰다. 왕족이면서도 권력의 핵심에서 밀려나 있던 김춘추와 신라에 항복한 가야의 귀족 집안 출신인 김유신은 이 정변으로 확고한 권력을 잡았다.

여기서 자신감을 얻은 김춘추는 이듬해인 648년 신라의 운명을 걸고 당나라로 가서 협상을 벌였다. 당 태종은 김춘추의 당당한 태도에 감명을 받고 그가 제안한 나·당 동맹에 동의했다. 김춘추와 김유신이 주도하는 삼국 통일의 대업은 실로 이 협상에서부

---

[*] 안시성 성주의 이름은 야사(野史)에는 양만춘이라 전해지고 있지만, 정사(正史)에는 수록되어 있지 않다.

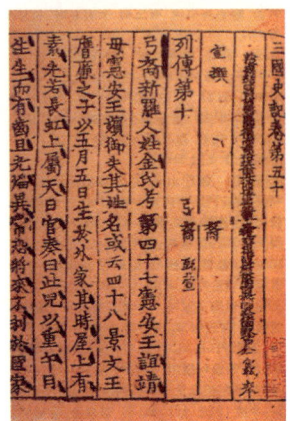

김부식에게 『삼국사기』의 저술을 명한 인종은 집권 초 왕권을 넘보던 외할아버지이자 장인인 이자겸에게 목숨과 왕위를 위협당한 경험을 가지고 있었다. 연개소문에 대한 『삼국사기』의 야박한 평가는 군주를 시해하고 왕권을 장악한 연개소문의 행적에 대한 인종과 김부식의 거부감에서 비롯된 것일지도 모른다.

터 시작되었다 해도 지나친 말이 아니다. 이때 당 태종과 김춘추는 백제와 고구려를 함께 멸망시킨 뒤 대동강 이남을 신라 영토로 한다는 중대한 합의에 이르렀다고 한다. 뒷날 왕이 된 김춘추가 죽은 뒤 그에게도 '태종무열왕'이라는 시호諡號(제왕이나 재상 등이 죽은 뒤, 그들의 공덕을 칭송하여 붙인 이름)가 바쳐졌으니, 두 '태종'의 만남은 동아시아와 한반도의 질서를 결정한 중요한 계기였다고 할 수 있다.

김춘추는 654년 진덕여왕의 뒤를 이어 왕위에 오른 뒤, 마침내 당나라와 협공을 펼쳐 660년에 백제를 멸망시켰다. 그리고 칼끝을 고구려로 돌렸으나, 마무리는 짓지 못한 채 삼국 통일의 과업을 아들인 문무왕文武王(626~681)에게 넘기고 661년 세상을 떠났다. 한편 연개소문은 계속되는 당나라의 집요한 공격에도 흔들림 없이 고구려를 지켰다. 그가 세상을 떠난 666년경까지, 고구려는 두드려도 열리지 않는 난공불락의 요새였다. 그러나 연개소문이 죽자 그의 아들들 사이에서 권력 다툼이 일어나, 668년 고구려는 당나라와 신라의 공격 앞에 700년 역사를 마감하고 말았다.

조국의 운명을 걸고 피할 수 없는 맞대결을 벌였던 김춘추와 연개소문의 승부는 이처럼 그들이 죽고 난 뒤까지 이어졌다. 그리고 삼국 통일의 영광은 중국과 끝까지 맞서 싸운 연개소문의 후예들이 아니라 그 중국을 끌어들여 백제와 고구려를 친 김춘추의 후예들에게 돌아갔다.

엇갈리는 역사적 평가

백제와 고구려가 망하면서 당나라를 중심으로 하는 동아시아 국제 질서는 확고하게

『삼국사기』보다 300년 늦게 태어난 『동국통감』은 더욱더 혹독하게 연개소문을 비판했다. 삼국 통일을 완수한 문무왕까지도 사대의 도리를 다하지 못했다고 비판할 정도였으니 감히 당 태종에 맞섰던 연개소문이 사람들의 눈에 곱게 보일 리 없었을 것이다.

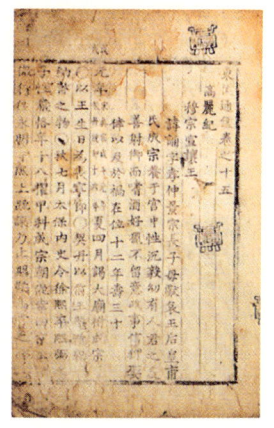

형성되었다. 신라는 그러한 국제 질서를 인정하고 그 속에서 독자적인 문화를 이룩했다. 이처럼 중국이 중심인 천하관은 고려 시대에 들어서도 김부식 등 유학자 관료들에게 뚜렷한 신념으로 계승되었다.

이러한 사대주의는 연개소문과 김춘추에 대한 역사적 평가에서 뚜렷이 드러난다. 『삼국사기』에서 김부식은 "신하로서 그 임금을 죽였고, 당나라의 명령을 거역하고 저항했다"라며 연개소문을 비난하고 있다. 반면 김춘추에 대해서는 "중국에 사대의 예를 잘 갖추었고, 그 문물을 받아들여 거친 풍속을 개량했으며, 당나라 군대의 힘을 빌려 고구려와 백제를 평정하여 성세를 이룩했다"라면서 극찬한다.

근대 민족주의 사관에 익숙해진 우리 시각에서 보면, 연개소문에 대한 비난이 별로 비난 같지 않고 김춘추에 대한 칭찬도 칭찬 같지 않게 느껴진다. 그러나 중국 중심의 질서가 엄연히 존재했던 중세 사회에서는 '사대'가 중요한 덕목이었다. 그리고 이러한 사대주의 역사관은 성리학의 나라 조선에서 더욱 뚜렷해졌다.

조선 시대에 편찬된 역사책 『동국통감』東國通鑑은 『삼국사기』조차 연개소문을 철저히 비판하지 못했다고 평가한다. 『삼국사기』에 보면 연개소문의 사람됨에 대한 중국인의 기록이 인용되어 있다. 중국 송나라의 신종神宗(1048~85, 송나라의 제6대 황제)과 명재상 왕안석王安石(1021~86)이 당 태종의 고구려 원정에 관해 대화를 나누는데, 왕안석이 말하기를 "당 태종이 패배한 것은 연개소문이 비상한 사람이기 때문"이라고 했다는 것이다. 『동국통감』은 "그런 식으로 말하면 난신적자亂臣賊子(나라를 어지럽히는 불충한 무리)치고 비상하지 않은 이가 어디 있겠느냐?"라며 왕안석을 비난하고 있다.

"우리 역사상 제일인자"로 연개소문을 복권시켜 준 근대 민족주의 사학자 박은식. 아래의 시는 박은식의 『천개소문(연개소문)전』에 실려 있는 패담항요(稗談巷謠)의 한 수이다.

고구려 대장 개소문이	高句麗大將蓋蘇文
장안을 단숨에 쳐부수리	去屠長安一瞬息
올해 만약 쳐들어오지 않으면	今年若不來進攻
내년 8월에는 군사를 일으키리라	明年八月就興兵

『동국통감』에는 김춘추의 뜻을 이어 삼국 통일을 완성한 문무왕에게 사대의 도리를 다하지 못했다고 비난을 가하는 대목도 있다. 신라가 당나라와 연합하여 백제를 무너뜨리자 당나라는 애초의 약속을 어기고 백제 땅을 직접 지배하려 했다. 게다가 고구려마저 정복한 다음에는 아예 신라를 포함한 한반도 전체를 자기 땅으로 만들려고 했다. 이런 상황에서 문무왕은 고구려 부흥군과 힘을 합쳐 당나라 군대를 몰아내는 전쟁을 벌여, 676년 기어코 당나라의 뜻을 꺾고 삼국 통일을 완성할 수 있었다. 그런데 『동국통감』은 이러한 문무왕의 행동을 두고 "덕을 배신하고 순리를 거역하는 짓"이었다고 비난한 것이다. 조선 시대 유학자들이 얼마나 사대의 논리에 철저했는지 잘 알 수 있는 대목이다.

연개소문과 김춘추에 대한 평가는 근대에 들어와서 극적으로 뒤바뀌었다. 민족주의 사학자 가운데 한 명인 박은식은 연개소문을 "독립 자주의 정신과 대외 경쟁의 담력을 지닌 우리 역사상 제일인자"로 치켜세웠다. 반면 김춘추에 대해서는 "당의 앞잡이가 되어 우리 대동大東(동방의 큰 나라라는 뜻으로, '우리나라'를 이르는 말) 민족을 타족의 노예로 만들려 했다"라며 격렬하게 비난했다. 신채호도 연개소문의 정변을 혁명으로 묘사하고 김춘추를 외세 의존적인 음모가로 보았다.

이처럼 연개소문과 김춘추는 642년 평양성에서 만나 연회를 함께 즐긴 뒤로는, 살아서나 죽어서나 한 번도 같은 편인 적이 없었다. 살아서는 칼을 들고 서로 싸웠고, 죽어서는 역사적 상황에 따라 칭찬과 비난을 번갈아 받으며 질긴 맞수 관계를 이어 왔다. 앞에서 살펴본 역사적 평가들은 시대 상황과 역사가의 신념에 따라 나름대로 진지하게 내려진 것들이지만, 자기 시대를 치열하게 살고 주어진 역사적 소명을 다한 두 사람 입장에서는 억울할 수도 있고 과분할 수도 있다.

우리 민족이 형성되어 가는 도중에 서로 적이 되어 만난 두 사람은 각자의 입장에서 우리 역사에 큰 성과와 한계를 남겼다. **연개소문은 외세의 부당한 침략에 불굴의 의지로 맞서는 자주 의식을 남겼고, 김춘추는 능숙한 외교술로 삼국 통일과 우리 민족 형성의 바탕을 마련했다.** 이들에 대한 좀더 객관적이고 공정한 평가가 내려질 때 우리 사회는 질적으로 한 단계 진보되어 있을 것이다.

고대사의 피날레를 장식한 두 맞수

통일 신라 V

1990년대 이전만 해도 삼국 시대와 고려 시대 사이의 200여 년간은 '통일 신라 시대' 로 정리되었을 뿐, '남북국 시대' 는 매우 낯선 말이었다. '통일 신라 시대' 냐 '남북국 시대' 냐 하는 용어의 대립은 발해를 우리 조상의 역사로 인정하느냐 마느냐 하는 민감한 주제와 직결되어 있다.

발해는 물론 고구려와 고조선까지 중국 역사의 일부로 보는 동북공정東北工程의 도발 때문에, 이제 국내에서는 '남북국 시대' 를 설정하는 데 반대하는 의견을 찾아보기 어렵게 되었다. '통일 신라' 라는 말이 여전히 사용되고 있다 해도 그것은 어디

⬆ 경덕왕 10년에 세워진 통일 신라를 대표하는 불국사의 다보탑.

S 발해

까지나 남북국 시대의 신라를 삼국 시대의 신라와 구별하여 부르는 것일 뿐이다. 그러나 발해를 인정하고 남북국 시대를 우리 역사의 한 시대로 확정 짓는다고 해서 신라의 통일이 그 의의를 상실하는 것은 아니다. 발해가 만주를 지배하려는 당나라의 의도를 좌절시키고 그 지역에서 자주성을 지킨 것처럼, 신라 역시 한반도를 통째로 집어삼키려는 당나라와 맞서 부분적이나마 삼국 통일을 완성했기 때문이다. 통일 신라와 발해는 둘 다 고대에서 중세로 넘어가던 때의 동아시아 역사에, 선 굵은 자취를 남긴 시대의 주역이었다.

🏛 중국 지린성 창바이조선족자치현의 영광탑. 1980년대에 발해의 탑으로 밝혀졌다.

통일 중국의 도전

동아시아 질서의 기초를 세웠던 한나라가 망한 뒤, 중국은 오랜 분열의 시기를 겪었다. 위·오·촉 삼국이 각축하는 '삼국 시대'에 이어, 양쯔 강을 사이에 두고 북쪽과 남쪽에서 여러 왕조가 명멸하는 '남북조 시대'가 지속되었다. 그러면서 360여 년의 기나긴 시간이 흘렀다. 그동안 우리 조상도 만주와 한반도에 여러 나라를 세우고 살다가 서서히 고구려, 백제, 신라의 삼국으로 모여들었다.

다원성多元性이 지배하던 동아시아 국제 질서는 6세기 말부터 급변하기 시작했다. 수나라가 중국을 통일하고 주변 지역으로 세력을 뻗쳤기 때문이다. 이러한 수나라의 팽창 정책은 뒤이은 통일 제국 당나라로 계승되었다. 보편주의적인 중화주의로 무장한 중국의 통일 제국은 어떤 수를 써서든 주변 세계를 중국 중심으로 묶어 세우려는 경향을 보였다.

동아시아든 세계든 분열되어 있는 것보다는 보편적인 원리 아래 하나로 통일되어 있는 편이 분명 안전하고 편리하다. 그러나 그런 통일이 주변 세계의 자발적인 동의 아래 이루어지는 것과, 일방적인 힘과 억지에 의해 이루어지는 것 사이에는 커다란 차이가 있다.

그 옛날 한나라가 고조선을 강제로 정복했다가 우리 조상들의 강력한 항거에 부딪혔듯이, 만주와 한반도를 세력권으로 편입시키려는 당나라의 패권주의覇權主義 역시 우리 조상들의 결연한 저항을 마주해야 했다. 당나라가 중국을 통일한 뒤 100여 년간, 동아시아의 새로운 세계 질서 수립을 둘러싸고 벌어진 중국과 우리 조상의 대결은 크게 두

← 장수왕릉으로 전해지는 장군총으로, 왼쪽의 것은 일제 강점기의 모습이고 오른쪽 사진은 최근의 모습이다. 방치되어 있던 고구려 유적이 중국의 동북공정 실행 이후 중국의 문화유산으로 복원 관리되고 있다. 동북공정은 '동북 변경 지역의 역사와 현상에 관한 연구과제'(東北邊疆歷史與現狀系列研究工程)의 줄임말로서 중국 국경 안에서 전개된 모든 역사를 중국 역사로 만들기 위해 2002년부터 중국이 추진하고 있는 연구 프로젝트를 말한다.

갈래로 전개되었다. 한 갈래는 고구려, 백제를 함께 제거한 뒤 한반도의 맹주 자리를 놓고 벌인 당나라와 신라의 대결이었다. 그리고 또 한 갈래는 고구려의 세력권이었던 만주를 둘러싸고 벌인 당나라와 발해의 대결이었다. **이 두 갈래의 대결에서 우리 조상은 특유의 집요한 뒷심을 발휘하여 끝내 당나라의 패권주의를 무너뜨리고 동아시아에 새로운 평화 공존의 시대를 열었다.**

한반도는 우리 것

앞서 연개소문과 김춘추의 맞수 관계를 살펴볼 때, 우리는 김춘추가 당 태종과 협상을 벌이는 장면을 목격했다. 그리고 김춘추도 나중에 태종무열왕이라는 시호를 받았다는 사실을 떠올리면서, 이 역사적인 협상을 '두 태종의 만남'이라고 불렀다. 그 당시 당 태종은 김춘추의 태도에 감명을 받았다고 역사책들은 기록하고 있다.

그런데 당 태종과 김춘추가 죽고 난 뒤, 당나라와 신라는 두 사람과 관계된 이상한 일로 신경전을 벌였다. 그것은 삼국 통일을 완수한 문무왕에 이어 김춘추의 손자인 신문왕神文王(?~692)이 신라를 평화롭게 다스릴 때의 일이었다. 당나라가 느닷없이 김춘추의 시호에 '태종'이 들어 있는 것을 문제 삼아 사신까지 보내 시비를 걸었다. 그들의 이유인즉 위대한 황제인 태종과 똑같은 칭호를 어찌 조그만 나라의 왕에게 붙일 수 있느냐는 것이었다. 즉각 시호를 바꾸라는 요구에 대해 신문왕과 신료들은 완곡하게 거부 의사를 밝혔다. 황제의 묘호와 겹치는 줄 몰랐다는 너스레와 함께 김춘추의 업적을 보여 주며 양해해 달라고 요청했던 것이다. 그 뒤 당나라가 다시 이를 문제 삼았다는

기록은 없다.

당나라가 왜 때늦은 시비를 걸었는지 정확한 이유는 알 수 없다. 다만 당나라의 입장에서 기껏 고구려와 백제를 무너뜨린 다음에도 신라가 여전히 독립국으로 남아 있는 것이 고까웠으리라는 것은 충분히 짐작할 수 있다. 앞에서도 살펴보았지만 당나라는 신라와 연합하여 고구려와 백제를 칠 때부터 신라를 살려 둘 생각이 없었다. 신라와 동맹을 맺은 것은 한반도 안에 있는 신라의 지원을 받아 백제와 고구려를 좀더 손쉽게 없애기 위함이었지, 정말 신라가 좋아서 그런 것은 아니었다.

당나라의 속셈은 처음부터 만주와 한반도를 모조리 당나라의 판도 안에 넣는 것이었다. 그래야 근심거리를 없애고 동아시아 전체에 걸쳐 완벽한 중화 세계를 건설할 수 있기 때문이었다. 이러한 욕심은 660년에 신라와 협공을 펼쳐 백제를 무너뜨린 직후부터 나타났다. 대동강 이남의 한반도를 신라에게 주겠다는 사전 약속은 아랑곳없이 당나라는 백제 땅에 웅진 도독부를 설치하여 직접 통치를 시작했다. 그런 당나라의 행태를 보면서 김춘추와 김유신은 당황했지만, 당장 눈앞의 고구려를 무너뜨려야 할 상황에서 어쩔 수 없이 참고 넘어가야 했다.

668년 고구려가 망하자 사정은 더욱 급박해졌다. 당나라가 대동강 이남을 내주기는커녕 신라 땅에까지 계림 도독부를 두어 직접 다스리려 들었던 것이다. 물에 빠진 사람 구해 주었더니 보따리 내놓으란다고, 고구려에 번번이 패해 수모를 당하고 있던 당나라를 도와주었더니 신라 땅마저 내놓으라고 하는 것 아닌가!

신라가 자존심 있는 나라라면 선택의 여지는 없었다. 당나라와 맞서 싸우다가 장렬히

← 경주 통일전의 김유신 영정과 그의 묘. 신라까지 차지하려 하는 당의 야욕을 알아차린 신라 왕실은 시급히 대책을 마련해야 했다. 다미공(多美公)은 신라 백성에게 백제 백성의 옷을 입혀 당을 공격하게 하면 당이 그들을 가만두지 않을 것이니 그것을 계제로 당을 공격하자고 제안하고 이에 김유신도 찬성한다. 그는 신라를 위해 백제를 정벌한 당을 공격하는 것이 하늘을 거스르는 것이 아니냐고 되묻는 왕에게 이렇게 대답한다. "개가 그 주인을 두려워한다 하나 주인이 그 다리를 밟으면 물어뜯는 것이니, 어찌 나라의 어려움을 만나 스스로 구할 방도를 찾지 않겠나이까?"

멸망하든가, 오만한 상대를 힘으로 쫓아내고 국권을 지키든가 둘 중 하나였다. 신라는 자존심을 지키기로 결심했다. 그리하여 고구려 부흥군을 지원하면서 당나라 군대와 전쟁을 벌인 끝에, 676년 당나라를 대동강 이북으로 쫓아내고 불완전하나마 계획한 대로 삼국 통일을 달성할 수 있었다.

우리는 흔히 "고구려가 삼국 통일을 했더라면" 하는 생각으로 신라를 못마땅해하는 경향이 있다. 그러나 **신라의 결연한 대당**對唐 **투쟁이 없었더라면 오늘날 우리 민족은 아예 존재하지도 않았을지 모른다.** 삼국 시대 이후 우리 역사에는 '통일 신라'냐 '남북국'이냐 하는 선택만 있었던 것이 아니라, '공동 멸망'이라는 더욱 현실성 있는 시나리오도 도사리고 있었다. 따라서 신라의 삼국 통일 완수는 이러한 파국을 저지한 위대한 업적이라 할 수 있다.

만주도 아직 우리 것

그러면 대동강 이북으로 밀려난 당나라는 한반도 북부와 만주를 안정적으로 차지했을까? 이 지역의 주인이었던 고구려는 비록 망했지만 그 그림자는 매우 길었고, 당나라 앞에는 고구려 원정에서 몇 번이나 실패했을 때에 버금가는 난관이 기다리고 있었다. 700년간 동북아시아의 호랑이로 군림했던 고구려의 멸망은 당나라가 동아시아의 유일한 중심으로 자리 잡는 과정의 마지막 수순이었다. 그 뒤 다양하고 개성적인 문화를 일구며 호방하게 살던 고구려인에게 춥고 어두운 시련이 밀어닥쳤다. 평양성을 함락시킨 당나라는 유력한 고구려인 3만 8,200여 호를 자기 나라 남부와 서부로 강제 이주

● 발해의 5경

당

발해

● 상경 용천부

중경 현덕부 ● ● 동경 용원부

서경 압록부 ●

남경 남해부 ●

동 해

신 라

서 해

● 금성(신라의 수도)

일 본

발해는 고구려의 멸망으로 중국에 빼앗겼던 만주를 200여 년간 더 우리 조상의 활동 무대로 확보했다.

시켰다. 그리고 평양에는 안동도호부를 세우고, 고구려 전역에 9도독부 42주 100현을 설치하여 직접 통치의 기반을 닦았다.

그러나 고구려인들 역시 남의 지배를 녹록하게 받아들일 만한 사람들은 아니었다. 670년 고구려 유민들은 한성(지금의 황해도 재령)에 모여 검모잠과 안승을 중심으로 부활의 깃발을 높이 들었다. 이듬해에는 당나라를 몰아내는 데 이해관계를 같이하는 신라와 연합군을 결성하여 요동 반도로 진격, 당나라군과 격전을 벌이기도 했다.

당나라의 수도인 장안長安으로 끌려갔던 고구려의 마지막 왕 보장왕 또한 체념하고 있지만은 않았다. 신라가 대동강 이남에서 당나라를 밀어낸 이듬해(677년) 그에게 요동 지역 고구려 유민을 통치하는 임무가 맡겨지자, 그곳에서 보장왕은 고구려인과 말갈인을 끌어 모아 고구려 부흥 운동을 일으켰다.

한편 당나라도 어렵게 제거했던 고구려가 부활하는 것을 그냥 두고 볼 수만은 없었다. 전세를 가다듬은 당나라군은 안시성에서 한성의 고구려 부흥군을 패퇴시키고 잇단 전투를 승리로 이끌어, 안승 세력을 신라 영토로 밀어냈다. 또 보장왕을 붙잡아 중국 남서부로 유배시키고 그곳에서 영욕이 교차한 삶을 마감하게 했다. 그리고 보장왕의 후손에게는 '고려 조선군왕'高麗朝鮮郡王이라는 상징적인 작위만을 내린 채 장안에 유폐시켰다.

발해의 상경성터에서 발굴된 용머리. 8~9세기 것으로 추정된다. 날카로운 이빨과 부릅뜨고 있는 두 눈이 인상적이다. 건물 기단에 끼워 넣어 악귀를 쫓는 역할을 했다고 한다.

그것으로 끝이었을까? 중국의 여걸 측천무후則天武后(624?~705)[*]는 그렇게 믿었을 것이다. 그러나 만주 벌판과 장백산맥에 드리운 고구려의 그림자는 깊고도 컸다. 7세기가 저물어 가던 698년, 요동벌을 뒤흔드는 고구려 부활의 함성이 당나라의 만주 지배에 크나큰 균열을 가져왔다. 그 주인공은 당나라의 영주 지방으로 끌려갔던 고구려 장군 대조영大祚榮과 그를 따르는 고구려인과 말갈인이었다. 그들은 반란을 일으킨 뒤 대릉하大凌河(중국 북동부의 랴오둥 만으로 흘러드는 다링 강을 말함)를 건너 추격해 오는 당나라군을 천문령에서 크게 물리치고, 동모산에 새 고구려 건설의 깃발을 올렸다. 고구려가 망한 지 꼭 30년 만의 일이었다.

이로써 만주와 한반도를 동시에 차지하려는 당나라의 계획은 약 100년 만에 물거품으로 돌아갔다. 이 100년에 걸친 전쟁과 이합집산의 시대를 시작한 것은 중국이었지만, 그것을 명예롭게 마무리 지은 것은 통일 신라와 발해, 곧 남북국이었다. 그리하여 우리 민족의 명맥은 끊이지 않고 중세의 고려로 이어질 수 있었다.

[*] 측천무후 : 당나라 제3대 고종의 황후. 병약한 고종을 대신하여 나랏일을 맡아보다가, 고종이 죽자 아들 중종·예종을 차례로 즉위시켰다. 690년 국호를 주(周)로 고치고 스스로 황제를 칭하며 중국 사상 유일한 여제(女帝)가 되었다. 705년 장간지 등이 정변을 일으켜 중종이 복위할 때까지 약 15년간 중국을 지배하며 태평성대의 기반을 다졌다.

고대 한국인의 정신을 둘러싼 대결

무속 Ⅴ

2005년 11월 당시 우리나라 인구는 4,704만 1,000명이었다. 이 가운데 종교 인구는 절반이 조금 넘는 53.1%(2,497만 명)이고, 가장 많은 사람이 믿는 종교는 불교였다. 불교 신자는 전체 종교 인구의 22.8%(1,073만 명)를 차지했다. 이처럼 불교가 우리나라에서 가장 큰 종교가 된 것은 1,500년도 훨씬 지난 옛날의 일이다. 삼국 시대에 중국을 거쳐 들어온 불교는 순식간에 고대인의 정신세계를 지배하는 종

↑ 죽음을 관장하는 신 바리공주. 저승에 가 불사약을 구해 부모를 살린 후 만신의 왕이 되었다.

S 불교

교가 되어 우리 문화에 커다란 영향을 끼쳤다.

그렇다면 불교가 들어오기 전에 우리 조상은 어떤 종교를 믿고 있었을까? 그 종교와 불교 사이에는 아무런 갈등도 없었을까? 그리고 불교가 그처럼 빨리 우리 조상의 마음을 사로잡은 까닭은 무엇이었을까? 이번에는 이러한 의문을 중심으로 고대 정신세계의 흐름을 살펴보자.

⬆ 중생을 제도하겠다는 원(願)을 세운 뒤 수행 끝에 부처가 되었다는 아미타불.

한말의 화가 김준근의 『기산풍속도첩』에 실린 마마배송굿 장면. 병이 나도 마음 놓고 의원을 찾을 수 없었던 시대에 일반 평민들의 병을 고쳐 준 것은 무당이었다. 천연두나 홍역을 앓고 딱지가 생기면 이때 마마신을 공손히 돌려보내는 굿을 한다.

무속의 세계

통일 신라 때의 문필가 최치원은 난랑이라는 화랑의 묘비에 적은 글에서 "우리에게 현묘한(이치나 기예의 경지가 헤아릴 수 없이 미묘한) 도가 있으니 유불선儒佛仙 삼교를 포함하고 있다"라고 썼다. 유불선 가운데 '유' 와 '불' 은 각각 유교와 불교를 가리킨다. 그렇다면 '선' 은 무엇일까? 그것은 바로 선사 시대 이래의 전통 신앙인 무속이라 할 수 있다.

불교가 지금까지 남아 있는 것처럼 무속도 여전히 명맥을 유지하고 있다. 울긋불긋한 옷을 입은 무당이 펼쳐 보이는 각종 굿과 시골 앞산의 서낭당, 도회지 골목의 점집 등에서 그 생명을 이어 가고 있다. 다른 종교를 믿고 있든 그렇지 않든 간에 점 한번 보지 않은 한국인은 그리 많지 않을 것이다. 하지만 무속은 정부 공식 통계에서 종교로 분류되지 않는다. 공식적으로 무속은 유사 종교, 쉽게 말해서 미신으로 받아들여지기 때문이다.

이처럼 뿌리 깊은 전통 신앙인 무속은 지금도 많은 사랑을 받고 있지만 동시에 천대를 받고 있기도 하다. 스님을 존경하는 사람은 많아도 무당을 존경하는 사람은 그리 많지 않다. 무속에서 행하는 여러 가지 굿은 전통 문화로서 인정받지만, 불교의 연등회*나 가톨릭의 미사처럼 성스러운 행위로 여겨지는 일은 별로 없다.

그러나 불교가 들어오기 전에는 사정이 달랐다. 아니, 불교가 들어온 다음에도 오랫동안 무속은 권위 있는 신앙의 지위를 누렸다.

무속을 '샤머니즘' shamanism이라고도 한다. 샤머니즘이란 샤먼shaman이 주재하는 종교라는 뜻이다. 샤먼은 신과 인간 사이에서 신의 뜻을 중개하는 자를 말하니, 우리말

---

* 연등회 : 매년 정월 보름날에 이틀 밤 동안 등불을 켜던 행사. 고려 태조 때에는 정월 대보름날 행하여지다가 1010년(현종 1년)에 2월 보름날로 바뀌었다.

한반도에서만 출토되는 청동기 시대의 대표적 유물인 쌍두령(雙頭鈴). 방울 안에 청동 구슬이 들어 있어 흔들면 소리가 난다. 환웅이 인간 세상에 내려올 때 환인은 천부인(天符印) 세 개를 주어 내려가 다스리게 했다고 한다. 천부인 세 개는 청동 거울, 검, 방울을 뜻하는 것으로 모두 무구(巫具)의 일종이며 단군왕검의 성격을 보여 주는 유물이다. 먼 옛날 단군왕검 중 한 사람이 저 쌍두령을 흔들어 나라의 악귀를 쫓고 복을 빌었을 것이다.

로 하면 곧 무당이다. 지금은 사회의 중심에서 밀려났지만, 무당이 고대, 특히 불교가 들어오기 전에 누린 지위는 상상도 할 수 없이 높은 것이었다. 적어도 청동기 시대에 무당은 한 사회 최고의 지도자였던 것이다!

무당이 최고 지도자였다는 것은 고조선의 건국자로 알려진 '단군왕검' 이 바로 무당과 같은 존재였다는 학설만으로도 충분히 짐작할 수 있다. 이 학설에 따르면 단군왕검은 한 사람의 이름이 아니라 고조선 사회를 다스리던 최고 지도자의 지위를 일컫는다. 이때 '단군' 은 무속의 지도자, 곧 종교 지도자를 가리키고, '왕검' 은 정치 지도자를 가리킨다고 한다. 청동기 시대의 사회는 종교 지도자가 정치 지도자이기도 한 정교일치政教一致의 사회였다. 그러니 단군왕검은 이러한 정교일치 사회의 최고 지도자를 뜻한다는 것이다.

우리는 박물관과 역사책에서 정교일치의 지도자인 무당의 모습을 볼 수 있다. 샤머니즘이라는 것은 기본적으로 세계 곳곳에서 보편적으로 나타나는 고대의 신앙 체계이며, 특히 시베리아와 몽골 등지의 샤머니즘은 우리의 무속과 거의 같은 성격을 지니고 있다. 그 지역에서 볼 수 있는 샤먼의 차림새와 우리나라에 남아 있는 청동기 시대 무당의 유품들은 놀라울 만큼 서로 들어맞는다. 울긋불긋한 옷과 번쩍거리는 청동 거울, 요란한 소리를 내는 청동 방울 등으로 차린 무당은 때만 되면 사람들을 모아 놓고 하늘에 제사를 지냈다. 그러한 제사를 통해 사람들을 단결시키고 자신이 한 사회의 지도자임을 과시하곤 했던 것이다.

이러한 정교일치 사회는 청동기 시대 후기로 가면서 서서히 변화했다. 정치 지도자와

무당이 쓰는 청동 거울 명두(明斗). 조선 시대의 것으로 한 글로 '서천대명두' 란 글자가 새겨져 있다. 해와 달, 북두칠성의 천부삼인이 새겨져 있으며 신령과 교감하는 접신 수단이다.

종교 지도자가 분리되는 정교분리의 사회로 넘어간 것이다. 그때 종교 지도자인 무당은 정치 지도자의 뒤로 물러나 그를 돕는 위치에 섰지만, 그래도 여전히 사회 전체에 강력한 정신적 영향력을 행사했다. 역사책을 보면 삼한 사회에는 소도라는 신성한 구역에 머물며 종교 생활을 주도하는 '천군' 이라는 존재가 있었는데, 이 천군이 바로 정교분리 사회의 무당인 셈이다.

무속과 불교의 대결

정치와 종교가 분리되고 여러 국가들이 생겨나면서 무속적 신앙은 각 나라에서 중요한 역할을 하게 되었다. 예컨대 고구려에서는 나라를 세운 주몽과 그의 어머니 유화부인이 신앙의 대상이었다. 그런데 고구려는 여러 부족 집단이 힘을 합쳐 세운 나라였고, 주몽은 그 가운데 가장 강력한 고씨 부족의 조상이었다. 다른 부족들에게는 그들의 조상, 그들의 수호신이 있었다.

왕권을 틀어쥔 고씨 부족은 막강한 힘으로 다른 부족을 제압하고 주몽을 고구려인 공동의 수호신으로 치켜세울 수 있었다. 그러나 이것만으로는 왕이 출신 부족을 초월한 보편적인 지도자임을 과시할 수 없었다. 어쨌거나 주몽은 고구려를 구성한 여러 부족 중 하나의 조상신에 지나지 않았기 때문이다.

그때 중국을 거쳐 들어온 것이 불교였다. 불교는 만물이 끊임없이 변하며 이 세상에 절대적인 것은 없다는 교리를 가지고, 그에 따라 모든 인간, 모든 사물의 차이를 부정했다. 무속은 집단에 따라 신앙의 대상이 다를 수 있지만 불교는 오로지 창시자인 석

연가 7년(539년으로 추정)에 고구려 동사(東寺)의 승려들이 불상 천 개를 만들어 세상에 퍼뜨렸다. 사진은 그 중 29번째 것이라 하는 연가7년명금동여래입상. 고구려 불상으로 남한(경남 의령)에서 발견된 점, 정확한 제작 연대가 새겨져 있다는 점 등에서 주목을 받았다.

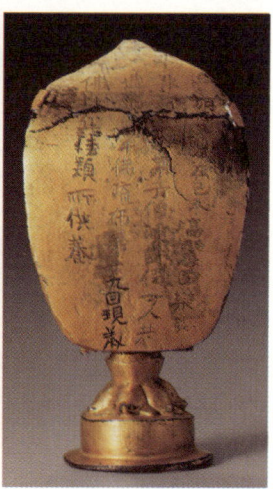

가釋迦(기원전 563?~기원전 483?)를 따라 배우며 그의 가르침을 실천하는 종교다. 중국의 불교와 고구려의 불교가 다르지 않으니, 하물며 고구려를 구성하는 각 부족의 불교가 어찌 다를 수 있으랴?

고구려의 왕이 이 보편적인 종교를 받아들이고 그 종교의 후견인이 된다면, 출신 부족을 초월하여 명실공히 고구려인의 지도자가 될 수 있었다. 그 점을 간파하고 불교를 받아들인 왕이 바로 소수림왕小獸林王(?~384, 고구려 제17대 왕)이었다. 그가 고구려에 불교를 널리 퍼뜨림으로써 고구려의 왕권은 탄탄대로를 걷게 되었다.

이처럼 불교가 고대 왕권에 기여한 것은 석가가 이 종교를 창시한 인도에서도 마찬가지였다. 그 당시 인도 사회는 브라만교(불교에 앞서 고대 인도에서 경전인 『베다』의 신앙을 중심으로 브라만 계급에서 발달한 종교)의 사제 계급을 정점으로 한, 복잡한 카스트 제도에 얽매여 있었다. 차별을 부정하는 불교는 신분의 굴레에 매여 고통받던 인도 민중뿐 아니라, 여러 신분을 초월한 권력이 필요했던 신흥 왕국의 지지를 받았다.

고구려와 백제에서는 불교를 받아들이는 데 큰 어려움이 없었던 것 같다. 그것은 아마도 여러 부족 간의 권력 관계가 일찍 조정되고 중앙 집권 체제를 위한 준비가 되어 있었기 때문일 것이다. 그러나 신라에서는 사정이 달랐다. 고구려와 백제가 불교를 받아들인 지 200년이 다 되도록 신라에서는 불교가 뿌리를 내리지 못했다. 신라는 지금의 경상북도 경주 일대의 좁은 지역에서 사로국이라는 부족 연맹체로 시작했다. 신라를 구성하는 여러 부족은 그 나름의 수호신이 있었고, 각 부족의 우두머리로 이루어진 귀

산신은 삼국 시대부터 널리 믿던 토착신으로, 불교에 수용되면서 호법신의 하나로 자리 잡았다. 무속은 불교에 고대 사회를 지배하던 주도권을 내주고 말았으며 일부는 불교에 흡수되는 길을 택했다. 본래의 불교와 상관이 없으면서도 사찰마다 볼 수 있는 산신각, 칠성각 등이 그 예이다.

족들은 왕에 버금가는 막강한 권한을 가지고 있었다.

법흥왕法興王(?~540, 신라의 제23대 왕)이 불교를 공인하려고 하자 귀족들은 벌떼같이 일어나 반대했다. 고구려와 백제에서 불교가 어떤 역할을 했는지 잘 알고 있기 때문이었다. 바로 이때 귀족들의 저항을 일거에 잠재운 젊은이가 있었으니 그가 이차돈異次頓(506~527)이었다. 독실한 불교 신자였던 이차돈은 어느 날 왕을 찾아가 귀족들이 보는 앞에서 자신의 목을 치라고 제안했다. 왕은 살생을 금지한 불교의 가르침을 들어 이를 거부했지만, 이차돈의 간곡한 요청에 승복하고 만다. 그리하여 불교에 반대하는 귀족들을 모아 놓고 그 앞에서 불교 신자 이차돈을 참수하는 극단적인 충격 요법을 실행에 옮겼다.

이때 이차돈의 목에서는 흰 젖이 뿜어져 나오고 하늘에서는 꽃비가 내렸다고 한다. 흰 우유는 인도에서 신성하게 여기는 음식이고, 꽃비는 석가가 설법說法(불교의 교의를 풀어 밝힘)할 때 내렸다고 하는 신비로운 현상이다. 이차돈과 법흥왕이 사전에 짜고 특수 효과를 연출한 것인지는 알 수 없다. 어쩌면 이런 기이한 일 자체가 나중에 조작된 것일 수도 있다. 그러나 분명한 것은 이차돈의 죽음 앞에서 기가 질린 귀족들이 다시는 불교를 반대하지 못했다는 사실이다.

이처럼 청동기 시대 이래 사회의 정신적 지주 노릇을 하던 무속은 중앙 집권적인 고대 국가가 확립되어 가는 과정에서 우여곡절 끝에 그 역할을 보편적 종교인 불교에 내주게 되었다.

"나는 불법을 위하여 형벌을 받는다. 만일 부처가 신통력이 있다면 내가 죽는 데 반드시 이상한 일이 있을 것이다." 목을 베자 목 벤 자리로부터 피가 솟아나오는데, 빛깔이 젖빛처럼 희었다. 여럿이 꾀이하게 여겨 다시는 불교행사에 관한 비방을 하지 못했다.—『삼국사기』 중
사진은 이차돈의 순교 장면이 묘사된 비석.

불국토를 향하여

무속은 우리나라가 아니더라도 고대 사회에서는 어렵지 않게 찾아볼 수 있는 신앙 형태다. 그런데 무속은 초자연적인 힘과 그것을 인간에게 전해 주는 무당의 존재를 공통 요소로 가질 뿐, 집단마다 나라마다 숭배 대상과 내용은 달랐다. 하지만 인도에서 생겨나 아시아 전역으로 퍼져 나간 불교는 모든 신자들이 핵심 교리를 공유하는 세계 종교였다.

중국을 거쳐 우리나라에 들어온 불교는 다시 고구려, 백제를 통해 일본으로 들어갔다. 그곳에서도 신라처럼 전통 신앙과 갈등을 빚던 불교는 우리나라 출신 승려들의 노력 덕분에 7세기에는 주도적인 종교로 자리 잡게 되었다. 이처럼 불교가 전파되는 경로는 선진 문물이 전파되는 경로와 일치했다. 따라서 그 당시 불교를 받아들이느냐 마느냐 하는 것은 아시아 전역에 걸쳐 통용되는 국제적인 문화 표준을 받아들일 준비가 되어 있느냐 하는 것과 같은 이야기였다. 요즘 말로 치자면 불교야말로 고대 아시아의 '글로벌 스탠더드'였다고나 할까?

신라는 불교를 받아들이는 데는 머뭇거림이 있었지만, 일단 받아들인 뒤에는 거침없이 불교의 나라로 나아갔다. 원효元曉(617~686, 불교의 대중화에 힘쓴 승려)와 의상義湘(625~702, 화엄종의 창시자) 같은 고승이 배출되어 신라 불교의 폭과 깊이를 키웠으며, 삼국 통일의 근간이 된 화랑은 불교의 가르침을 받아들인 뒤 더욱 단단해졌다. 삼국 통일의 영웅인 김유신은 용화향도라는 화랑 조직을 이끌었는데, 여기서 용화란 불교의 미륵보살*이 먼 훗날 이 세상에 내려와 용화수龍華樹 아래에서 설법한다는 이야기에서 유래

---

* 미륵보살 : 도솔천에 살며, 56억 7,000만 년 뒤에 성불하여 이 세상에 내려와 모든 중생을 극락세계로 인도한다는 보살.

신라 성덕왕 18년(719) 통일 신라의 문신 김지성은 부모의 명복과 국가의 안녕을 빌기 위해 감산사를 창건한다. 이듬해에는 어머니를 위해 미륵보살을, 아버지를 위해 아미타불을 세운다. 왼쪽 사진은 감산사 미륵보살로 현재 국보 제81호로 지정되어 있다(아미타불은 국보 제82호). 『삼국유사』에 따르면 김대성은 전생의 부모를 위해 석굴암을, 현생의 부모를 위해 불국사를 세웠으니 신라인들의 효심이 오늘날의 국보를 만든 셈이다.

한 이름이다. 신라 사람들은 화랑이 미륵보살의 현신現身(부처가 중생을 구하기 위해 여러 가지 모습으로 몸을 바꾸어 나타나는 일)이라 생각했다고 한다.

삼국 통일 이후 불교의 인기는 더욱 치솟았다. 신라의 왕도王都인 서라벌(경주의 옛 이름)은 열 집 건너 하나씩 절이 있고, 탑이 기러기처럼 늘어서 있는 불교 도시였다. 서라벌 남쪽에 자리 잡은 남산에는 바위마다 부처와 보살이 새겨져 있고 곳곳에 서라벌 주민들이 원찰願刹(소원을 빌거나 죽은 사람의 명복을 빌기 위해 지은 법당)로 쓰는 작은 암자들이 있었다. 김대성金大城(700~774)이 다시 지었다고 전해지는 불국사는 불교의 이상 세계를 지상에 그대로 재현한 사찰이었다. 이 절의 이름처럼 신라 사람들은 자기 땅을 불국토佛國土, 곧 불교의 이상이 실현된 나라로 믿고 싶어했다.

이러한 불교 천하는 통일 신라와 발해를 이은 고려로까지 이어졌다. 고려에서는 승려가 왕의 스승 노릇을 했고, 팔만대장경을 새겨 몽골 제국의 침략을 물리치겠다고 생각할 만큼 불교에 대한 신앙심이 강했다.

그런데 불교가 융숭한 대접을 받았다고 해서 무속이 천대받거나 사라져 버린 것은 아니었다. 권력의 자리에서는 내려왔지만 여전히 왕실을 비롯한 여러 계층의 사랑을 받았다. 삼국은 불교를 공인한 뒤에도 여전히 전통 방식의 제사를 지냈고, 고려의 국가적 축제인 팔관회八關會*는 불교 의례의 형식에 여러 가지 전통 신앙의 요소를 합친 것이었다.

* 팔관회 : 통일 신라 · 고려 시대에, 해마다 음력 10월 15일은 개경에서, 11월 15일은 서경에서 토속신에게 제사를 지내던 의식. 놀이를 하면서 술과 다과를 즐기고 나라와 왕실의 안녕을 빌었다.

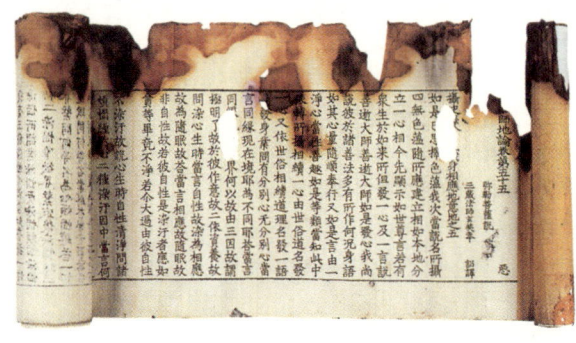

부처님의 힘으로 몽고군을 격퇴하기
위해 펴낸 팔만대장경.

무속이 본격적으로 천대를 받기 시작한 것은 성리학의 나라를 표방한 조선 시대에 들
어서의 일이었다. 조선의 사대부들은 무속을 음란하고 사악한 것으로 여겨 철저히 배
격했다. 그런데 이것은 무속의 운명만이 아니었다. 불교도 유교적 합리주의의 원칙 아
래 배척당했다. 한때 고대 사회의 정신적 주도권을 놓고 대결을 벌였던 무속과 불교지
만, 불교가 융성한 동안은 공존하다가 제3의 가치 체계가 등장하자 함께 내리막길을
걸었던 것이다. 그러나 성리학 엘리트의 공격에도 불구하고 불교와 무속은 함께 민중
의 삶 속에 깊이 뿌리박은 채 살아남아 오늘날까지 이어지고 있다.

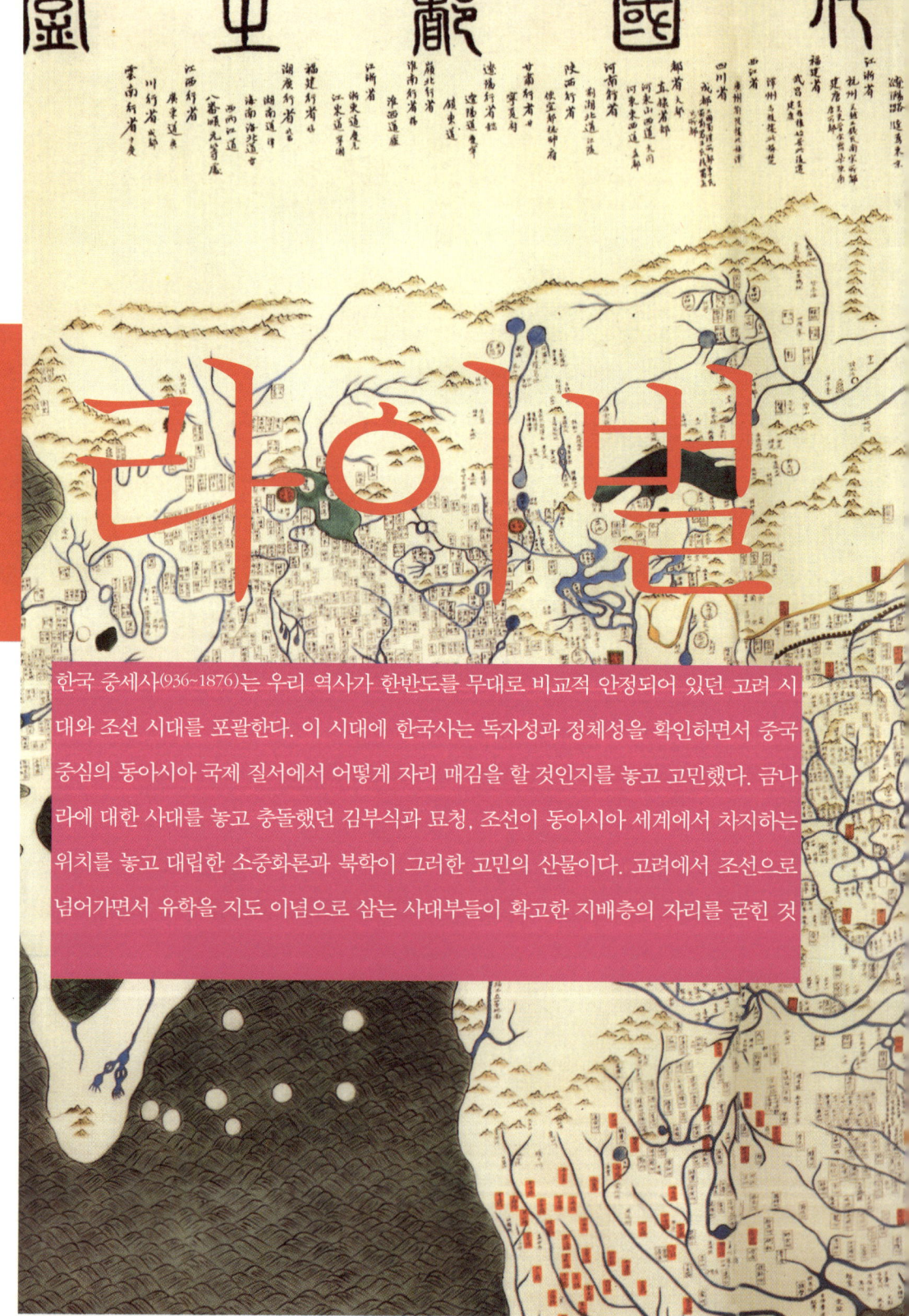

라이벌

한국 중세사(936~1876)는 우리 역사가 한반도를 무대로 비교적 안정되어 있던 고려 시대와 조선 시대를 포괄한다. 이 시대에 한국사는 독자성과 정체성을 확인하면서 중국 중심의 동아시아 국제 질서에서 어떻게 자리 매김을 할 것인지를 놓고 고민했다. 금나라에 대한 사대를 놓고 충돌했던 김부식과 묘청, 조선이 동아시아 세계에서 차지하는 위치를 놓고 대립한 소중화론과 북학이 그러한 고민의 산물이다. 고려에서 조선으로 넘어가면서 유학을 지도 이념으로 삼는 사대부들이 확고한 지배층의 자리를 굳힌 것

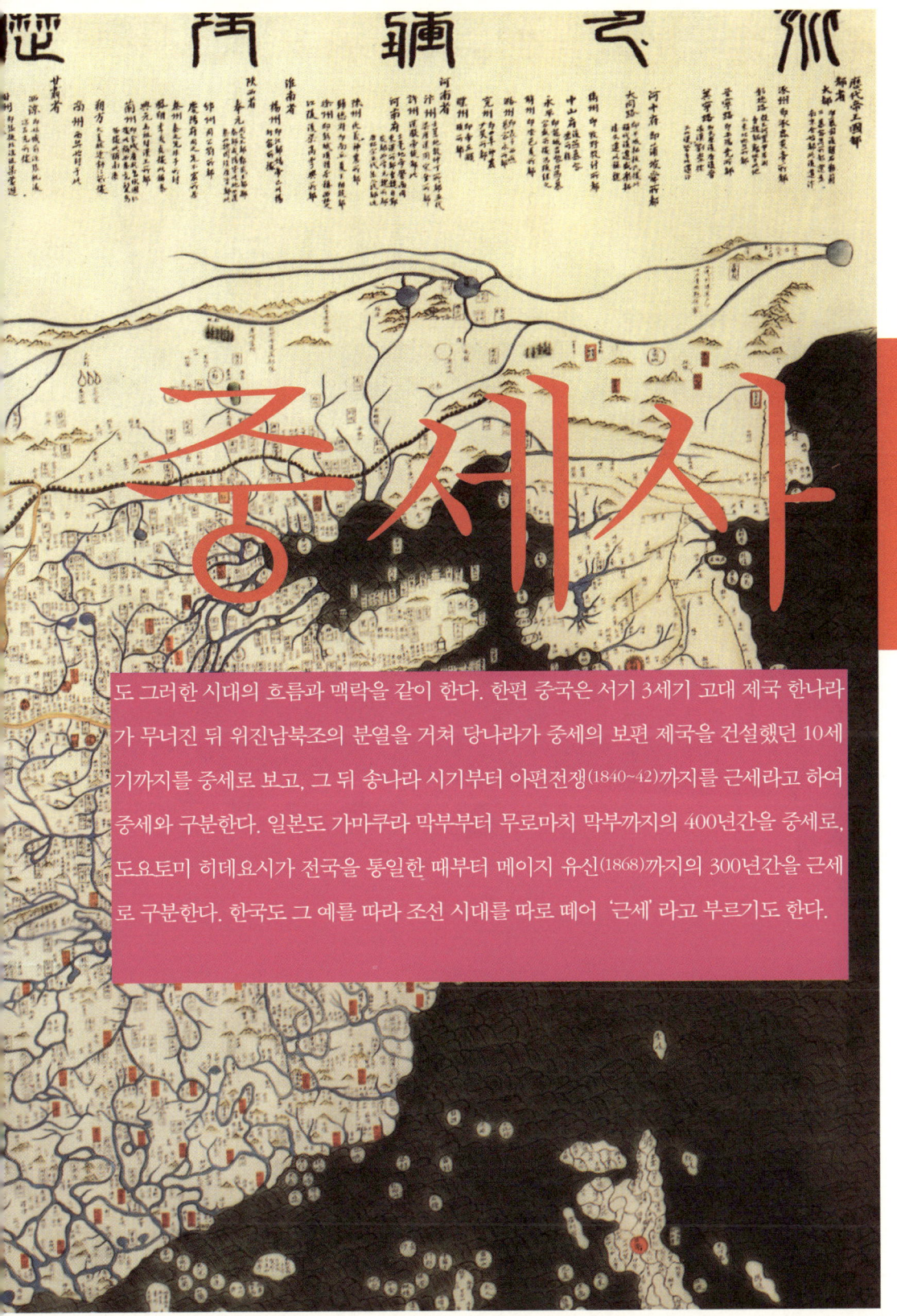

도 그러한 시대의 흐름과 맥락을 같이 한다. 한편 중국은 서기 3세기 고대 제국 한나라가 무너진 뒤 위진남북조의 분열을 거쳐 당나라가 중세의 보편 제국을 건설했던 10세기까지를 중세로 보고, 그 뒤 송나라 시기부터 아편전쟁(1840~42)까지를 근세라고 하여 중세와 구분한다. 일본도 가마쿠라 막부부터 무로마치 막부까지의 400년간을 중세로, 도요토미 히데요시가 전국을 통일한 때부터 메이지 유신(1868)까지의 300년간을 근세로 구분한다. 한국도 그 예를 따라 조선 시대를 따로 떼어 '근세'라고 부르기도 한다.

우리 역사를 꿰뚫는 두 가지 전통

고려 V

지금까지 우리는 여러 가지 맞수 관계를 통해 고대사의 흐름을 살펴보았다. 고대는 한마디로 다양한 전통이 이합집산하면서 한국사의 기본 토대가 마련된 시대였다고 할 수 있다. 이를 바탕으로 한국사의 영역을 다지고 한국 고유의 전통 문화를 발전시켜 온 시대가 바로 중세였다. 중세는 통일 신라와 발해를 포함하기도 하지만 보통은 고려와 조선 시대를 가리킨다. 고려와 조선은 각각 500년에 이르는 긴

⬆ 태조 왕건이 남긴 훈요십조의 첫번째는 불교를 잘 위하라는 것이었다. 이후 불교는 고려 사회 전반을 장악했다. 사진은 고려 시대를 대표하는 부석사 무량수전.

S 조선

역사를 자랑하면서 한국사의 발전에 굵직한 자취를 남겼다. 두 왕조는 비슷한 사회 성격을 지녔다는 점에서 계승성이 강조되지만, 각각 불교와 유교가 숭상되었다는 점에서는 차별성이 두드러지기도 한다. 두 왕조의 자취를 따라가며 1,000년 중세사의 큰 그림을 그려 보자.

↑ 사대부가 세운 나라, 조선을 지배한 학문은 유학(성리학)이었다. 사대부들은 서원을 통해 유학을 연구하고 유교적 지배 질서를 공고히 했다. 사진은 도산서원.

1993년 경기도 개풍에 있는 고려 태조릉(현릉)의 보수 공사 중 출토된 태조 왕건의 청동상. 국립중앙박물관이 2006년 평양 조선중앙력사박물관으로부터 대여해 일반에 공개했다. 왕이 나신(裸身)이라는 충격적인 형태를 하고 있는 것은 당시 토속신앙에서 신앙시되던 동명왕상의 양식을 따른 것이라고 한다. 왕건이 쓰고 있는 관은 황제가 쓰는 통천관(通天冠)으로 중국과의 대등한 관계를 보여 주는 것이다.

고려와 조선의 기원

고려와 조선은 중세를 지배한 두 왕조의 이름이기도 하지만, 그보다 오랜 옛날에도 있었던 나라 이름이고 지금도 존재하는 이름이다. 고려는 삼국 시대에 만주와 한반도 북부를 호령하면서 동북아시아의 강대국으로 군림한 고구려로부터 비롯된 이름이다. 그런가 하면 조선은 한국사에서 가장 먼저 생겨난 나라인 고조선으로부터 그 이름을 물려받았다.

그뿐 아니라 고려는 지금도 남북한을 함께 부르는 이름으로 남아 있다. 유엔UN이나 올림픽 등 국제무대에서 우리나라를 가리킬 때 사용하는 이름인 '코리아' Korea는 바로 고려에서 비롯된 것이다. 그런가 하면 조선은 북한의 공식 명칭인 조선민주주의인민공화국에서 여전히 나라 이름으로 살아 있다.

이렇듯 고려와 조선이 고대로부터 현대에 이르기까지 한민족의 나라 이름으로 사랑받아 온 데에는 그만한 이유가 있을 터다. 그 이유를 따라 고려와 조선이라는 나라 이름의 추이推移를 살펴보기만 해도 우리 민족사의 흐름을 대충은 파악할 수 있다.

고조선은 단군왕검이 다스리던 당시에는 그냥 조선이라 불렸다. 그러다 중국에서 온 위만이 정변을 일으켜 위만 조선을 세운 뒤, 그전의 조선을 자기 나라와 구분하기 위해 고조선이라 부르기 시작했다. 나아가 태조 이성계가 조선 왕조를 세운 다음에는 고대의 조선과 자기 나라를 구분하기 위해 단군 조선부터 위만 조선까지를 고조선이라고 부르게 되었다.

조선이라는 말의 유래에 대해서는 여러 가지 설이 있지만 '아침의 해 뜨는 나라', 곧

전북 전주의 경기전에 있는 태조 어진. 벌거벗은 고려 태조와 달리 조선 태조는 익선관과 곤룡포, 옥대를 모두 갖추고 있다. 조선 건국 당시 명의 문물을 그대로 받아들였기 때문에 익선관과 곤룡포는 명의 양식을 따르고 있다. 하지만 이와 동시에 명에 대한 사대를 표방한 나라답게 황제를 의미하는 황색보다 낮은 등급의 푸른색 곤룡포를 입고 있다.

동쪽 나라를 가리킨다는 말에 대해서는 특별한 반론이 없다. 고조선은 한국사에서 최초의 나라이기는 하지만, 중국 한나라의 침공을 받아 멸망한 다음에는 그 전통이 바로 이어지지 않았다. 그 뒤 만주와 한반도에는 서로 다른 전통을 주장하는 여러 나라가 들어섰다가 삼국으로 모였는데, 그 가운데 하나가 고구려였다.

고구려라는 이름이 성이나 고을을 뜻하는 '구루'에서 왔다고 할 정도로 고구려는 성城의 나라였다. 잇따른 전쟁으로 영토를 넓힌 뒤 요동의 험준한 산세를 따라 산성들을 쌓아 놓고 북방 민족과 중국인의 침략으로부터 나라를 지켰던 것이다. 고조선보다는 부여라는 나라로부터 전통을 이어받은 고구려는 700년 역사를 마감한 뒤로도 오랫동안 동북아시아의 독자성을 상징하는 존재였다.

고려 ― 한국사의 호수

고려는 삼국 가운데 고구려의 나라 이름을 계승함으로써, 고구려의 옛 땅인 만주를 되찾고 동북아시아의 강대국이 되겠다는 의지를 보여 주었다. 사실 고구려라는 나라 이름도 고려 시대와 구별하기 위해 그렇게 부른 것이지 고구려 당시에는 '고려'라는 이름으로 더 많이 불렸다. 우리 역사에는 '고려'라는 이름을 가졌던 나라가 줄잡아 다섯 개는 되는데, 이것은 그만큼 고구려의 그림자가 깊고도 넓었다는 뜻이다.

고려의 태조 왕건은 잃어버린 고구려의 옛 영토를 되찾기 위해 '북진 정책'을 내걸었다. 그러나 고려 시대의 국제 정세는 그리 녹록지 않았다. 발해를 멸망시키고 만주를 차지한 요나라는 남쪽의 송나라와 중국의 패권을 놓고 다투고 있었는데, 고려가 송나

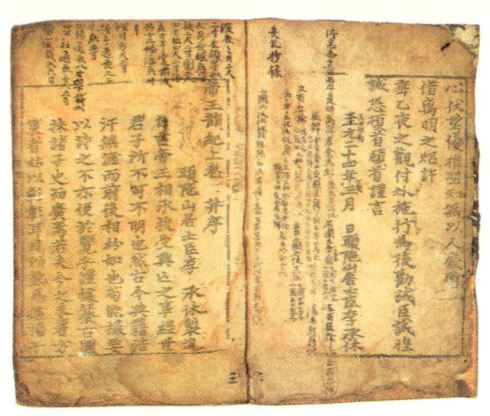

단군을 시조로 하고, 발해를 고구려 계승국으로 인정하여 우리 역사와 연결시킨 『제왕운기』. 몽골 간섭하에서 성장한 주체의식이 반영되어 있다. 1287년 이승휴가 썼다.

라 편을 들지 못하게 하기 위해 고려에 쳐들어왔다. 고려가 북진을 하기는커녕 요나라의 남진을 막아내기에 급급한 상황이 된 것이다. 그래도 고려는 요나라의 위협에 굴하지 않고 당차게 맞서 결국은 그 큰 나라의 침략을 물리칠 수 있었다.

문제는 요나라가 망한 뒤에도 금나라, 원나라 등 유목민 출신의 강대국들이 일어나 만주를 차지했다는 사실이었다. 그리하여 고려는 금, 원과 잇달아 사대 관계를 맺었고, 북진 정책은 구호로만 남아야 했다.

중세 국가 고려가 실제로 우리 역사에 기여한 것은 고대 국가 고구려의 영토를 되찾은 일이 아니라, 삼국과 후삼국 등으로 나뉘어 온 여러 집단과 문화를 하나로 통합한 일이었다. 고구려, 백제, 신라의 삼국이 정립하기 이전에 한반도 중남부에는 '삼한'이라 불리는 부족 국가 연합체들이 있었다. 그런데 나중에는 삼국도 그냥 삼한이라 불리곤 했다. 그래서 고대의 중국과 일본에서는 흔히 우리나라 전체를 '삼한'이라는 호칭으로 불렀다. 이것은 오늘날 국제 사회가 우리를 '코리아'라고 부르는 것과 비슷한 그 시대의 국제적 명칭이었다고 보면 된다.

삼한이라는 말에서 알 수 있는 것처럼 고대의 우리나라에서는 세 갈래의 전통이 각각 발전하고 있었다. 이 세 갈래의 전통을 하나로 모아 민족사의 바탕을 마련한 나라가 고려였다. 이를 위해 고려는 수도 개경을 중심으로 전국을 연결하는 역참* 제도를 조직하고 행정 구역을 정비했다. 그리하여 예전에 백제의 땅, 신라의 땅이었던 곳이 고려의 지방으로 재편성되었다. 후삼국 시대에 각 지방에서 세력을 떨치던 호족들은 서서히 중앙 정부의 통제를 받으며 고려의 관리가 되어 갔다. 이처럼 고려는 한반도 전

* 역참 : 중앙과 지방 사이의 명령 전달, 관리의 행차나 물건의 운반 등을 뒷받침하기 위해 만든 교통 · 통신 기관을 말한다.

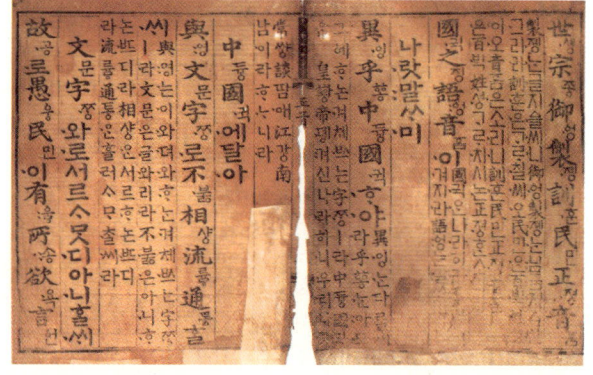

1443년 창제, 1446년 반포된 『훈민정음』의 해례본. 한글은 2009년 인도네시아의 소수 민족 찌아찌아족의 공식 문자로 채택되었다. 찌아찌아족의 고유어는 문자가 없어 사멸될 위기에 처해 있다가 이를 알게 된 훈민정음학회 관계자들의 건의로 이루어졌다. "말하고자 하는 바가 있어도 제 뜻을 펴지 못하는 사람"들을 가엾게 여긴 세종의 애민 정신이 500여 년 만에 또 한번 빛을 발한 순간이었다.

역을 하나의 나라로 통합했고, 이후 우리나라는 남북한으로 분단될 때까지 1,000년 동안 둘 이상의 나라로 분열되는 일이 없었다.

이러한 고려의 역사적 역할은 서양에서 로마 제국이 한 역할과 비슷하다. 근대 역사학의 아버지 랑케Leopold von Ranke(1795~1886)는 로마 문화를 호수로 비교하면서, 이전의 다양한 역사가 로마라는 호수로 흘러 들어갔고, 이후의 모든 역사가 로마의 역사로부터 다시 흘러 나왔다고 했다. **고려도 그처럼 우리 역사에서 고대의 다양한 역사 전통을 흡수하여 하나의 흐름으로 배출시키는 호수 같은 역할을 했다고 할 것이다.**

조선 — 한국 전통 문화의 산실

그런데 고려는 세 갈래의 전통을 가진 사람들을 정치적으로 통일하기는 했지만 정신적으로까지 통일한 것은 아니었다. 고려의 많은 백성은 아직도 스스로를 백제의 후손이니 신라의 후손이니 하면서 이질성을 보이고 있었다. 고려 이전에 이미 신라가 삼국을 통일했지만, 나라가 혼란스러워지자 후백제와 후고구려 등 옛 삼국을 잇겠다는 나라들이 생겨난 것도 그런 이유에서였다.

이런 이질성을 극복하고 고려 사람 전체가 하나의 운명 공동체라는 의식이 퍼져 나간 것은 거대한 몽골 제국의 침략을 받은 후기의 일이라고 한다. 고려 안에서 사람들이 서로 다른 역사적 전통을 주장하며 다투는 것도 어디까지나 다툴 여유가 있을 때의 일이었다. 유라시아 대륙을 평정하고 있던 몽골 제국 군대가 쳐들어와 고려 전체가 망해버릴 위기 앞에서, 그런 다툼은 별다른 의미가 없었다. 살면 다 같이 살고 죽으면 다 같

이 죽을 처지였으니까.

이때 고려 사람 전체를 하나로 묶는 정신적 상징을 고민하던 사람들은 그 상징을 먼 옛날의 단군왕검에게서 찾아냈다. 고구려, 백제, 신라가 서로의 전통을 가지고 나타나기 전에 존재했던 최초의 나라 고조선과 그 건국 신화의 주인공에게서 우리나라 전체를 하나로 묶을 수 있는 상징성을 발견했던 것이다. 이러한 문제의식은 결국 고려가 무너지고 새 나라가 세워질 때 그 나라의 이름을 '조선' 이라고 짓는 데까지 나아갔다. 조선은 이처럼 우리 역사가 하나의 전통을 가진 나라로 나아가는 과정에서 부활한 뜻 깊은 이름이었다.

조선이라는 이름이 독자적인 역사 전통에 대한 고민에서 나온 것을 증명이라도 하듯, 조선은 그만의 독특한 문화를 건설해 나갔다. 조선 하면 흔히 사대주의에 젖어 살던 나라로 생각하기 쉽다. 그러나 조선이 중국을 큰 나라로 인정하고 그 나라와 사대 관계를 맺었다고 해서 자존심이 없었다고 생각하면 오산이다. 중국이 문화 국가이고 대국이라는 현실은 인정했지만, 동시에 조선 역시 그에 못지않은 문화 국가이며 그 나름의 독자성을 지닌 나라라는 자부심도 대단했다.

조선의 왕들과 유학자 관료들은 한문과는 다른 독창적인 문자인 한글과 각종 천문 기

『조선왕조실록』을 보관한 사고 중 하나인 전북 무주의 적상산 사고. 조선의 기록문화를 대표하는 『조선왕조실록』은 태조부터 철종까지 472년까지의 역사를 연월일의 순서대로 기록한 편년체 사서이다. 실록의 자료가 되는 사초(史草)조차 왕도 함부로 볼 수 없었을 만큼 실록은 엄격한 과정을 통해 편찬되었다. 적상산 사고는 묘향산 사고를 옮긴 것이다.

구를 만들고, 중국에서 들어온 성리학을 깊이 연구하여 조선만의 학풍을 만들어 갔다. 한복, 한식, 한옥 등 의식주 생활을 비롯해 오늘날 우리가 알고 있는 전통 문화는 대부분 조선에서 완성되었다. **고려가 다져 놓은 한국사의 기틀 위에서 우리만의 독자적인 전통 문화를 일구어 나간 것은 바로 조선 왕조였다.**

고려는 동아시아가 요동치고 몽골 제국이 세계를 정복하는 격동의 시기에 한반도를 무대로 한민족사의 기틀을 흔들림 없이 다졌다. 그리고 조선은 서양 세력이 대항해 시대*를 거쳐 아시아 각국을 식민지로 삼으려고 밀려들어 오던 시기에 민족 문화의 특성을 가다듬었다. 현대 세계에서 한국과 같이 작은 나라가 독자적인 문화와 경제력을 바탕으로 민족적 생존을 굳건히 할 수 있는 데는 중세 1,000년을 이어 온 고려와 조선으로부터 빚진 것이 적지 않다.

---

* 대항해 시대 : 15세기 초 포르투갈의 엔히크 왕자가 아프리카 항로를 개척하는 것을 시작으로, 15세기 말 콜럼버스의 아메리카 대륙 발견을 거쳐 17세기 초까지 계속된, 유럽 각국의 탐험 및 항해 시대를 가리킨다.

고려 시대의 진로를 결정한 맞대결

서경천도파 V

우리나라 근대 민족주의 역사학은 신채호라는 이름을 빼놓고 이야기할 수 없다. 또 신채호 하면 「조선 역사상 일천 년래 제일 대사건」이라는 글을 빼놓고 생각할 수 없다. 이 글은 한반도의 역사를 바라보는 우리 민족의 관점에 엄청난 영향을 주었다. 여기에서 신채호는 1135년 고려에서 일어났던 한 반란 사건이 우리 역사의 긴 흐름을 뒤집고, 그 뒤 일천 년에 걸친 역사의 방향을 결정해 버렸다고 이야기한

↑ 6세기경 고구려의 평양성문의 하나로 건립되어 지금까지 평양(서경)을 대표하는 유적인 대동문.

S 개경파

다. 서경천도운동에 이은 '묘청의 난'으로 불리는 이 사건은 묘청이라는 불교 승려가 일으킨 반란을 김부식이라는 유학자가 진압했다는 점에서, 또 김부식이 오늘날 남아 있는 우리 역사책 가운데 가장 오래된 『삼국사기』를 썼다는 점에서 더욱 주목되는 맞대결이다. 지금부터 12세기로 돌아가, 문제의 맞대결을 자세히 관찰해 보자.

🔺 개성(개경)의 명소 박연폭포. 주변에는 대흥산성과 관음사 등 고려 시대의 유적이 있다.

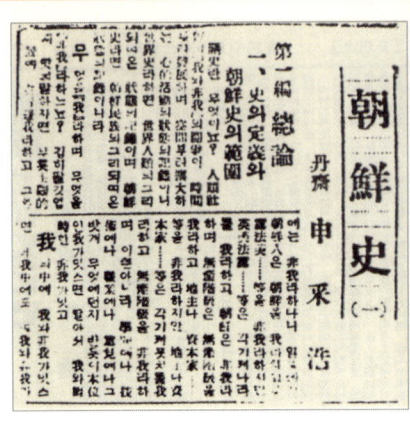

묘청과 김부식에 대한 두 가지 생각

신채호는 묘청과 김부식이 각각 어떤 세력을 대표했다고 보았을까? 그는 "이 싸움은 낭郎·불佛 양가 대 유가의 싸움이며, 국풍파 대 한학파의 싸움이며, 독립당 대 사대당의 싸움이며, 진취 사상 대 보수 사상의 싸움이니, 묘청이 곧 전자의 대표요 김부식은 곧 후자의 대표였다"라고 말한다. 여기서 '낭'이라는 것은 화랑으로 대표되는 우리 고유의 사상을 가리킨다. 그러니까 신채호는 낭가와 불교는 자주적이며 진취적이고, 유교는 사대적이며 보수적이라고 보았던 것이다.

그렇다면 신채호는 이 싸움의 결과 우리 역사가 어떻게 바뀌었다고 생각했을까? 그는 "이 싸움에 묘청 등이 패하고 김부식이 이겼으므로 조선사가 사대적·보수적·속박적 사상인 유교사상에 정복되고 말았거니와, 만일 이와 반대로 김부식이 패하고 묘청 등이 이겼더라면 조선사가 독립적·진취적 방면으로 진전했을 것이니, 이 싸움을 어찌 일천 년래 제일 대사건이라 하지 아니하랴"라고 한탄했다.

신채호가 역사 연구에 열중하던 때는 일본이 우리나라를 침략하여 국권을 빼앗은 식민지 시기였다. 그러니 외세를 물리치고 자주 국가를 건설하는 것이 시대의 소명일 수밖에 없었다. 그런 소명에 충실했던 신채호는 약 800년 전에 사라져 간 묘청 세력을 국권 회복과 자주 정신을 위한 아이콘icon으로 부활시키고, 김부식을 노예근성의 원흉으로 못 박았다.

흥미로운 점은 이러한 신채호의 주장이 그때까지 오랜 세월 동안 이어져 오던 우리나라 지배층의 역사 인식을 180도 뒤집은 것이라는 사실이다. 묘청은 그 당시 고려를 압

← 『조선일보』에 연재된 신채호의 『조선상고사』 원고. 신채호는 여기서 묘청의 서경천도운동을 "낭·불 양가 대 유가의 싸움", "국풍파 대 한학파의 싸움", "독립당 대 사대당의 싸움", "진취 사상 대 보수 사상의 싸움"이라고 표현했다. 그뿐 아니라 "아(我)와 비아(非我)의 투쟁"이라는 독특한 역사 이론을 제시하기도 했다.

박하던 금나라를 정벌하자고 주장하다가 서경에서 반란을 일으켰고, 김부식은 금나라에 사대의 예를 갖추는 데 찬성하고 묘청의 난을 진압했다. 그 뒤 고려와 조선 두 왕조에 걸쳐 묘청은 왕의 뜻을 거스르고 반란을 일으킨 반역자로, 김부식은 반란을 평정하고 나라를 안정시킨 충신으로 인식되어 왔다. 묘청과 김부식의 싸움은 2년 만에 끝났지만, 우리 역사를 바라보는 전혀 다른 입장끼리의 싸움으로 번져 1,000년 가까이 이어져 왔던 것이다.

묘청은 왜 서경에서 반란을 일으켰나?

태조 왕건은 북진 정책을 국시國是로 내걸었지만 고려를 둘러싼 국제 정세는 여의치 않았다. 발해를 멸망시킨 거란족은 어느 사이엔가 요나라라는 대국으로 성장하여 고려의 북쪽 국경을 위협했다. 고려가 거란의 세 차례 침략*을 이겨 내고 한숨 돌리는 순간, 이번에는 여진족이 요나라를 멸망시키고 만주와 북중국의 주인이 되었다.

여진족은 고구려와 발해의 지배를 받은 말갈족의 후예였다. 그들은 고려와 요나라 사이에서 종종 고려의 북쪽을 넘보기도 했는데, 고려가 낳은 윤관尹瓘(?~1111)이라는 걸출한 전략가에게 크나큰 패배를 당하기도 했다. 윤관은 여진족을 몰아낸 자리에 아홉 개의 성을 쌓았으나, 여진족이 그 땅을 돌려달라고 애원하자 고려 왕실은 미련 없이 도로 넘겨주고 말았다. 그런데 이렇게 보잘것없던 여진족이 어느 날 갑자기 거대한 세력으로 커져 버린 것이다.

---

* 거란은 993년에 고구려의 옛 땅을 내놓을 것과 송나라 대신 자신들과 교류할 것을 요구하며 침략했고, 1010년에는 강동 6주를 넘겨줄 것을 요구하며 침입했다. 그 뒤 소규모의 침입을 계속하던 거란은 1018년에 10만 대군을 이끌고 다시 쳐들어왔으나, 귀주에서 강감찬 장군이 지휘하는 고려군에게 섬멸되었다.

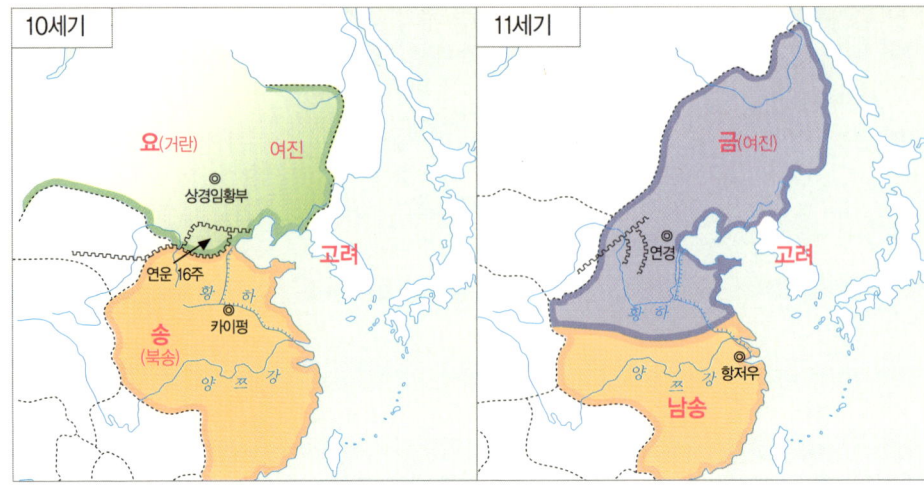

10세기

요(거란)
여진
상경임황부
연운 16주
고려
황하
카이펑
송(북송)
양쯔강

11세기

금(여진)
연경
고려
황하
항저우
남송
양쯔강

그 뒤 더욱 강성해진 여진족은 금나라를 세우고 스스로 황제의 나라라고 칭했다. 한때 고려에 꼼짝 못하던 여진족이 대국으로 우뚝 서자 고려 사람들의 심사는 복잡했다. 어떤 사람들은 윤관의 9성을 돌려주지 말고 더 북쪽으로 밀어붙여 화근을 없애야 했다고 아쉬워했다. 또 어떤 사람들은 윤관의 9성을 돌려주길 잘했다며 더 이상 여진족을 건드리지 말고 그들과 잘 지내야 한다고 입단속을 했다. 아쉬워한 사람들이 북벌론자라면 입단속을 시도한 사람들은 현실론자라고 할 수 있을 것이다.

북벌론자들은 한 걸음 더 나아가 고려도 황제의 나라라 칭하고 독자적인 연호를 써야 한다는 '칭제건원'稱帝建元을 주장했다. 이런 주장을 한 사람들 가운데 대표적인 이가 윤관의 아들인 윤언이尹彦頤(?~1149), 승려 묘청, 시詩의 대가 정지상鄭知常(?~1135)이었다. 이 가운데 묘청과 정지상은 서경 출신이었다. 서경은 고구려의 수도였던 평양을 가리킨다. 일찍이 고려 태조 왕건은 서경을 중요하게 여기라는 유훈을 후대 왕들에게 남겼다. 이에 따라 혜종惠宗(912~945, 고려 제2대 왕)과 예종睿宗(1079~1122, 고려 제16대 왕)은 서경에 큰 궁궐을 짓고 도읍을 옮기려 하기도 했다.

한때 고려에 쩔쩔매던 여진족이 황제의 나라를 세웠는데 고려라고 못할 것 없다는 '칭제건원론'에는 일리가 있었다. 그런 까닭에 많은 사람들이 그들의 주장에 동조했다. 그런데 그들 중 일부가 도읍을 서경으로 옮기자고 나서면서 문제가 복잡해졌다. 통일신라 말기부터 서경은 크게 번창할 기운이 있어서 이곳에 도읍하면 36개국이 와서 조공을 바칠 것이라는 다소 터무니없는 비결秘訣(앞날의 길흉화복을 적어 놓은 글이나 책)이 떠돌았는데, 서경천도파는 이 비결을 주장의 근거로 내세우곤 했다. 그러나 이미 개경이 안정된 수도로 자리 잡았고, 서경은 너무 북쪽 국경 가까이에 있어서 만약의 침략에 대비하기 어렵다는 단점이 있었다. 북벌론자 중에서도 윤언이는 서경천도에 반대했다.

바로 이런 상황에서 승려 묘청은 덥석 서경에서 반란의 깃발을 들었다. 동지들과도 상의하지 않아 거사 당시 윤언이와 정지상은 개경에 있었다. 왜 그랬을까? 정말로 서경에 관한 비결을 믿고 그곳에서 들고일어나기만 하면 백성이 지지해 줄 것으로 믿었든지, 또는 북벌론 진영의 합의가 이루어지지 않자 마지막 수단으로 들고일어났든지, 아니면 둘 다였을 것이다. 역사의 물꼬를 바꿔 놓을 수도 있는 거대한 사건은 이처럼 급작스럽게 벌어지고 말았다.

김부식은 왜 묘청의 난을 진압했나?

묘청의 난이 일어난 것은 고려가 건국된 지 200여 년이 지난 뒤인 1135년이었다. 그동안 고려는 적어도 표면적으로는 태조 왕건의 북진 정책을 굳건히 유지해 왔다. 거란족을 물리친 강감찬姜邯贊(948~1031)의 귀주 대첩과 여진족을 혼내 준 윤관의 9성 개척이 그러한 고려의 국시를 빛나게 했다. 이 과정에서 공을 세운 많은 사람들이 건국 공신 그룹과 함께 고려의 문벌귀족을 이루었다. 문벌귀족이란 대대로 특권을 이어받으며 나라를 지배하는 귀족을 말한다.

그런데 시간이 흐르면서 국제 정세와 함께 고려 사회도 변했다. 광종光宗(925~975, 고려

서경천도파를 진압한 대가(?)로 신채호에 의해 사대주의자로 낙인찍힌 김부식. 『삼국사기』는 그의 유교적 세계관을 충실히 반영한 역사책으로 사료적 가치는 매우 높다. ⓒ 권오창

제4대 왕) 때 과거가 실시되면서 세습이 아닌 실력으로 중앙 정계에 진출하는 유학자들이 늘어났다. 과거 시험은 한문학의 문장 실력과 유학에 대한 지식을 측정한다. 따라서 경쟁을 통과한 문인 학자들이 서서히 국가 기관에 진출하기 시작했다. 묘청의 난으로 적이 된 김부식과 정지상도 그런 신흥 관료였다.

같은 신흥 관료라 해도 김부식과 정지상은 성향이 달랐다. 김부식은 유교 경전에 밝았고, 정지상은 '고려 12시인'의 한 사람으로 꼽힐 만큼 빼어난 문장가였다. 그런데 고려에서는 유교 경전에 대한 지식보다는 문장에 능한 사람을 더 많이 뽑았으므로, 정지상에 비해 김부식은 소수파였다. 김부식은 경전에 밝았으므로 고려 사회를 유교의 원리에 따라 이끌어 나가려 했다. 그런데 이는 불교를 비롯한 전통 사상에 익숙한 기존 세대의 가치관과는 충돌하는 것이었다. 반면 시문에 능한 정지상은 좀더 자유롭게 다른 사상들에 개방적인 자세를 취했다.

김부식 세력은 현실적으로 금나라가 남쪽의 송나라와 쌍벽을 이루는 큰 나라가 되었으므로 그들이 요구하면 사대를 하고 조공을 바칠 수 있다는 입장을 취했다. 이러한 주장은 당연히 묘청, 정지상 등의 칭제건원론과 정면충돌을 피할 수 없었다. 두 세력은 인종仁宗(1109~46. 고려 제17대 왕)의 마음을 서로 자기 쪽으로 끌어들이려는 사생결단의 정치 투쟁을 벌여 나갔다.

처음에 인종은 묘청 쪽으로 기울었다. 그러나 갈수록 커지는 금나라에 대한 압박감과 묘청이 보이는 비합리적 태도 때문에 나중에는 서경행을 포기하고 김부식의 손을 들어주었다. 묘청은 서경의 대동강 바닥에 기름병을 가라앉혀 놓고는 거기에서 나오는 기

신라 말의 승려이자 풍수지리의 대가인 도선(道詵)이 득도했다고 전해지는 도선굴. 묘청이 서경으로 천도해야 한다고 내세운 근거 중 하나는 개경의 지덕(地德)이 쇠했으니 명당인 서경으로 옮겨야 한다는 것이었다. 이는 풍수지리설에 근거를 두고 있었다.

름을 용의 침이라고 선전하는 등 기행을 일삼다가 합리적인 사고방식의 김부식 세력에게 덜미를 잡혔던 것이다.

이처럼 신흥 관료 중에서도 소수파였던 김부식은 국제 정세를 냉정하게 판단하고 묘청의 약점을 집요하게 공격하여 정치 대결에서 승리했다. 게다가 고립된 상태에서 반란을 일으켜 주었으니, 묘청은 판정패 대신 케이오 패를 자초한 것이나 마찬가지였다.

묘청의 서경 봉기가 잘못된 선택이었다는 것은 곧 드러났다. 미처 합류하지 못한 정지상은 개경에서 붙잡혀 죽었고, 서경천도를 반대했던 윤언이는 묘청에게 등을 돌리고 김부식의 막료幕僚가 되어 반란 진압에 가담했다. 그러고도 반란이 2년을 더 끌었으니 어지간히 오래 버틴 셈이다.

김부식의 승리는 고려 사회를 이전과는 다른 통치 원리 위에 올려놓았다. 소수파에 지나지 않던 유학자들은 사회의 중심에 자리를 잡았고, 유학은 불교와 더불어 고려라는 나라를 이끌어 가는 중심 사상으로 떠올랐다. 김부식은 이러한 변화를 이룬 자신감 위에서 유교적 사관에 기초하여 고려 이전의 역사를 총정리한 『삼국사기』를 쓸 수 있었다.

묘청과 정지상이 이렇듯 허망하게 스러진 다음, 다시는 그들처럼 북벌을 외치는 목소리는 터져 나오지 않았다. 그리고 고려는 금나라에 조공을 바치면서 문인 관료들이 나라를 다스리는 태평성대로 들어섰다. 이러한 변화가 약 800년 뒤에 한 역사학자로부터 우리 역사 일천 년을 망쳐 놓았다는 말을 들을 줄은, 김부식을 비롯한 당시의 어느 누구도 상상하지 못했을 것이다.

칼로 일어선 자 칼로 망한다

문신 V

동아시아 근대사의 쟁점 가운데 하나는 왜 일본만 자본주의 열강의 대열에 합류하고 한국과 중국은 식민지와 반식민지로 굴러 떨어졌는가 하는 것이다. 어떤 일본 학자는 개항을 통해 서구 자본주의를 받아들이기 전의 중세 일본이 서유럽과 같은 봉건제 사회였기 때문이라고 주장한다. 서유럽 자본주의는 봉건제를 토대로 성장했는데, 일본은 서유럽과 비슷한 사회 체제였기 때문에 이를 따라가기가 쉬웠다는

S 무신

것이다. 여기서 봉건제란 무사 세력이 각 지방을 지배하면서 '봉토'라는 하사받은 땅을 매개로 중앙 권력과 상하 관계를 갖는 사회 체제를 말한다. 그런데 일본에 이러한 지방 분권적 무사 정권이 들어설 무렵, 우리나라에서도 무신들이 권력을 장악하는 정변이 일어났다. 그렇다면 우리나라의 무신 정권은 일본의 무사 정권과 어떻게 달랐을까? 그리고 그 정변은 우리 사회에 어떤 영향을 미쳤을까?

◥↑ 흉배는 관복의 가슴과 등에 붙이던 표장이다. 조선 전기만 하더라도 품계에 따라 공작, 학, 범, 해태 등 다양한 동물을 수놓아 장식했으나 후기에는 문신은 학을, 무신은 호랑이를 수놓아 구분했다.

→ 낙성대 안에 있는 강감찬상. 투구를 쓰고 갑옷을 입고 칼을 찬 모습이 광화문에 서 있는 이순신 장군의 모습과 흡사하다. 그러나 그는 이순신 장군처럼 직업 군인이 아니라 문과에 장원으로 급제한 문벌귀족이었다. 그가 직접 거란을 물리치기 위해 전장으로 나간 것은 고려의 엘리트로서 자신의 나라를 지키겠다는 노블리스 오블리제의 표현이었다.

강감찬 장군인가, 강감찬 재상인가

고려는 후삼국을 통일한 나라였다. 후삼국은 통일 신라와 고려(후고구려), 후백제를 말한다. 고려와 후백제는 통일 신라 말기에 중앙 정부의 통제에서 벗어난 각 지방의 세력가들 가운데 세력이 가장 큰 사람들이 세운 나라였다. 이런 지방의 세력가들을 '호족'이라고 한다.

고려를 세운 왕건도 개경(송악)을 터전으로 삼아 무역으로 돈을 벌고 힘을 키운 호족이었다. 왕건은 처음에 후고구려를 세운 궁예의 신하로 일하다가 궁예가 잇단 실정失政으로 민심을 잃자 그를 쫓아내고 고려를 세웠다. 왕건 밑에는 수많은 호족들이 있어 그의 후삼국 통일을 도왔다.

후삼국을 통일하자 후백제와 신라에서도 많은 호족들이 왕건 밑에 들어가게 되었다. 그런데 이 호족들은 자기가 장악하고 있는 지방에서는 나름대로 왕 노릇을 하고 있었으므로 고려 정부에 고분고분하지만은 않았다. 왕건이 해야 할 가장 큰일 가운데 하나는 바로 이러한 호족들을 으르거나 보듬어 안아서 사회를 통합하고 고려 왕조를 안정시키는 일이었다. 그러기 위해 왕건은 여러 호족들의 딸과 잇따라 결혼하여 그들을 왕의 인척姻戚(혼인으로 맺어진 친척)으로 삼았다. 그러면 호족들이 중앙 정부에 등을 돌릴 가능성이 낮아지기 때문이다.

그러나 사돈을 맺고 호의를 베푼다고 해서 호족들이 자기 지방에서 가진 특권을 순순히 내놓을 리는 없었다. 호족들을 완전한 고려의 신하로 만들려면 그들이 가지고 있는 힘의 원천인 군대를 없애야 했다. 쉽지 않았던 이 일을 한 사람이 4대 왕인 광종이었

다. 광종은 956년에 노비안검법이라는 법령을 시행하여 노비 가운데 본래 양인이었던 사람을 도로 양인으로 만들어 놓았다. 이때 양인으로 돌아간 노비들의 상당수는 지방 호족이 사사로이 거느린 군대에 속해 있었다. 그런 노비들이 양인 신분을 되찾고 호족의 군대를 떠나는 바람에 많은 호족들이 힘을 잃고 고려 왕조에 복종하게 되었다. 그들은 세력 기반이었던 지방을 떠나서 수도 개경으로 들어가 귀족으로 변신하고, 다른 귀족들과 혼인을 통해 사돈을 맺어 그 특권을 보존하려 했다. 이처럼 가문끼리 서로 친인척으로 얽히고설켜 고려의 지배층을 이루게 된 귀족들을 '문벌귀족' 이라고 한다.

문벌귀족들은 수많은 특권을 누렸다. 그러한 특권 가운데서도 가장 두드러진 것이 음서와 공음전이었다. 아버지가 5품 이상의 고관이면 그 아들도 벼슬을 할 수 있는 것이 음서였다. 그런 5품 이상의 관료에게 자동으로 지급되는 땅을 공음전이라 한다. 이렇게 대를 이어 귀족의 지위를 누리면서 문벌귀족은 고려 사회를 지배했다.

우리는 흔히 거란의 침략을 물리친 강감찬과 여진족을 밀어내고 9성을 쌓은 윤관을 '장군' 이라고 부른다. 장군이란 군인 가운데 최고의 지휘관을 일컫는 말이다. 그러나 강감찬과 윤관은 둘 다 직업 군인이 아니라 문벌귀족이었다. 호족에서 유래한 고려의

2009년 6월 화성 행궁 신풍루 앞에서 펼쳐
진 무예 24기 시범 장면.
고려 시대에는 나라에서 『김해병서』를 내려
병마사에게 읽혔으나 병마사 역시 무신이
아닌 문신이었다. 조선 후기의 『무예도보통
지』가 언해본과 그림이 있어 무신이라면 누
구나 읽을 수 있었던 것과는 대조적이다.

문벌귀족은 무인을 중히 여기지 않았다. 그래서 전쟁이 일어나면 문벌귀족이 직접 군
사를 이끌고 나아가 싸웠다. 고려가 자기들의 나라였으므로 그 나라를 지킬 최고의 의
무도 자기들에게 있다고 생각했던 것이다.

무신 정변으로 바뀐 것

고려 사회가 발전하면서 음서를 통해 관직을 세습하는 문벌귀족 말고도, 과거 시험을
거쳐 당당히 관직에 들어오는 관료들이 생겨나기 시작했다. 묘청의 서경천도운동을
진압한 김부식이 그런 신흥 관료였다. 이들은 기존 문벌귀족과 차별화된 방식으로 자
기들의 세력을 구축해 나갔다. 그 방식은 바로 유교적 세계관에 입각해 있었다. 김부
식의 아들 김돈중金敦中(?~1170)도 과거 시험에 장원 급제하고 아버지의 후광을 입어 입
신양명의 길을 걸었다.

문벌귀족과 이들 신흥 관료의 존재를 두고 고려 사회가 귀족 사회였나 관료 사회였나
하는 논쟁도 있다. 그런데 분명한 것은 문벌귀족이나 신흥 관료 모두 글에 뛰어난 문
신들이었고 무신을 업신여겼다는 점이다.

오늘날 모든 군인들의 귀감인 조선 시대의 이순신李舜臣(1545~98) 장군은 무과 시험에
관한 감동적인 일화를 남기고 있다. 무과 시험을 치르다 말에서 떨어졌는데, 포기하지
않고 끝까지 달렸다는 이야기다. 그런 불굴의 정신이 뒷날 나라를 지킨 이순신 장군을
만들어 내었을 것이다. 그런데 고려 시대에는 이런 일화가 생겨날 수 없었다. 과거 시
험 가운데 무과가 아예 없었기 때문이다. 그러니까 무예에 소질 있는 사람들 가운데

『무예도보통지』에 실린 지상무예 18기 중 검술에 관한 그림 일부. 1790년에 간행된 『무예도보통지』에는 지상무예 18기와 마상무예 6기를 합쳐 24기의 무예 기술이 수록되어 있다.

문신의 눈에 띈 이들이 무신으로 발탁되어 왕족과 문신의 경호원 노릇을 하곤 했다. 물론 전쟁이 나면 이러한 무신들은 문신의 지휘를 받아야만 했다.

문신들은 당연히 무신들을 업신여겼다. 무신들은 오랜 세월 이러한 업신여김을 견디며 살아야 했다. 그러다가 문신들의 사치와 부패가 극에 이르자 무신들이 더 이상 참지 못해 들고일어난 것이 1170년의 무신 정변이었다. 이때 무신들의 불만에 불을 지른 사람이 바로 김부식의 아들 김돈중이었다. 그는 어느 날 아버지의 권세를 믿고 나이 많은 무신 정중부鄭仲夫(1106~79)의 수염을 불에 그을리는 짓을 했다. 그런데 김부식은 이에 불만을 가진 정중부를 도리어 나무랐다. 이때 깊은 원한을 갖게 된 정중부는 이고李高(?~1171), 이의방李義方(?~1174) 등과 함께 난을 일으켜 수많은 문신을 죽인 뒤 의종毅宗(1127~73, 고려 제18대 왕)을 폐한 다음 명종明宗(1131~1202, 제19대 왕)을 왕으로 세우고, 자기들 마음대로 나랏일을 이끌어 나갔다. 도망갔던 김돈중도 나중에 잡혀 죽임을 당했다.

무신 정변은 고려 사회에 크나큰 격동을 일으켰다. 무엇보다 큰 사건은 신분 질서가 혼란을 맞은 것이다. 무신 정권은 정중부에서 경대승慶大升(1154~83)으로, 경대승이 죽은 다음에는 이의민李義旼(?~1196)으로 넘어갔다가 최충헌崔忠獻(1149~1219)이 이의민을 죽이고 최후의 승자가 되었다. 이들 무신 지배자는 처음부터 신분이 높지 않았던 데다 이의민은 경주 출신의 천민이었다. 천민이 하루아침에 국가의 최고 권력자가 되는 세상이니 고려 사회가 조용할 리 없었다.

정중부 집권 시절에는 공주에 딸린 천민 집단인 명학소에서 망이, 망소이 등이 반란을 일으켜 일곱 달이나 관군을 괴롭혔다. 최충헌 시절에는 바로 이 최고 권력자인 최충헌

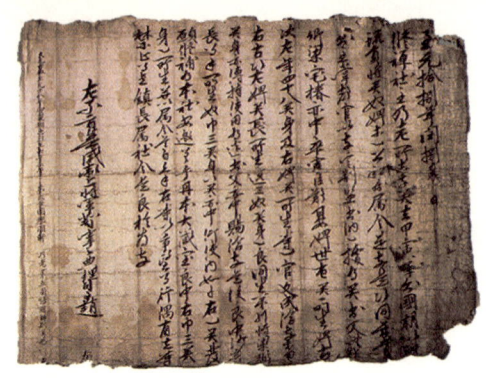

고려 시대의 노비문서. "정중부와 김보당의 난 이래로 고관이 천예에서 많이 나왔으니 왕후장상이 어찌 씨가 따로 있으랴. 때가 오면 누구나 할 수 있는 것이다"라고 했던 만적은 천적(賤籍)을 불태워 천민인 자신들의 신분을 없애버리려 했다. 그러나 밀고로 인해 천적이 불타는 대신, 만적을 비롯한 주동자들이 체포되어 강물에 던져졌다.

의 집에서 노비 생활을 하던 만적이 다른 노비들과 힘을 합쳐 반란을 일으키기도 했다. 그 당시 만적이 남긴 말은 무신 정변이 몰아온 사회적 파장을 잘 말해 준다.

"왕후장상이 어찌 씨가 따로 있을쏘냐!"

무신 정변으로 바뀌지 않은 것

무신 정권은 최충헌이 권력을 잡은 뒤로 그의 3대손까지 이어져 모두 100년간이나 지속되었다. 그동안에도 왕은 있었지만 무신 권력자들의 꼭두각시에 지나지 않았고, 무신들은 중방이니 정방이니 하는 자기들의 회의 기관을 통해 나랏일을 좌우했다.

무신 정권은 수많은 반란과 사회 혼란에 부딪혔지만, 가장 큰 위기는 밖으로부터 왔다. 최충헌의 아들 최우崔瑀(?~1249)가 고려를 지배하던 1231년에 세계 제국 몽골의 군대가 쳐들어왔던 것이다. 몽골군은 그리 규모가 크지는 않았지만 워낙 날래고 용감하여 금세 고려의 수도 개경을 혼란에 빠뜨렸다. 고심하던 무신 정권은 항복하지 않고 수도를 강화도로 옮겨 항전하기로 결정했다. 몽골군이 육지에서는 잘 싸우지만 바다 전투에는 익숙지 않다고 판단하여 서해에 있는 섬인 강화도로 옮긴 것이다.

최우 정권의 판단이 옳았는지, 고려는 30년 가까이 여섯 차례에 걸쳐 일어난 몽골의 침략을 모두 견뎌 내었다. 이를 두고 어떤 이는 문신이 아닌 무신이 정권을 잡고 있었기에 이토록 끈질긴 저항이 가능했다고 한다. 그러나 다른 쪽에서는 백성을 사지에 내버려 둔 채 섬으로 건너가서 버틴 것이 무슨 의미가 있느냐며 무신 정권의 비겁함을 비난하기도 한다.

일반인의 무덤과 다를 바 없는 고려 고종의 무덤인 홍릉(洪陵). 고려 23대 왕이었던 고종은 안으로는 무신들에게, 밖으로는 몽고에 시달리며 재위 기간 내내 내우외환을 안고 산 임금이었다. 개경 근처에 무덤을 갖고 있는 고려의 왕들과 달리 강화도에서 눈을 감아 강화도에 무덤이 있다.

고려와 몽골은 전쟁을 시작한 지 28년 만인 1259년 강화를 맺었다. 고려의 강산은 여섯 차례나 몽골의 침략을 받으면서 피폐할 대로 피폐해졌고, 몽골도 전쟁을 마냥 끌 수만은 없었다. 애당초 몽골이 고려에 쳐들어 온 것은 중국의 금나라와 전쟁을 벌이는 동안 고려가 뒤에서 몽골을 괴롭히지 못하도록 하려는 목적에서였다. 따라서 이미 1234년에 금나라를 무너뜨린 몽골로서는 꼭 고려를 정복해야만 하는 것은 아니었다. 그래서 몽골은 고려 태자가 입조入朝(외국 조정에 찾아감)한다는 조건으로 강화를 제의했고, 고려는 이를 받아들여 태자(훗날의 원종元宗)를 몽골에 파견했다. 이처럼 고려 왕조가 몽골과 강화 조약을 맺은 것은 무신 정권에게는 사망 선고나 다름없었다. 고려 왕조가 강화도를 나와 개경으로 돌아가려 할 때, 그곳으로 돌아가면 기득권을 잃게 될 것을 우려한 무신 정권은 이에 저항했다. 그러자 고려 왕조는 최후의 무신 권력자인 임유무 林惟茂(?~1270)를 죽음으로 몰아갔고, 이로써 무신 정권은 막을 내렸다. 그리고 무신 정권의 특수 부대였던 삼별초는 끝까지 개경 환도를 거부하면서 몽골과 고려 정부에 맞서 저항하다가 1273년 진압당했다.

무신 정권은 고려 사회에 많은 변화를 가져왔다. 새롭게 높은 지위에 오른 무신 관료들과 기득권 세력이 농장을 넓혀 가자 노비도 늘어났고, 신분 질서가 무너지면서 각종 반란이 끊이지 않았다. 그러나 고려의 무신 정권은 비슷한 시기에 일본과 서유럽에서 나타났던 무인 정권과 비교할 때 **사회의 근본 구조에는 영향을 미치지 않았다.**

고려의 정치 구조는 호족 세력이 무너진 뒤부터 줄곧 중앙 집권제였다. 이러한 구조는 무신 정권 때도 바뀌지 않았다. 중앙 권력자가 문신에서 무신으로 바뀌었을 뿐 개경을

가마쿠라 막부의 창시자 미나모토 요리토모.

중심으로 전국을 균형 있게 지배하는 집중적인 권력은 그대로였다. 반면 고려보다 조금 늦은 1180년대에 가마쿠라 막부鎌倉幕府(일본 최초의 무사 정권으로, 1185년경 미나모토 요리토모源賴朝가 수립)라는 무인 정권이 등장한 일본은 사정이 달랐다. 사무라이侍라고 불리는 무인들이 각 지방을 장악하고 실질적으로 지배하는 봉건적 영주제가 나타난 것이다. 다이묘大名라고 불리는 각 지방의 무인 영주들은 쇼군將軍이라 불린 중앙의 무인 지배자에게 일정한 재물을 바치고 충성을 맹세하면, 자기 영지에서 왕과 같은 권력을 누릴 수 있었다. 이것은 십자군 전쟁을 겪고 있던 서유럽 사회도 마찬가지였다. 기사라고 불리는 서양의 무인들은 각자의 영지에 대한 소유권을 하사받고 중앙 권력과 군신 관계를 맺었다.

우리나라는 무신 정권이 무너진 뒤 조선 시대 말까지도 중앙 집권제가 그대로 이어졌다. 황제 중심의 전제군주제가 이어진 중국은 말할 것도 없다. 반면 서유럽은 16세기 절대 왕권이 등장할 때까지, 일본은 19세기 메이지 유신明治維新*이 일어날 때까지 지방 분권적인 영주제가 지속되었다. 우리나라가 100년간의 무신 정권기를 겪으면서도 일본과 서양의 무신 정권기처럼 지방분권체제로 바뀌지 않고 중앙집권체제를 유지해 나갔던 것은 무슨 까닭이었을까? 아마도 고려 초기 문신 정권기에 호족의 뿌리를 뽑으면서까지 중앙 집권의 토대를 굳게 마련했기 때문일 것이다.

그런데 일본이 서유럽과 비슷한 봉건 영주제를 유지했다고 해서 우리나라보다 빨리

---

* 메이지 유신 : 1868년, 일본은 12세기부터 이어져 온 막부 체제를 마감하고 천황 중심의 중앙 집권 국가로 탈바꿈했다. 이렇게 탄생한 메이지 유신 정부는 에도(江戶)의 이름을 도쿄(東京)로 바꾸고, 토지·조세 제도를 재정비하는 등 강력한 개혁 정책을 실시했다. 사회·정치·문화 전반에 걸친 일본의 이러한 변화를 '메이지 유신' 이라 한다.

세이난 전쟁 당시 관군이 입었던 군복. 메이지 정부에 대한 최대·최후의 반란이었던 세이난 전쟁은 정한론을 주장하다 실패한 사이고 다카모리가 사족(무사)들을 모아 일으킨 내란이다. 반란이 실패로 돌아가자 사이고 다카모리는 자결하고 일본의 봉건 시대는 막을 내렸다.

자본주의로 나아갈 수 있었다고 하는 것은 견강부회牽强附會(이치에 맞지 않는 말을 억지로 끌어 붙여 자기에게 유리하게 함)에 지나지 않는다. 그렇다면 봉건제는커녕 과거의 어떤 흔적도 깡그리 없애 버리고 출발했던 미국이 그토록 빨리 자본주의 사회로 성장해 간 이유는 어떻게 설명할 것인가?

자주에 대한 두 가지 다른 생각

삼별초 V

1170년에 등장하여 100년간 지속된 무신 정권은 고려를 암흑시대로 이끌었다. 무신 정권 아래에서 특권을 누리던 세력은 아무런 통제 장치도 없이 전국의 토지를 차지해 나갔다. 따라서 농민은 농토에서 쫓겨나거나 가혹한 소작료를 감수해야만 했다. 무신 정권은 이런 사태를 초래하고 방치했는데도 종종 역사에서 동정표

▲ 삼별초를 이끈 배중손 장군이 쌓았다고 전해지는 전남 진도의 용장산성.

S 고려 조정

를 얻을 때가 있다. 고려를 침략한 몽골에 대항해 끝까지 항전한 삼별초의 그림자 때문이다. 무신 정권의 별동대였던 삼별초가 펼친 대몽 항쟁은 어떤 의미를 지니고 있을까? 그리고 몽골군과 힘을 합쳐 삼별초를 진압한 고려 조정에 대하여 역사는 어떤 변명을 준비하고 있을까?

↑ 만월대로 불리는 개경의 궁궐은 공민왕 때 불에 타 해방 후에 발굴되었다. 사진은 고려 궁궐인 만월대에 남아 있는 돌계단.

원 세조 쿠빌라이. 나라 이름을 '원'으로 정하고 수도를 연경(북경)으로 옮겼으며 남송을 멸망시켰을 뿐 아니라 일본을 제외한 동아시아 대부분을 정복했다.

고려와 몽골은 왜 타협했나

몽골군이 고려에 쳐들어온 것은 1231년의 일이었다. 그 당시 몽골은 1234년 중국 북쪽의 금나라를 정벌한 뒤 남쪽의 송나라와 전쟁을 벌이고 있었다. 몽골은 송나라와 싸우는 데 고려가 걸림돌이 되지 않도록 하기 위해 계속해서 고려를 공략했다. 이때 고려에 쳐들어온 몽골군은 몽골의 주력군이 아니었다. 고려가 몽골의 주된 전쟁 목표가 아니기도 했고, 고려를 쉽게 생각하기도 했을 것이다.

그런데 고려는 개경에서 강화도로 수도까지 옮기고 뜻밖에 끈질긴 항전을 했다. 30년 가까이 여섯 차례나 침략군을 보내고도 고려의 항복을 받아내지 못하자 몽골은 고려에 대한 생각을 바꿨다. 굳이 정복하려 들 것이 아니라 강화를 맺어 자기편으로 만들기로 결심한 것이다. 강화도에 있던 고려 조정은 몽골의 제안을 받고 격론을 벌였다. 집권한 최씨 정권은 강화를 거부했다. 반면 오랜 항전과 최씨 정권의 무단 통치에 지친 사람들은 강화를 원했다.

1258년 지금의 함경도 지역이 몽골에 항복하여, 몽골이 그곳에 쌍성총관부를 세우는 일이 벌어졌다. 이 사태는 고려 조정에 큰 충격을 주었다. 때마침 집권자 최의崔竩(?~1258)가 자신의 호위 부대나 마찬가지였던 삼별초의 손에 죽으면서 최씨의 무단 통치도 막을 내렸다. 조정의 권력은 여전히 최의의 암살을 주도한 김준金俊(?~1268), 박송비朴松庇(?~1278) 등 무장의 손에 있었지만, 대세는 몽골과의 강화 쪽으로 기울었다. 그리하여 1259년 4월 몽골과 강화를 맺기 위해 고려 태자가 직접 강화도를 떠나 몽골로 향했다.

고려는 1258년 몽골에게 내준 쌍성총관부를 100여 년 만인 1356년(공민왕 5년)에 이르러서야 되찾았다. 이때 쌍성총관부 탈환에 결정적인 공을 세운 사람이 천호(千戶) 이자춘으로 조선을 세운 이성계의 아버지이다.

그 당시 몽골 제국은 권력 후계 구도를 놓고 둘로 나뉘어 내전을 벌이는 중이었다. 고려 태자는 그러한 내전의 당사자 가운데 한 명인 쿠빌라이忽必烈(1215~94)*를 찾아갔다. 고려 태자가 협상 상대로 쿠빌라이를 택한 이유는 알 수 없지만 그것은 탁월한 선택이었다. 쿠빌라이가 뒷날 몽골 제국의 주인이 되었기 때문이다.

쿠빌라이는 고려 태자를 맞이하고 크게 기뻐하며 이렇게 말했다.

"고려는 만 리나 되는 큰 나라다. 당나라 태종이 친히 원정했어도 굴복시키지 못했다. 그런 나라의 태자가 내게 온 것은 하늘의 뜻이 아니겠는가?"

쿠빌라이는 고려와 옛날의 고구려를 구별하지 않았다. 몰라서 그랬든 일부러 그랬든 고려 태자가 자기에게 온 것을 정치적으로 이용하려는 의도가 엿보인다. 한편 고려 태자가 쿠빌라이를 찾아가 그에게 힘을 실어 준 것은 고려에도 나쁘지 않은 결과를 가져왔다. 쿠빌라이는 몽골 제국을 문명국가로 만들고 싶어했던 사람이다. 그래서 몽골을 당나라 같은 중국 왕조로 만들고, 주변 국가와 조공朝貢·책봉冊封**을 고리로 하는 사대 관계를 맺으려 했다. 고려도 이런 관계가 싫지만은 않았다. 그런 식의 관계라면 적어도 고려라는 나라가 없어지는 일은 일어나지 않을 것이기 때문이다. 이런 고려 측의 희망이 통했는지, 쿠빌라이는 "고려의 풍속은 바꾸지 않겠다"라는 약속을 하고 고려에 주둔하고 있던 몽골군을 철수시켰다. 고려 태자의 쿠빌라이 방문은 일정한 성과를 얻은 셈이다.

* 쿠빌라이 : 칭기즈칸의 손자로, 몽골 제국의 제5대 칸(군주)이다. 4년 가까이 막내 동생인 아리크부카와 제위를 다투었던 그는, 결국 아리크부카를 굴복시키고 1271년 중국에 몽골 제국의 새로운 중심국가인 원나라를 세웠다.

** 사대 관계에서, '조공'이란 종속국이 종주국에 때를 맞추어 예물을 바치던 일을 말하고, '책봉'이란 종속국이 새로운 왕의 즉위 사실을 종주국에 알리면 종주국의 황제가 이를 임명하는 절차를 가리킨다.

고려 고종, 원종 때의 권신 임연(林衍)이 놓았다고 전해지는 충북 진천의 농다리. 내를 건너지 못해 병중인 아버지를 찾아가지 못하고 있는 여인을 위해 즉시 놓아 주었다고 한다. 하루아침에 토목공사를 가능케 했던 권력의 강도가 짐작된다.

삼별초는 왜 반기를 들었나

고려와 몽골 사이에 강화가 이루어져 전쟁은 끝났지만 대립은 계속되었다. 몽골은 군사를 내어 자신들을 돕고 식량을 보내 달라는 등 몇 가지 요구를 했는데, 이에 대해 고려 조정은 강경파와 온건파로 나뉘어 서로 싸웠다. 강화를 성립시킨 뒤 돌아와 즉위한 원종은 물론 대표적인 온건파였고, 김준을 비롯한 무신 권력자들은 몽골의 무리한 요구를 들어줄 수 없다는 강경파였다.

강경파는 여차하면 다시 몽골과 싸움을 벌일 수도 있다고 주장했다. 그들의 기세는 1268년 몽골이 고려 조정에게 개경으로 돌아올 것을 재촉하자 절정에 이르렀다. 임금인 원종을 몰아내고 대몽 항쟁의 결의를 새롭게 다지기까지 했다. 그러나 이러한 초강경 노선은 도리어 그들의 몰락을 앞당기고 말았다. 마지막 무신 집권자인 임유무가 살해당하면서 무신 정권은 막을 내리고, 1270년 고려 조정은 개경으로 돌아간다는 결정을 내렸다.

40년 가까운 강화도 피난 생활이 그렇게 끝나는가 싶은 순간, 극적인 반전이 기다리고 있었다. 무신 정권의 별동대 역할을 해 온 삼별초가 그 해 6월 반란을 일으킨 것이다. 삼별초는 좌우 야별초와 신의군으로 이루어진 특별군사조직이었다. 야별초는 본래 최씨 정권이 도성에 창궐하는 도둑을 잡기 위해 만든 군대였고, 신의군은 대몽 항쟁 과정에서 적에게 포로가 되었다가 도망쳐 온 군사들을 모은 조직이었다. 그래서 이들은 어떤 세력보다도 무신 정권과 밀착되어 있었다. 고려 조정이 개경으로 돌아가면 이런 조직에게 어떤 일이 벌어질지는 보지 않아도 뻔한 노릇이었다.

삼별초가 고려 정부를 자처하며 대몽 연합전선 결성을 제안하는 내용을 적어 일본에 보낸 국서. 동북아시아에서 몽골에 점령되지 않은 국가는 일본뿐이었다. 그러므로 끝내 원에 굴복하기를 거부한 삼별초가 도움을 기대할 곳도 일본 외에는 없었다.

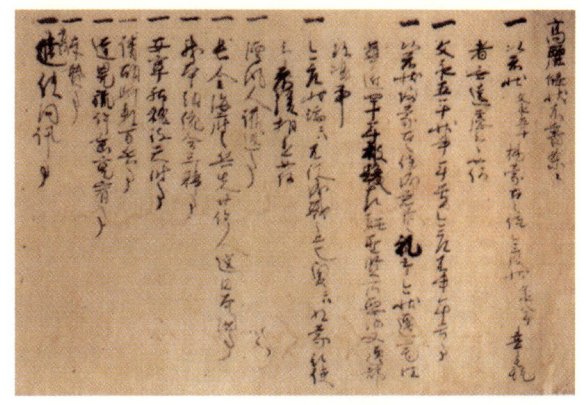

배중손裵仲孫(?~1271)이 이끄는 삼별초는 강화도를 폐쇄하고 바닷가를 순찰하면서 배를 타고 섬을 빠져나가려는 사람들을 끌어내렸다. 성안에 있던 사람들은 두려워 숲 속으로 숨었고 아이와 부녀자는 거리에서 방황하며 울부짖었다. 삼별초는 이렇게 꼬박 사흘 동안 강화도를 지키다가 도망가는 군졸이 많아지자 대오隊伍를 꾸려 진도로 향했다. 뒤늦게 이 사실을 보고받은 고려 조정은 황급히 정부군 60명과 몽골군 1,000명으로 추격 부대를 꾸려 삼별초를 쫓아갔지만 이미 늦은 뒤였다.

같은 해 8월, 진도에 도착한 삼별초는 섬 둘레에 용장성을 쌓고 궁궐과 관청을 지었다. 그리고 왕족인 승화후承化侯 왕온王溫(?~1271)을 새로운 국왕으로 내세운 뒤 그에게 관리들을 임명하도록 했다. 단순한 반란군이 아니라 하나의 정부를 세운 것이다. 그러고는 부근 30여 섬을 세력권에 넣고 전라도 남부의 곡창 지대를 장악하여 국가의 모습을 갖추었다. 이듬해인 1271년 일본에 보낸 외교 문서에서는 스스로를 고려 조정으로 칭하면서 지원을 요청하기도 했다. 이때 삼별초가 알려 준 몽골에 대한 정보는 뒷날 일본이 고려–몽골 연합군의 침공을 막아 내는 데 요긴하게 쓰였다고 한다.

한때 충청과 경기 연안까지 휩쓸며 개경을 위협하던 삼별초는 정부군과 몽골군의 연합군이 펼친 조직적인 공세를 이기지 못하고 1273년 제주에서 최후를 맞았다. 몽골의 침략이 시작된 때부터 따지면 42년에 걸친 대몽 항쟁이 막을 내리는 순간이기도 했다. 원나라는 기다렸다는 듯이 고려에 대한 간섭을 강화했다. 삼별초를 진압한 지 1년 만에 일본을 정벌한다면서 고려 군대와 물자를 마음대로 징발했다. 심지어는 몽골 남자들을 장가보내야 한다며 고려의 처녀와 과부를 데려가기도 했다. 몽골 군대는 다시 들

전남 진도에 있는 배중손의 동상. 삼별초의 지도자 배중손은 원에 맞서 함께 싸울 것을 촉구하는 국서를 일본에 보내기까지 했지만 결국 실패로 돌아가고 만다. 마침내 1271년 여몽연합군에 의해 진도의 배중손 부대는 진압당하고 말았다. 배중손 역시 이때 사망한 것으로 추정된다. 사진은 진도에 있는 배중손의 동상.

어왔고, 다루가치達魯花赤라는 원나라 관리가 파견되어 고려 내정에 간섭을 일삼았다. 100년 가까운 원나라 간섭기는 그렇게 시작되고 있었다.

그리고 고려에 무슨 일이 있었나

몽골과의 강화를 이끌어 낸 고려 조정과 끝까지 저항한 삼별초에 대한 사람들의 평가는 엇갈린다. 민족주의적 역사관을 가지고 있는 사람들은 대개 삼별초의 항쟁을 고귀한 행동으로 찬양한다. 삼별초는 비록 실패했지만 역사 속에 우리 민족의 자존 의식을 깊이 아로새겼다는 것이다.

그렇다고 해서 강화를 주도한 고려 조정을 비난하는 사람도 별로 없는 듯하다. 끝까지 항쟁하지 않은 것은 아쉽지만 그만 하면 잘했다는 의견이 다수다. 세계 제국인 몽골을 상대로 30년 가까이 저항한 끝에 나라를 잃지 않은 것만 해도 어디냐는 것이다. 몽골 제국의 체제 속으로 들어간 여러 민족 가운데 몽골의 직접 지배를 받지 않고 자기 나라를 유지한 것은 고려가 유일하다고 한다.

무신 정권이 주도한 대몽 항쟁이나, 무신 정권을 몰아낸 고려 조정이 주도한 강화나, 둘 다 할 일을 한 것이라는 후한 평가를 받고 있는 셈이다. 그러나 이것은 어디까지나 조건부다.

삼별초의 항쟁마저 없었다면 무신 정권은 아무런 동정의 여지도 없는 역사의 죄인으로 남았을 것이다. 그들이 한 일이라곤 자격도 없이 정권을 찬탈簒奪하고, 사회를 어지럽혔으며, 백성을 몽골 침략군 앞에 버려둔 채 강화도로 도망가서 살길만 도모하다가 삼별초 부대를 진압한 김방경. 그는 진도에서 배중손 부대를 무너뜨리고, 제주도에서는 삼별초를 완전히 섬멸시켰다. 김방경의 행장에 따르면 그가 삼별초를 치기 위해 제주로 가던 중 질풍을 만나 하늘을 보며 "사직의 안위가 이 한 번의 거사에 달려 있으니 오늘의 일은 나에게 달려 있지 않은가?"라고 탄식하자 풍랑이 멈추었다고 한다. 그러나 이듬해 태풍으로 인해 실패한 일본 원정에 대해서는 피로한 군사들로 나날이 불어나는 적에 맞서는 것은 좋은 방책이 아니기 때문에 군대를 돌렸다고 기록되어 있다.

저희들끼리 죽고 죽이면서 제명을 재촉한 한심한 짓들뿐이기 때문이다. 삼별초가 비겁한 모습을 보이지 않고 끝까지 저항하다 장렬하게 산화한 것은 그러한 무신 정권의 원죄를 조금이나마 덜어 주는 한바탕 씻김굿이었다고 할 수 있다.

그런가 하면 고려 조정이 어느 정도 굴욕을 감수하면서 국체를 지켜 낸 것은 그 당시 상황에서 어쩔 수 없었던 차선의 선택이었다. 일단 막강한 몽골 제국 앞에서 최소한의 국가적 생존을 모색하면서 뒷날을 기약하자는 생각이 깔려 있었다고도 볼 수 있다. 그러나 무신 정권이 제거된 뒤 고려의 지배 계층이 보인 행보는 우리의 기대를 저버린다. 그들은 무신 정권 때보다도 더욱 노골적으로 대토지 겸병兼倂(둘 이상의 것을 하나로 합쳐 가짐)을 확대해 나가고 농민을 수탈했기 때문이다. 그리고 이러한 경제적 이권을 위해 원나라에 줄을 대는 짓도 서슴지 않았다. 결국 무신 정권 100년 동안 진행되어 온 토지 소유의 양극화와 사회 분열은 원 간섭기 100년 동안 무섭게 커져 나갔다.

고려는 자신을 극도로 위협했던 몽골 제국이 멸망할 때까지도 살아남았다. 그러한 고려를 실제로 멸망시킨 것은 무신 정권 아래 독버섯처럼 번져 나가기 시작하여 원 간섭기에 무성해진 내부의 적, 곧 토지를 향한 지배층의 탐욕이었다. 그러한 탐욕 앞에서 삼별초의 저항 정신과 고려 조정의 끈질긴 자존 의식은 설 자리를 잃고 말았다.

고려 말에 벌어진 '땅의 전쟁'

권문세족 V

재테크와 관련해 우리 사회에서 널리 알려진 말 가운데 하나가 바로 '부동산 불패' 다. 토지와 주택 등 부동산은 다른 재산에 비해 가치가 높아, 소유하고 있기만 하면 결코 손해 볼 일이 없다는 뜻이다. 그래서 돈만 있으면 부동산을 사재기하려는 열풍이 나라 안을 휩쓸곤 했다. 그런데 이러한 '부동산 광풍' 은 옛날에도 있었다. 근대 이전에는 토지가 가장 중요한 생산 수단이었기 때문에 그 값어치는 상대적으로 매우 높았다. 그 당시 토지에 열광하는 사람들은 그 땅에서 직접 농사를 짓

🔼 통도사 국장생석표. 통도사를 중심으로 세워져 있던 12개의 석표 중 하나이다. 국가에서 지급한 토지의 경계를 구분하기 위해 세운 것이다.

S 사대부

는 농민이 아니라 도시에 사는 귀족들이었다. 대다수 농민은 더 넓은 땅에 농사를 짓고 싶어도 돈이 없어서 땅을 살 수 없었다. 귀족들은 대규모의 토지를 사 놓고는 그 땅에서 농민이 생산한 곡식을 지대地代로 거두어 갔다. 이처럼 귀족들이 대토지를 마구 사들여 이익을 얻는 일은 사회 질서가 어지러울 때일수록 극성을 부렸다. 고려 말은 이러한 '대토지 소유'를 둘러싼 사회 계층 간의 갈등이 최고조에 이른 시기였다.

⬆ 사대부는 농업 생산력의 향상과 더불어 나타난 신흥 세력이었다. 그림은 물의 낙차를 이용하여 에너지를 얻는 수차이다.

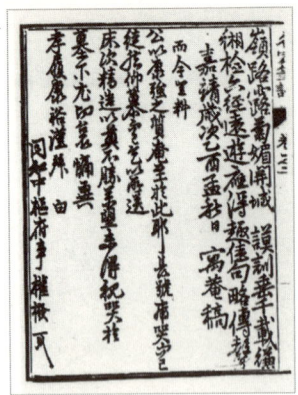

권문세족 조인규의 글씨. 몽골과의 강화가 이루어지자 고려 사회에서 가장 빨리 출세할 수 있는 길은 몽골어 능통자가 되는 것이었다. 역관 출신들은 단연 유리할 수밖에 없었다. 이렇게 해서 출세가도를 달린 대표적인 인물이 조인규(趙仁規)였다. 그는 30차례나 원에 드나들며 황제의 눈에 들어 벼슬을 받기도 했고 자신의 딸을 충선왕의 비(妃)로 들이는 업적(?) 등으로 한미하던 풍양 조씨 가문을 단숨에 권문세족 반열로 끌어올렸다.

권문세족의 재산이 국고보다 많은 시대

인류가 농사를 짓고 땅에서 많은 곡식을 생산하기 시작하면서 땅은 늘 욕망의 대상이었다. 이러한 욕망을 얼마나 잘 다스리느냐 하는 것이 역대 권력자의 가장 큰 과제 가운데 하나였다. 그래서 왕조가 안정된 시기는 대개 땅도 안정된 시기였다.

고려 시대에 땅에 대한 소유욕이 걷잡을 수 없이 폭발한 것은 1170년에 일어난 무신 정변 이후부터였다. 천민이었던 무신 이의민이 최고 권력자가 될 만큼 신분 질서가 요동치던 그 시절, 절제를 모르는 무신 권력자와 그 추종 세력은 앞 다투어 전국의 농토를 자기 것으로 삼았다. 고려의 정신을 지배한 불교 사원들까지도 토지를 지배하려 들었다. 이렇게 **여러 곳의 땅을 넓혀 가는 것을 '토지 겸병'이라 하고, 토지 겸병을 일삼는 특권층을 '권문세족'이라 한다.**

1231년 몽골의 침략이 시작되자 개경의 권문세족은 국토 곳곳에 널려 있는 농장을 버리고 강화도로 숨어들었다. 그들이 강화도에 작은 개경을 건설하고 화려한 생활을 하는 동안 본토는 침략군에게 유린당해 점차 황폐해져 갔다. 그리하여 농민들은 권문세족을 저주하면서 몽골군에게 협조하거나 죽임을 당했고, 또 잡혀 갔다.

1259년 몽골과 협상을 맺고 전쟁을 끝낸 고려 정부는 1270년 개경으로 돌아가 원나라의 간섭을 받기 시작했다. 그 당시는 무신 정권이 붕괴한 뒤였지만 권문세족의 토지 겸병은 더욱 기승을 부렸다. 이때 권문세족의 중심 세력으로 떠오른 이들이 바로 원나라에 빌붙어 막강한 영향력을 행사하게 된 '부원배'附元輩* 들이었다. 오랜 전쟁 끝에 국토는 황폐해지고 백성의 살림살이는 거덜 났지만, 원나라는 고려에 금, 은, 비단, 곡

---

* 부원배 : 원 간섭기에, 고려와 고려 국왕을 헐뜯고 자신의 이익을 꾀한 사람들을 가리키는 말. 일반적으로 친원 세력보다 더 나쁜 의미로 쓰인다.

원은 하필 본국에서 가장 멀리 떨어져 있는 탐라(제주도)에 탐라총관부를 두고 직접 통치했다. 이유는 말 때문이었다. 전근대 사회에서 말은 최고의 육로 교통수단이었고, 초지가 발달한 탐라에는 말을 방목하여 키우는 대규모 목장이 발달되어 있었기 때문이다. 그림은 조선 시대에 그려진 「탐라순역도」의 일부로 공물로 바쳐질 말들의 상태를 점검하고 있는 모습이다.

조선 초기의 화가 이암(李巖)의 「가응도」. 해동청을 바치라는 원의 요구를 들어주기 위해 고려에서는 응방(鷹坊)을 설치하여 매를 사냥하고 훈련시켰다. 응방에 소속되면 미천한 출신이라도 왕이나 고관의 눈에 들어 출세할 가능성이 매우 컸다. 응방을 통해 벼락출세를 한 대표적 인물이 바로 윤수(尹秀)였다. 『고려사』 「열전」 '간신' 조에서는 그의 모습을 다음과 같이 묘사했다. "윤수는 매와 사냥개로서 총애를 얻게 되었으며 충렬왕이 즉위하자 …… 응방을 관리하면서 권세를 믿고 제멋대로 나쁜 짓을 했으므로 사람들이 그를 짐승으로 여겼다."

물과 특산물인 인삼, 매의 일종인 해동청(예전에 사냥용 매를 일컫던 말)을 공물로 바치도록 했고, 나아가 여자와 환관까지도 요구했다. 이때 원나라 사절을 위해 공물을 모으는 징집관으로 권력을 키운 사람들이 부원배의 대표적인 인물이었다.

고려 말기에는 권문세족의 재산이 나라의 재산을 앞지르는 지경에 이르렀다. 국고가 바닥났을 때에도 권문세족들의 개인 창고에는 곡물이 가득했다. 산과 강을 경계로 할 만큼 드넓은 권문세족의 땅은 '농장'이라 불렸다. 이들 농장은 세금과 부역을 면제받는 특권을 누렸다. 이렇게 넓은 농장으로부터 세금을 거두어들일 수 없었으니 나라의 경제 사정이 좋을 리 없었다. 결국 나라의 살림을 유지하기 위해 필요한 세금과 부역은 모두 힘없는 백성의 몫이 되었다.

농민은 몽골과의 싸움 때문에 농토를 돌보지 못한 데다 권문세족이 누리는 특권의 부담까지 떠맡아 무거운 세금과 부역을 감당하고, 원나라에 대한 공물의 책임까지 져야 했다. 그래서 조금이나마 논밭이 있는 농민조차 끼니를 해결하기가 힘들었다. 그러자 많은 사람이 자기의 토지를 권문세족에게 바치고, 그들의 보호를 받으려 했다. 땅을 잃고 노비의 신분으로 떨어지더라도, 도무지 감당하기 힘든 세금과 부역에서 벗어나 살아남을 수 있는 길은 그것뿐이었기 때문이다.

이렇듯 무거운 세금과 부역, 공물 때문에 백성은 제 땅에 뿌리내리고 살기가 쉽지 않았다. 권문세족에게 시달리는 고려 후기 농민의 비참한 모습은 당대의 문호文豪인 이규

글 한 수에 벼슬자리 하나씩을 얻어낼 만큼 뛰어난 문장가였던 이규보의 묘.

보李奎報(1168~1241)가 농민의 입장에서 쓴 한시에 생생하게 표현되어 있다.

> 비 맞으며 바닥에 엎드려 김매니
>
> 흙투성이 험한 꼴이 어찌 사람 모습이랴만
>
> 왕손 공자들아 나를 멸시 말라
>
> 그대들의 부귀영화 농부로부터 나오나니
>
> 햇곡식은 푸릇푸릇 논밭에서 자라는데
>
> 아전들 벌써부터 조세 거둔다고 성화네
>
> 힘써 농사 지어 부국케 함 우리네 농부거늘
>
> 어째서 이리도 극성스레 침탈하는가.
>
> ―이규보, 「농부를 대신하여」(代農夫吟)

농민 대신 권문세족과 맞선 사대부

고려 후기 사회가 드넓은 농장을 가진 권문세족과 그 농장에서 착취당하는 농민으로 양극화된 것은 분명하다. 따라서 고려 말기로 갈수록 권문세족에 대한 농민의 불만은 높아만 갔다. 그러나 농민에게는 권문세족에게 대항할 힘이 없었다. 할 수 있는 일이라고는 기껏해야 권문세족에게 세금을 내지 않기 위해 살던 곳을 버리고 도망가는 것뿐이었다.

권문세족의 횡포를 그대로 내버려 두면 고려 사회가 어디로 갈 것인지는 불을 보듯 뻔

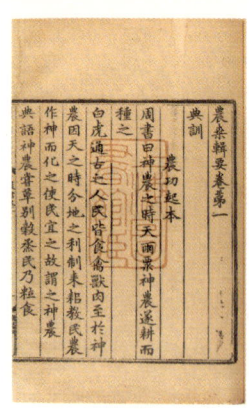

고려 말 이암(李嵓)이 원나라에서 수입한 『농상집요』(農桑輯要). 제목 그대로 농사 기술(農)과 양잠법(桑)을 다루고 있는 농서이다. 13세기까지의 중국의 농법이 총망라되어 있으며, 세종 때 편찬된 『농사직설』도 상당 부분 이 책을 참고했다고 한다. 특히 양잠업에 대한 내용이 뛰어나 『농사직설』이 편찬된 이후에도 양잠을 할 때는 『농상집요』를 참고했다고 한다.

한 일이었다. 이때 권문세족에 맞서 고려 사회를 개혁하려고 나선 세력이 있었다. 권문세족이 드넓은 농장을 가진 대지주였다면, 개혁 세력은 고향 마을에 작은 농토를 가진 중소 지주나 부유한 자영 농민 출신이었다.

중국에서 들어온 새로운 유학인 성리학을 익히고 과거 시험을 통해 벼슬길에 나선 이 신흥 세력을 '사대부' 士大夫라 한다. '사' 士란 글 읽는 선비를, '대부' 大夫란 관리를 가리키는 것이니 '사대부' 란 곧 학자 관료를 말한다.

권문세족에 비해 적은 땅을 가지고 있던 사대부들은 농업 생산량을 늘리는 데 관심이 많았다. 그들은 벼슬길에 나가지 않으면 고향 마을에서 농민과 더불어 지냈고, 벼슬길에 나가더라도 권문세족과 부딪치는 바람에 농촌으로 귀양을 가거나 벼슬을 내놓고 낙향하는 일이 종종 있었다. 그때 사대부들은 원나라에서 들여온 농업 서적인 『농상집요』를 연구하면서 농업과 양잠업을 번성하게 할 방법을 연구하기도 하고, 벼 생산을 늘리기 위해 수차水車를 도입하고 모내기를 실시하는 선진적인 방법도 모색했다.

사대부들은 이렇게 농촌의 삶을 직접 경험할 기회가 많았기 때문에 농민의 삶이 얼마나 피폐한지 잘 알고 있었다. 그리고 그처럼 피폐한 삶이 드넓은 농장을 차지하고 농민을 못살게 구는 권문세족 때문이라는 것도 잘 알고 있었다. 사대부들도 땅을 소유한 지주라는 점에서는 권문세족과 같지만, 소유한 땅의 규모에서는 상대가 되지 않았다. 권문세족이 점점 더 많은 땅을 차지하고 그만큼 더 나랏일을 좌우하는 데 따른 사대부들의 불만은 높아만 갔다.

사대부들이 익힌 성리학性理學은 12세기 중국 남송의 사상가 주희朱熹(1130~1200)가 새

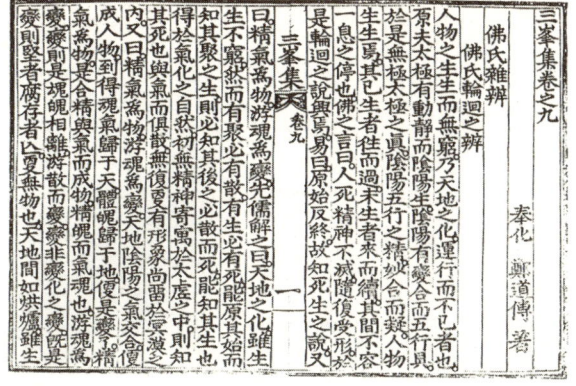

정도전의 『불씨잡변』. 고려인의 정신 세계를 지배하고 있던 불교를 걷어내고 성리학을 확립하기 위해 정도전은 당시에 만연해 있던 불교계의 비리를 들추어내는 방법 대신 불교의 교리를 비판하는 정면돌파를 택했다. 불교의 윤회설이나 심성론 등을 성리학적 입장에서 비판하여 불교 배척의 정당성을 논증해냈다.

롭게 정립한 유학사상으로, 기존의 유학보다 인간과 세계를 더욱 철학적으로 깊이 탐구하는 학문이었다. 그들은 성리학을 통해 얻은 세상에 대한 성찰과 땅에서 비롯된 정의감으로 권문세족에 대항하여 사회 개혁을 외치기 시작했다. 권문세족에는 당연히 대토지를 소유한 불교 사찰들도 포함되어 있었다.

사대부들은 여기서 더 나아가 불교 자체도 공격하기 시작했다. 성리학이 들어오기 전까지 유학은 사회생활의 원리이고 불교는 정신생활의 반려伴侶였다. 그러나 성리학은 이전의 유학보다 정신적·철학적으로 잘 다듬어져 있었다. 그래서 권문세족과 연결된 불교 교단의 비리를 공격하는 데서 그치지 않고 불교의 철학과 세계관에까지 도전장을 내밀었던 것이다.

땅에서 시작되어 왕조를 바꾼 개혁

전국의 땅이 권문세족에게 지나치게 쏠리는 현상을 개혁하려는 시도는 여러 차례 있었다. 그러한 시도는 '전민변정도감'田民辨正都監이라는 특별 기구를 통해 이루어졌는데, 이것은 땅과 노비의 문제를 바르게 푸는 기관이라는 뜻이다. 충렬왕忠烈王(1236~1308) 때 두 차례 설치된 전민변정도감은 권문세족이 부당하게 빼앗은 토지와 노비를 본래의 소유주에게 돌려주려고 했다. 그러나 이 계획은 권문세족의 반발로 말미암아 실패로 돌아가고 말았다.

권문세족에 대한 사대부들의 개혁 공세가 힘을 받게 된 것은 공민왕恭愍王(1330~74) 때였다. 원나라가 쇠퇴하자 권문세족의 중요한 세력인 부원배들이 반원反元 개혁의 철퇴

공민왕과 노국공주. 공민왕은 자신의 뜻을 따라 주지 않는 재상들 대신 승려 신돈을 개혁 파트너로 삼았다.

를 맞게 되었던 것이다. 이때 **공민왕이 개혁의 주역으로 발탁한 승려 신돈**辛旽(?~1371)**은 다시 전민변정도감을 설치하고 사대부 세력과 힘을 합쳐 토지 개혁을 실시했다.** 신돈의 개혁을 사대부들은 지지했고, 백성은 환호를 보냈다.

그러나 신돈의 개혁도 기를 쓰고 자신들의 지위를 지키려 하는 권문세족의 벽을 넘지는 못했다. 정추·이존오 등은 신돈을 탄핵하려다가 실패했고, 김정·김제안 등은 아예 신돈을 죽이려고 하다가 발각되기도 했다. 이런 과정에서 신돈은 공민왕의 신임을 믿고 방자해졌고, 개혁의 성과가 지지부진하면서 나라 안팎의 비판이 커져 갔다. 결국 사대부들도 등을 돌리고 공민왕도 자신에게서 개혁의 칼자루를 빼앗으려 하자 신돈은 왕을 시해하고 권력을 독차지하려다가 처형당하고 말았다.

신돈의 실패는 곧 공민왕과 사대부 세력의 실패였다. 권문세족은 여전히 광범위한 땅의 주인이었다. 그러자 좀더 근본적인 사회 개혁을 꿈꾸는 사대부들이 생겨났는데, 그러한 사대부들의 생각에 날개를 달아 준 사람이 무신 이성계였다. 그는 최영崔瑩(1316~88)과의 대결에서 승리하여 권력을 잡은 뒤, 사대부 세력과 손을 잡고 근본적인 토지 개혁을 실시했다. **과전법**科田法**이라 불리는 새로운 토지 제도는 권문세족이 차지했던 수많은 땅을 몰수하여 국유화한 뒤 이를 직급에 따라 각급 관리에게 분배하는 제도였다.** 여기서 분배하는 것은 땅에 대한 소유권이 아니라 땅에서 나오는 수확물의 일부를 거두어 갈 수 있는 수조권收租權이었다. 권문세족의 농장에서는 수확물의 절반을 갈취해 가는 병작반수제並作半收制가 일반화되어 있었지만, 과전법 체제에서는 10%만 가져가도록 했다.

"공민왕이 재상들과 뜻이 잘 맞지 않았으므로, …… 일개 승려에 불과하던 신돈에게 국정을 맡겼다. 그는 왕에게 건의하여 전민변정도감이란 관청을 설치하고, 다음과 같은 방을 붙였다. '오늘날 나라의 법이 무너져 나라의 토지와 약한 자들의 토지를 힘 있는 자들이 모두 빼앗고, 양민을 자신의 노예로 삼고 있다. 그러므로 나라의 일을 보는 사람이 없고, 백성은 병들고, 나라의 창고는 비어 있으니 큰 문제가 아닐 수 없다. 이제 관청을 만들고 이를 시정하고자 하니 서울에서는 15일 이내로, 지방에서는 40일 이내로 자기 잘못을 알고 스스로 시정하도록 하라. 기한 내 시정하는 자는 그냥 두겠으나, 기한이 경과한 후에 일이 발각된 자는 처벌할 것이며, 거짓으로 보고한 자도 벌을 받을 것이다' 라고 했다. 이 영이 발표되니 세도 있는 많은 집들이 강제로 빼앗았던 토지와 인민을 돌려주었으니, 나라 안이 모두 기뻐했다."—『고려사』 중

이러한 과전법은 농사를 짓는 농민에게 땅을 돌려주는 근본적인 해결책은 아니었다. 과전법을 주도한 사대부들 역시 직접 농사를 짓지는 않는 중소 지주였다는 점에 그 한계가 있을 것이다. 그러나 과전법은 드넓은 땅을 독차지하고 있던 권문세족에게는 치명적인 타격을 안겨 주었다. 그리하여 궁극적으로는 이성계가 새로운 왕조를 세울 수 있도록 사회적·경제적 기반을 마련해 주었다.

고려 말기에 사대부들에 의해 시작된 개혁은 땅을 둘러싸고 땅의 재분배로부터 시작되어 끝내는 고려 왕조의 운명을 앞당기는 정치 개혁으로 이어졌다. 이러한 고려 후기의 '땅의 전쟁' 은, 땅을 제대로 다스리지 못하는 나라는 온전히 살아남기 어렵다는 교훈을 우리에게 던져 준다.

훈구 V

정몽주는 이성계가 고려 왕조를 뒤엎으려 한다는 사실을 알고 그를 죽이려 했고, 아버지 이성계를 도와 새로운 나라를 세우려던 이방원은 선수를 쳐서 정몽주를 죽였다. 따라서 조선 왕조의 입장에서 보면 정몽주는 '공공의 적'이다.

그런데 이상한 일이 있다. 그런 정몽주가 조선 왕조로부터 두 차례나 최고의 공신 대접을 받은 것이다. 한 번은 이방원 자신이 왕위에 오르자마자 정몽주에게 영의정 벼슬과 부원군 칭호를 바쳤고, 또 한 번은 중종 때 조광조 등의 선비들이 정몽

⬆ 대표적인 훈구파 한명회의 신도비. 폐비 윤씨 사건에 관여한 이유로 갑자사화 때 부관참시 당했다가 중종반정 이후에 신원되었다.

S 사림

주를 '문묘'라는 곳에 모셨다.

비록 왕조의 적이었지만 학문이 깊고 절개가 곧았던 선비를 죽은 뒤에나마 받들어 모신 조선의 정신은 멋지다. 그런데 100여 년의 세월을 사이에 둔 두 세력이 정몽주를 떠받든 이유와 배경에는 큰 차이가 있다. 그것은 조선이라는 나라를 바라보는 두 세력의 시각차이기도 하다. '조선은 과연 누구의 나라인가?' 라는 근본적인 물음을 놓고 대립했던 두 세력의 각축전을 따라가 보자.

⬆ 사림을 대표하는 조광조를 배향한 도봉서원. 조광조는 훈구세력을 제거하고 조선을 완벽한 유교국가로 만들기 위해 급진적 개혁을 추진하다 기묘사화 때 사사당했다.

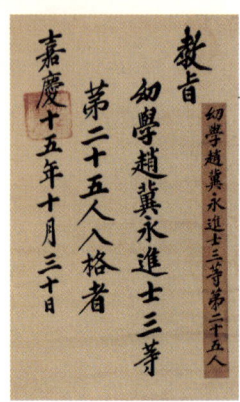

소과 합격자에게 수여한 증서인 백패. 조선 후기의 문신 조기영의 것이다. 소과에 합격하면 생원이나 진사의 자격을 얻게 되는데 이것이 관직으로 바로 이어지는 것은 아니고, 성균관에 입학할 수 있는 자격이 주어졌다. 본격적인 관직생활은 대과인 문과에 합격해야만 가능했다.

"조선은 왕의 나라다"

고려 말 조선 초에 서로 다른 길을 간 대표적인 사대부 두 사람이 있다. 한 사람은 끝까지 고려 왕조의 틀 안에서 권문세족의 부패를 처리하고 사회를 개혁하려 했던 포은圃隱 정몽주鄭夢周(1337~92)다. 그리고 다른 한 사람은 고려 왕조를 무너뜨리고 이성계를 도와 조선을 세우는 데 힘을 보탠 삼봉三峰 정도전鄭道傳(1342~98)이다. 두 사람은 거의 마지막 순간까지도 고려 사회를 근본적으로 개혁하는 데 힘을 합쳤다가 왕조 교체를 놓고 운명을 달리했다.

두 사람의 운명이 엇갈린 것은 거기서 끝이 아니었다. 정도전은 조선 왕조가 열린 뒤 왕도를 한양으로 옮기고 나라의 체제를 세우는 데 큰 역할을 했다. 태조 이성계만 빼면 가장 강한 권력자는 정도전이라 해도 지나친 말이 아닐 정도였다.

그렇다면 정도전은 자신이 세운 조선에 대해 어떤 생각을 가지고 있었을까? 정몽주와 달리 고려 왕조를 무너뜨리는 데 적극 협력한 만큼, 조선 왕조에 절대 충성한다는 입장이었을까? 물론 그는 조선을 자기 나라로 생각했다. 그러나 이것이 왕권에 대한 맹목적인 충성을 의미하지는 않았다.

정도전이 볼 때 조선의 주인은 이성계로 시작되는 왕만은 아니었다. 왕은 한 가문에서 대를 이어 나가기 때문에 때에 따라 좋은 임금이 나올 수도 있고 그렇지 않을 수도 있다. 그러나 신하들은 항상 최고의 학식을 쌓고 엄격한 과거 시험을 거쳐 벼슬길에 나서므로 우수할 수밖에 없다. 따라서 똑똑한 신하들이 늘 임금을 도우며 나랏일을 살펴야 한다는 것이 정도전의 생각이었다. 나라를 운영하는 실질적인 주도권은 사대부들

대과 합격자에게 수여한 홍패. 주자학을 비판하다가 사문난적으로
몰려 죽음을 당한 박세당의 것으로, 그는 1660년에 장원급제했다.

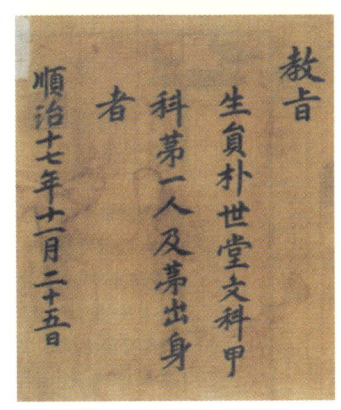

이 쥐고 있어야 한다고 믿었던 것이다.

조선은 성리학이라는 새로운 유학을 지도 이념으로 삼아 세워진 나라이므로, 성리학을 깊이 공부한 사대부가 권력을 가져야 한다는 것은 어찌 보면 당연한 이야기다. 그러나 강력한 왕권을 추구하던 이방원李芳遠(1367~1422)의 입장에서는 오만방자하고 위험한 생각이기도 했다. 정도전이 태조 이성계의 마음을 움직여 이방원의 배다른 동생인 방석芳碩(1382~98)을 이성계의 후계자로 내세우자, 이방원은 정도전과의 정면 대결에 나섰다. 정도전이 힘없는 왕을 세우고 국정 운영의 주도권을 쥐려 한다고 생각했기 때문이다.

'왕자의 난'이라고 불린 두 차례의 정변 끝에 이방원은 형제들은 물론 정도전도 죽였다. 조선 건국의 최대 공신이었던 정도전이 졸지에 조선의 최대 역적으로 비참하게 생을 마감한 것이다. 조선 건국에 공을 세운 사대부 가운데 여전히 남아 있었던 이들은, 이방원이 왕위에 오르는 데 협력한 공신들뿐이었다. 그리고 조선 건국 자체를 반대하다가 정도전보다 훨씬 먼저 죽은 정몽주가 최고 반열의 공신으로 되살아났다. 태종太宗 이방원이 고려 왕조에 바친 정몽주의 '충절'을 높이 샀던 것이다. 그리하여 조선은 왕과 왕에게 '충절'을 바치는 공신들의 나라가 되었다.

'훈구'라 불린 사대부들

이성계 세력과 연합하여 조선을 세운 사대부들은 향촌에 뿌리를 둔 중소 지주거나 자영농 출신이었다. 그들은 고려 말 광활한 농장을 차지하고 정치적·경제적 권력을 휘

두른 권문세족과 싸우면서 힘을 키웠다. 고려 말에서 조선 초까지 권력을 둘러싼 숱한 피바람이 불면서 사대부의 면면도 많이 바뀌었지만, '경자유전'耕者有田, 곧 농사짓는 자가 땅을 갖는다는 그들의 원칙은 비교적 확고하게 유지되었다.

그러나 모두 잘 알고 있는 것처럼 땅에 대한 인간의 욕심은 끝이 없다. 잇따른 정쟁(정치 싸움)에서 공을 세운 공신들은 겉으로는 공평한 토지 분배를 내세우면서 뒤로는 각종 편법을 써서 땅을 넓혀 갔다. 특히 세조世祖(1417~68)가 조카인 단종端宗(1441~57)을 몰아내고 왕위에 오른 계유정난癸酉靖難(1453)에서 공을 세운 공신들은 이러한 추세에 불을 붙였다.

계유정난은 왕자의 난 때 불거졌던 왕권과 신권의 대립이 다시 한번 불꽃을 튀긴 정변이었다. 왕자의 난을 일으켜 왕위에 오른 태종 이방원은 장남인 양녕대군讓寧大君(1394~1462)을 제치고 셋째 아들인 충녕대군忠寧大君(1397~1450)을 세자로 정해 자신의 뒤를 잇게 했다. 조선의 4대 왕이 된 충녕대군, 곧 세종世宗은 어떤 사대부보다도 성리학에 밝았을 뿐 아니라 성리학에 따라 나라를 이끌어 가려는 신념이 강했다. 그는 성리학이 따르는 동양 전통의 '종법'宗法*에 충실하기 위해 맏아들인 문종文宗(1414~52)에게 왕위를 물려주었다. 문종은 몸이 약하여 빨리 죽었는데, 그 역시 맏아들인 단종에게 왕위를 물려주었다.

왕위에 오른 단종은 열두 살의 어린 나이였다. 그러자 정사를 제대로 보살필 수 없는 어린 임금을 둘러싸고 치열한 정쟁이 벌어졌다. 세종 때부터 왕권을 보필해 온 김종서金宗瑞(1383~1453), 황보인皇甫仁(?~1453) 등이 단종 주변에서 권력을 행사했고, 야심만만

---

* 종법 : 제사의 계승 등을 위한 친족 제도의 기본이 되는 법으로, 중국 주나라 때 '적장자 상속제' 확립을 위해 생겨났다.

수양대군이 계유정난을 일으키고 왕위에 오르자 신숙주와 신말주 형제의 진로는 갈라졌다. 형 신숙주는 계유
정난 이후에는 정난공신, 세조 즉위 후에는 좌익공신, 남이 옥사를 해결한 후에는 익대공신에 올라 세조의 오
른팔로 승승장구했다. 동생 신말주 역시 세조 즉위 후 원종공신에 올랐지만 그는 벼슬자리를 사양한 뒤 전라도
순창으로 내려가 자신의 호를 딴 귀래정(사진)을 짓고 은거했다.

세조가 자주 찾았던 상원사. 조카의 왕위를 찬탈하고 죽이기까지 한 세조는 자신의 정통성을 물고 늘어지는 유학 이념을 받아들일 수 없었다. 그런 그가 마음 편히 기댈 곳은 불교였다. 상원사에는 아직도 세조가 만난 문수동자상과 그의 목숨을 구한 고양이상이 남아 있다.

했던 세종의 둘째 아들 수양대군은 대신들에게 너무 많은 힘이 쏠려 왕권이 위협받는다는 이유로 이들과 맞섰다. 결국 수양대군은 정적인 김종서를 죽이고 조카인 단종을 왕위에서 끌어내린 다음 스스로 왕이 되었다.

이때 성삼문, 박팽년, 하위지 등 집현전 출신 사대부들은 인륜을 저버린 수양대군의 행위를 격렬히 비난했다. 그리고 단종을 다시 왕위에 올리기 위한 거사를 계획하다가 발각되어 처형당했다. 이들을 '사육신'死六臣이라 하고, 김시습, 원호, 남효온 등 살아 있으면서 수양대군에 협력하기를 거부한 사대부들을 '생육신'生六臣이라 한다.* 반면 정인지, 신숙주, 서거정, 강희맹 등 수양대군에게 협력하여 공신의 반열에 오른 사대부들을 가리켜 '훈구파'勳舊派라 하며, 이러한 훈구파의 대표적인 인물이 한명회였다.

조선의 7대 왕인 세조가 된 수양대군을 도운 공으로 훈구파는 높은 관직에 오르고, 공신들에게 상으로 지급되는 공신전을 받아 넓은 농장을 소유하게 되었다. 일단 세력을 굳힌 훈구파는 중앙 정치를 장악한 뒤, 지방의 황무지와 해안을 개간하고 간척하는 방법으로 농장을 넓혀 나갔다. 세월이 흐르면서 이들 훈구파는 중소 지주 출신 사대부의 성격을 점차 잃고, 고려 말의 권문세족처럼 땅과 권력을 독점하는 특권 세력으로 변질되어 갔다.

"조선은 사대부의 나라다"

훈구파가 중앙 정치를 장악하고 있는 동안 향촌에는 새로운 사대부 세력이 움트고 있

* 사육신은 박팽년, 성삼문, 하위지, 이개, 유성원, 유응부를 가리키는 말로, 이들은 1456년(세조 2년)에 단종의 복위를 꾀하다가 발각되어 처형되었다. 1982년 여기에 김문기가 추가되어 모두 7명이 되었지만, 사육신이라는 명칭은 그대로 사용되고 있다. 한편 생육신은 이맹전, 조려, 원호, 김시습, 성담수, 남효온을 일컫는 말로, 이들은 세조가 단종에게서 왕위를 빼앗자 세상에 뜻이 없어 벼슬을 버리고 절개를 지켰다.

『여씨향약언해』. 향촌 자치를 추구했던 사림들은 그들이 꿈꾸는 이상적인 향촌 사회의 모습을 향약에서 찾아냈다. 향약의 4대 덕목은 일상생활에서 꼭 지켜야 할 유학 이념을 집약해 놓은 것이었기 때문에 사림들은 향약을 보급하는 데 매우 적극적이었고 그 대표적 인물이 조광조였다. 1517년(중종 12)에는 조광조의 청으로 『여씨향약』이 전국에 반포되고 이듬해에는 번역되어 언해본으로 간행되었다.

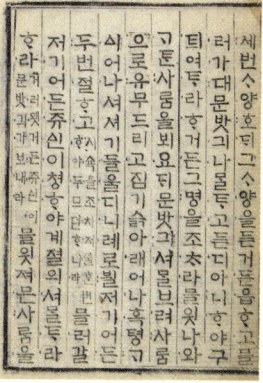

었다. 그들은 고려 후기부터 생겨난 중소 지주 출신 사대부의 경제적·사상적 후계자였다. 훈구파가 득세한 중앙 정계를 피해 고향에서 학문 연구와 후학 양성에 힘쓰던 이들은, 어느 정도 사회 세력으로 형성되자 '사림' 士林이라는 이름으로 불리게 되었다.

사림이 국가의 녹祿(녹봉, 곧 벼슬아치에게 지급한 쌀·보리·명주·베·돈 등을 일컫는 말)을 먹지 않고도 학문 연구에 힘쓸 수 있었던 것은 먹고사는 데 지장이 없을 만큼의 논밭이 있었기 때문이다. 향촌 사회의 중소 지주인 사림은 백성과 교감을 나누면서 중앙의 대토지 소유자인 훈구파에 대한 비판 의식을 키워 갔다. 고려 말 사대부가 권문세족을 비판하던 것과 비슷한 모습이다. 다른 것이 있다면 사림이나 훈구파 모두 성리학을 지도 이념으로 받드는 사대부였다는 점이다.

왕과 사대부가 국가 권력을 나눠 가져야 한다고 생각했던 정도전이 죽은 뒤, 중앙 정계에서 성리학은 주로 국가 운영의 이데올로기로 기능했다. 훈구파도 성리학을 통치의 도구로 여겼다. 그러나 향촌에서 오랜 세월 학문을 쌓은 사림은 성리학을 깊숙이 연구하고 해석하여, 국가 운영과 사회생활을 모두 성리학의 원리 아래 두려고 했다. 그리하여 먼저 향촌 사회를 성리학의 가르침에 따라 조직하기 위해 향약, 유향소 등 백성을 교화하는 다양한 장치를 마련했다. 그리고 나아가 중앙 정계에도 진출하여 자신들이 쌓아 온 학문을 현실 정치에서 펼쳐 보이려 했다.

사림이 처음으로 정계에 진출하기 시작한 것은 9대 왕인 성종成宗(1457~94) 때였다. 김종직金宗直(1431~92)을 중심으로 하는 영남 사림이 성종에게 발탁되어, 훈구파의 농장 확대로 흔들리던 지방 사회를 개혁하는 일에 앞장섰다. 그리고 언론을 맡은 사간원,

『여씨향약』을 강론하던 월회당(사진). 한 달에 한 번이라도 모여 향약을 공부해야 한다는 뜻이다. 중종 초에 사마시에 합격해 조광조와 연을 맺었던 여희림(呂希臨)의 주도로 시작되었고, 이 소식이 조광조에게 전해져 전국적으로 『여씨향약』이 보급되었다고 한다.

사헌부 등의 관직에 진출하여 훈구파의 비리를 들추어내기 시작했다. 그러니 이들이 훈구파와 충돌하게 된 것은 예정된 일이었다.

사림에 대한 훈구파의 첫번째 대대적인 반격은 연산군燕山君(1476~1506) 때 일어난 무오사화戊午士禍(1498)였다. 이 사건은 김종직이 『조선왕조실록』의 사초史草(조선 시대에, 사관이 기록하여 둔 사기史記의 초벌 원고. 실록實錄의 원고가 되었음)에 세조를 간접적으로 비난하는 글을 실었던 것이 빌미가 되어 일어났다. 사초란 원래 임금도 볼 수 없는 기밀 문서였는데, 훈구 세력이 몰래 연산군에게 알려 사림에 대한 대대적인 숙청을 불러일으켰던 것이다.

무오사화로 사림은 큰 피해를 입었지만, 의지를 꺾지 않고 지속적으로 중앙 정계 진출을 시도했다. 성리학의 '도'道를 정치에서 실현한다는 도학 정치는 연산군을 몰아내고 왕위에 오른 중종中宗(1488~1544) 때 또 한번 꽃을 피웠다. 김종직의 제자인 김굉필金宏弼(1454~1504)에게 성리학을 배운 조광조趙光祖(1482~1519)가 그 주인공이었다. 조광조는 성균관 유생을 비롯한 사림의 절대적인 지지를 받으며 30대의 나이에 개혁 정치의 주역을 맡았다. 국왕에 대한 성리학 교육을 강화하고 성리학 이념을 사회 전반에 보급하며 향촌 질서를 개혁하는 등 조광조가 펼친 도학 정치는 근본적이고 급진적이었다.

바로 이러한 급진적 개혁의 상징이 된 사건이 고려의 충신인 정몽주를 문묘文廟에 배향配享(학덕이 있는 사람의 위패를 문묘나 사당, 서원 등에 모시는 일)한 일이었다. 문묘란 성균관과 지방 향교에서 공자와 주자를 비롯한 유학의 성인들을 모시는 사당이다. 이곳에 조선의 성리학자도 아닌 정몽주를 모시자고 한 것은 파격적인 주장이 아닐 수 없었다. 중

정몽주의 제사를 모시는 숭양서원. 이방원(태종)은 자신의 손으로 죽인 정몽주를 영의정으로 추증했다. 중종 대에는 조광조의 건의로 정몽주를 문묘에 배향했다. 조선 건국을 거부하다 죽음을 맞았으나 조선은 끝내 그를 놓아주지 않았다.

종은 조광조의 건의를 받아들여 정몽주의 문묘 배향을 승인했는데, 그 의미는 태종이 정몽주에게 영의정 벼슬을 바친 것과는 전혀 달랐다. 태종이 정몽주의 '충절'을 높이 산 것이었다면, 조광조는 정몽주의 '학문'을 높이 사고 그를 사림의 상징적인 스승이자 성인으로 받든 것이다. 이것은 훈구파가 주도한 기존 체제에 대한 선전 포고와도 같은 일이었다.

불행히도 조광조는 훈구파의 역공으로 일어난 기묘사화己卯士禍(1519)의 희생양이 되었으며, 그 뒤로도 사림의 희생을 몰아온 사화는 한 차례 더 일어났다. 그러나 사림의 진출은 끊이지 않고 이어져, 마침내 선조宣祖(1552~1608) 때에 이르러 조선은 완연히 성리학자 관료가 다스리는 사림의 나라가 된다. 그 중심에는 정몽주라는 고려 때의 사대부가 흔들리지 않는 상징으로 자리 잡고 있었다.

조선 시대 '장남 몰아주기'

장가들기 V

남녀가 결혼하는 것을 '장가든다' 라고도 하고 '시집간다' 라고도 한다. 결혼을 남
자 쪽에서 보면 장가들기이고 여자 쪽에서 보면 시집가기이지만, 이 말에는 생각
보다 깊은 역사적 맥락이 숨어 있다. 우리는 흔히 옛날에는 여자가 한 번 혼인하면
시댁에 들어가 죽을 때까지 그 집 며느리로 봉사하며 살아야 했다고 알고 있다. 그
러나 이러한 혼인 관습은 조선 후기에 정착된 것이고, 그전까지만 해도 오히려 남

⬆🏃 오늘날 전통혼례 절차는 신부가 시부모와 시댁 어른들에게 첫인사를 올리는 폐백식에서나 찾아볼 수 있
다. 결혼식의 방법이 바뀐 것처럼 이제는 결혼의 형태도 '장가들기' 나 '시집가기' 로만 말할 수 없게 되었다.

S 시집가기

자가 여자 집에 들어가 사는 것이 일반적이었다. '장가든다' 는 것은 남자가 장인·장모 집에 들어간다는 뜻이니, 바로 조선 중기까지의 혼인 풍습에 들어맞는 말이었다. 반대로 '시집간다' 는 것은 여자가 시집에 들어가 산다는 뜻으로, 조선 후기에 일반화된 혼인 풍습과 어울리는 말이다. 그런데 조선 후기에 왜 이러한 결혼 양식의 변화가 일어났을까? 그리고 그 변화는 무엇을 의미할까?

2009년 발행된 5만원권 화폐의 인물로 신사임당이 선정된 것은 현모양처라는 이미지 때문이었다. 그러나 결혼 후 19년 동안 시어머니를 모시지 않은 며느리, 남편의 사회생활을 간섭하는 아내(남편 이원수가 권신 윤원형과 어울리자 그것을 꾸짖었다), 제 어머니밖에 모르는 아들을 키운 어머니(이이는 아버지를 제쳐두고 어머니의 행장만을 남겼다)가 신사임당이었다. 그녀는 우리가 생각하는 것처럼 한없이 순종적이고 희생적인 현모양처는 아니었던 것이다.

장가들어 살던 사람들

때는 16세기 중반, 강릉에 살던 38세의 주부 신사임당申師任堂(1504~51)은 고민에 빠졌다. 남편 이원수가 서울 수진방(지금의 서울 종로구 수송동 일대를 가리킴)에 있는 자기 집의 가계家計를 물려받게 되었다면서 그곳에 가서 살자고 부탁했기 때문이다. 게다가 시어머니 홍씨도 나이가 들어 시댁의 가사를 돌보기 어려웠다.

남편이 시댁에 가서 살자는데 아내는 왜 고민을 할까? 부부 싸움을 하다가 친정으로 돌아와 있기라도 했던 것일까? '출가외인'出嫁外人이라던데 조선 시대에 한번 시집간 여자가 친정으로 돌아가는 일이 가능했을까? 이런 의문이 꼬리를 물 것이다. 그러나 조선 중기였던 이 당시까지만 해도 우리가 알고 있는 전통 혼인과 가족의 관념은 그다지 의미가 없었다. 이원수는 신사임당과 결혼한 뒤 그녀의 강릉 집에 '장가들어' 함께 살았다. 한때 경기도 파주 율곡리에서 산 적도 있었지만, 대체로 강릉에 머물렀다. 물론 이원수는 서울에서 벼슬살이를 해야 했으므로 강릉과 서울을 오가는 생활을 해야 했다. 신사임당이 아들인 율곡 이이李珥(1536~84)를 낳은 것도 강릉 친정의 별채인 오죽헌에서였다.

이 시절 남녀가 결혼해서 함께 여자 집에서 살았던 사례는 비단 이원수와 신사임당만이 아니었다. 우리 조상의 혼인 풍습과 가족 제도에 관한 자료는 고려 시대 것부터 남아 있는데, **고려 시대의 혼인 풍습이 바로 '남귀여가혼'** 男歸女家婚, **곧 남자가 여자 집에 들어가 사는 '장가들기' 방식**이었다. 단지 혼인해서 사는 곳뿐만 아니라 부부 관계, 가족 관계, 친척 관계, 상속 문제 등 혼인과 관련된 모든 분야가 조선 후기 이후와 달랐다.

조선 중기의 문신 김연이 어머니 양성 이씨로부터 재산을 '별급'으로 증여받음을 알리는 문서(별급문기). 『세종실록』에는 부모 사후에 "동복형제(同腹兄弟)와 일족이 노비와 재산을 다 차지할 욕심으로 혼가(婚嫁)를 시키지 않는 자는 엄중히 처벌할 것"이라고 했다. 이 기사는 결혼한 딸의 재산상속분을 국가가 인정하고 있었다는 사실을 말해 준다. 양성 이씨가 아들에게 증여하고 있는 재산도 친정으로부터 상속받은 것일 가능성이 크다.

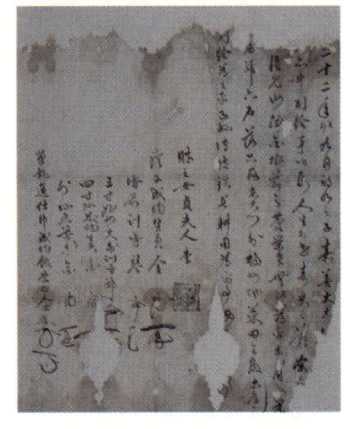

혼인해서 낳은 아이들이 남편의 성을 따르는 것은 똑같았다. 그러나 아이들에게는 외가와 친가가 따로 없었다. 엄마의 아버지나 아빠의 아버지나 똑같은 할아버지였다. 족보에도 부계와 모계의 조상과 후손이 똑같이 기재되었다. 그러니까 조선 후기 이후에는 아버지 쪽 조상만이 아이들의 조상이 되었지만, 고려 시대부터 조선 중기까지는 부모 양쪽의 조상이 똑같은 '내 조상'이었던 것이다.

따라서 부모의 재산도 아들과 딸이 차별 없이 물려받았고, 제사도 아들과 딸이 돌아가며 지냈다. 조선 후기에는 여자가 한번 결혼하면 남편이 일찍 세상을 떠나도 죽을 때까지 시댁 며느리로 사는 것이 미덕이었지만, 고려 시대만 해도 여자의 재혼이 그다지 흠이 되지 않았다. 만약 부부가 이혼하면 아이들은 엄마 쪽 식구들과 함께 살았다. 엄마가 아빠보다 먼저 죽어도 엄마 쪽 형제나 가족이 아이들을 돌보았다. 아이들이 태어나서 자란 곳이 엄마 쪽 집이니 그럴 수밖에!

이것이 '장가들기'와 연관된 조선 중기까지의 전통 혼인과 가족 관계의 모습이었다. 그러니 신사임당이 시댁에 가서 살자는 남편의 간곡한 부탁을 듣고 고민에 빠진 것은 당연한 일이었다.

장남에게 몰아줍시다

신사임당은 남편 이원수의 뜻에 따라 시댁으로 갔다. 본래 아버지의 부탁으로 친정의 가계를 물려받기로 되어 있던 신사임당은 그 중책을 넷째 동생에게 맡기고 대관령을 넘었다. 그 당시 신사임당의 아버지는 이미 죽은 뒤였고 강릉 집에는 늙은 어머니만

김홍도의 「신행」. 여자가 남자의 집으로 들어와 사는 친영 제도를 확립하기 위한 노력은 조선 초기 왕실에서 시작되었다. 태종은 큰며느리를 친영례로 맞아들였으며 아들인 세종도 딸 숙신옹주의 혼인을 친영으로 결정하여 '시집' 보냈다. 친영례는 조선 후기에 확립되었다. 남귀여가혼은 신부의 집에서 예식을 치르고 대개 3일 정도 지내다 시집으로 돌아오는 신행의 풍습으로만 남게 되었다.

남아 있었다. 이때 대관령을 넘어가며 친정집을 돌아보는 신사임당의 심정을 읊은 시*는 아직도 남아서 우리의 심금을 울리고 있다.

서울 시댁으로 간 신사임당은 남편에 대해서는 엄격한 내조자로, 시댁에 대해서는 훌륭한 관리자로 정성을 다했다. 조선 시대 최고의 여성 화가로 알려진 신사임당의 그림은 그 당시 명문가에 흩어진 채 오늘날까지 보존되어 오고 있다. 그것은 신사임당이 남편의 사회생활을 돕기 위해 명망가들을 집으로 초대하여 자신의 그림을 선물했기 때문이다.

신사임당의 아들인 이이도 혼인한 뒤 처가에서 살다가 한 해가 지나서야, 부인을 그곳에 남겨 둔 채 강릉으로 가서 외할머니를 뵈었다. 아버지의 삶을 그대로 이어받은 것이다.

그런데 율곡 이이는 성리학자였다. 성리학은 고대 중국의 종법에 기초하여 철저한 부계 가족을 강조하는 학문이었다. 성리학을 창시한 중국 송나라의 유학자 주희에 따르면, 기氣라는 것은 남자에서 남자로 이어진다. 따라서 가계도 아버지에서 아들로 이어져야 하며, 가족은 아버지를 중심으로 구성되어야 한다. 이에 따라 중국은 오래전부터 '친영'親迎이라는 혼인 제도를 이어 오고 있었다. 이것은 남자가 직접 가서 여자를 맞아들인다는 뜻으로, 남녀가 혼인하면 여자가 남자 집에 들어가 사는 '시집가기' 제도를 말한다.

* 이때 신사임당은 「대관령에서 친정을 바라보며」라는 한시를 남겼는데, 현대어로 풀이하면 다음과 같다. "늙으신 어머님을 고향에 두고, 외로이 서울로 가는 이 마음. 때때로 고개 돌려 북평 쪽을 바라보니, 흰 구름 아래로 저녁 산이 푸르구나."

『홍부전』의 작가는 왜 하필 형은 부자로, 동생은 가난뱅이로 설정했을까? 홍부 마누라의 한탄에서 힌트를 얻을 수 있다. "어떤 사람 팔자 좋아 장손으로 태어나서 선영 제사 모신다고 호의호식 잘 사는데……." 제사를 전담하는 대가로 장남은 동생보다 더 많은 재산을 물려받았던 것이다. 이는 조선 후기에 흔히 볼 수 있는 풍경이었다. 『홍부전』이 널리 읽힐 수 있었던 이유는 수많은 가난한 '동생'들의 공감을 얻었기 때문일지도 모르겠다.

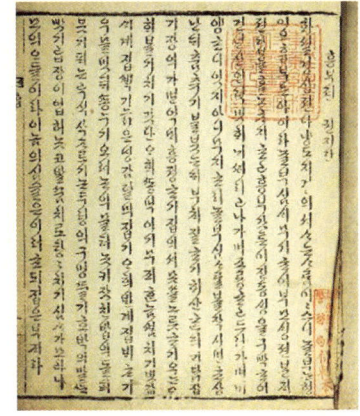

조선은 성리학을 지도 이념으로 삼아 세워진 나라였기 때문에 처음부터 이러한 친영을 권장하고, 왕실이 앞장서서 모범을 보였다. 하지만 오래도록 내려온 관습을 바꾸기란 쉬운 일이 아니었다. 그래서 조선 중기의 대학자인 율곡 이이조차도 기존의 관습에 따라서 자라고 혼인했던 것이다.

그러나 성리학자인 율곡은 어머니에 이어 아버지가 돌아가시자 가족 제도의 '변혁'에 앞장서기 시작했다. 부모의 유산을 분배하는 형제들 간의 회의에서 파격적인 제안을 내놓은 것이다. 그전까지는 부모가 돌아가시면 형제자매가 똑같이 유산을 나누고 제사도 돌아가면서 지냈는데, 이는 너무 번거로운 일이었다. 따라서 장남인 맏형이 제사를 주관하도록 하고, 그것이 부담이 되지 않도록 다른 형제자매들이 십시일반으로 자신들에게 돌아올 유산을 조금씩 덜어 장남에게 주자는 내용이었다. 이것이 바로 장남을 정점으로 하는 가계 상속 제도다.

율곡 이이뿐 아니라 수많은 성리학자들이 신념을 가지고 이러한 변화를 추구했으며, 혼인 방식도 '남귀여가혼'에서 '친영'으로 바꾸어 나갔다. 그러한 '노력'의 결과 나타난 것이 오늘날 우리가 전통 풍습이라고 알고 있는 **가부장적** 부계 가족이다.

시집가서 살던 사람들

17세기로 접어들면서 맏아들이 제사를 주관하는 것은 물론이고 딸에게 돌아가는 유산 상속분을 줄이는 일도 늘어났다. 딸과 결혼한 사위가 장인·장모의 제사를 받드는 일은 있을 수 있지만, 그들이 낳을 자식들까지 외갓집 조상들의 제사를 모시기는 어렵다

충북 증평군의 곡산 연씨 효열문. 열녀는 태어나는 것이 아니라 만들어지는 것이었다. '열녀 난 집안'이라는 가문의 영광과 면세라는 가문의 실리를 위해 자살이라는 (혹은 자살로 보이는) 극단적인 방법을 통해서까지 열녀가 만들어졌다.

는 논리에서였다. 이렇게 생각하기 시작했다는 것 자체가 이미 결혼 방식이 '시집가기'로 상당히 바뀌었음을 의미한다.

그러다 보니 족보에 기재되는 가족의 구성에도 큰 변화가 일어났다. 앞에서도 살펴보았듯 조선 중기까지는 족보에 아들과 딸이 모두 실렸다. 딸이 혼인한 뒤에는 사위도 싣고, 그들 사이에 낳은 자식과 후손도 빠짐없이 실었다. 그러나 17세기부터는 서서히 딸의 후손에 대한 기록이 빠지기 시작했다. 처음에는 3대까지만 싣다가 나중에는 딸과 사위마저도 족보에서 빼기 시작했다. '출가외인'이라는 말은 여기에서 나왔고, 여자는 혼인만 하면 친정 족보에서 빠져 남편 족보로 옮겨 가야 했다.

이처럼 딸에 대한 차별이 커져 가는 와중에도 아들 형제들은 비교적 고르게 재산을 상속받고 있었다. 그러나 이것도 17세기까지의 일이었다. 뒤로 가면서 점점 맏아들에게 유산이 몰리도록 바뀌어 갔다. 율곡 이이가 제사를 합리적으로 지내기 위해 제안했던 방식이 점차 보편화되면서, 중국 고대의 종법 질서에 따른 가부장적 가족 관계가 굳어져 갔던 것이다.

이렇게 '장가들기'식 혼인 제도가 완전히 '시집가기'식 혼인 제도로 바뀐 뒤로 신사임당처럼 당당한 여성은 나오기 힘들어졌다. 남편을 잃은 여인에게 친정아버지가 재혼을 권유하자 연못에 몸을 던져 죽었다든가, 첫날밤도 치르지 못한 채 남편을 잃고는 죽을 때까지 청상과부로 살았다든가 하는 '열녀'들의 이야기가 수도 없이 만들어졌다.

신사임당이 새로운 5만원권 화폐의 인물로 정해지자, 많은 사람들이 '가부장제하의 현모양처상'을 선정한 데 대해 반감을 표시했다. 신사임당은 물론 어떤 의미에서든 현과부의 수절은 조선이 망한 후에도 한참 동안 당연시되었다. 1930년에 주요한이 발표한 단편 「사랑방 손님과 어머니」에서 과부인 어머니는 아빠가 있었으면 좋겠다는 딸 옥희를 붙들고 이렇게 말한다. "옥희가 이제 아버지를 새로 또 가지면 세상이 욕을 한단다. 옥희 아버지는 죽었는데 옥희는 아버지가 또 하나 생겼대. 참 망측두 하지. 이러구 세상이 욕을 한단다." 이 소설은 1961년에 영화로도 만들어져 큰 인기를 끌기도 했다. 사진은 영화 「사랑방 손님과 어머니」의 한 장면.

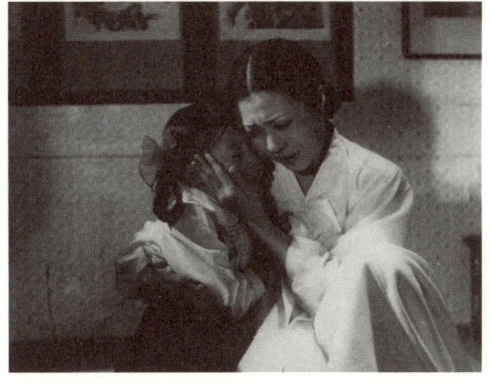

모양처였지만 가부장적 부계 가정에서 숨도 쉬지 못한 채 남편과 시댁에 억눌려 살아갔던 여인은 아니다. 그러한 여인상은 신사임당이 살던 시대를 훨씬 지나서 조선 후기에 만들어지기 시작했던 것이다.

사림 정치의 메커니즘

붕당 V

138 라이벌 한국사 02 중세사

텔레비전 사극에 등장하는 조선 시대의 정치인은 대개 당파 싸움에 물든 소인배로 그려진다. 그들은 왕권을 둘러싼 궁중 음모에 휘둘리면서 잔꾀나 부리고 배신을 밥 먹듯이 한다. 목에 칼이 들어와도 할 소리는 한다는 선비 정신은 찾아볼 수 없다. 당파 싸움이 그와 같은 정치 모리배들의 모략 대결에 불과했다면 조선이라는 나라가 어떻게 그렇게 오랫동안 유지될 수 있었을까?

조선이 당파 싸움 때문에 망한 나라라는 인식은 일본 식민 사학자들이 우리에게

⬆ 왼쪽 상단부터 시계 방향으로 이황, 박세당, 정약용, 이산해, 조식, 윤휴, 이익, 심환지이다.

S 붕당

심어 준 뒤 좀처럼 우리 곁에서 떠나지 않고 있다. 해방 후 수많은 역사학자들이 이를 극복하려고 노력하면서, 당파 싸움은 서로 다른 이념과 철학을 가진 정치 세력 간 경쟁의 메커니즘이었다고 밝혔다. 그러면서 '당파 싸움'이라는 말 대신 '붕당 정치'라는 말을 쓰자고 제안하기도 했다. 그렇다면 '당파 싸움'과 '붕당 정치'는 어떻게 다른지 역사 속으로 들어가서 살펴보기로 하자.

⬆ 식민사관에서는 붕당의 분열을 근거로 당파성이 한국인의 민족성으로 고정되었다고 주장했다. 그러나 붕당의 폐단은 사색당파가 각각의 색깔을 잃고 일당전제화로 나아갔을 때 가장 크게 드러났다. 왼쪽 상단부터 시계 방향으로 이이, 홍봉한, 채제공, 김장생, 허목, 송시열, 윤증이다.

성호 이익(그림)은 『곽우록』에서 붕당과 관련하여 이렇게 말했다. "이(利)가 하나이고 사람이 둘이면 곧 2개의 당(黨)을 이루고, 이가 하나이고 사람이 넷이면 4개의 당을 이룬다." ⓒ손연칠

사림이 동인과 서인으로 갈라지다

사림은 훈구 세력과의 오랜 대결을 이겨 내고 조선 사회의 권력을 장악했다. 유학의 왕도 정치 이념에 투철한 사대부들이 국왕을 바른 정치로 이끈다는 것이 사림의 이상이었다. 그런데 같은 경전을 공부하여 같은 과거 시험을 통과했다 하더라도 현실 정치에 나선 이상 국왕이나 백성과의 관계, 구체적인 현안에 대한 처리 방식 등을 놓고 항상 같은 생각을 하라는 법은 없다. 게다가 사림이 정계로 진출할 길이 활짝 열리자 제한된 관직 수에 비해 정치 지망생의 수는 부쩍 늘어났다. 따라서 자리를 두고 사림끼리 경쟁할 수밖에 없었는데, 사림은 이러한 경쟁을 개인에게 맡기지 않고 집단 간의 경쟁을 통해 해결했다. **학문의 경향, 현실을 보는 눈 등에 따라 나뉘는 이 집단이 바로 붕당朋黨이다.**

사림이 동인東人과 서인西人이라는 두 붕당으로 나뉜 것은 1575년(선조 8년)의 일이었다. 문과에 장원 급제한 김효원金孝元(1532~90)은 젊은 선비들 사이에서 성실하고 일 잘하기로 평판이 높았다. 이조 전랑으로 있던 오건吳健(1521~74)은 그 자리를 물러나면서 후임자로 김효원을 추천했다. 이조 전랑은 정5품에 지나지 않지만 관리들의 인사권을 갖고 있기 때문에 중요한 자리였다. 그래서 전임자가 추천하면 관리들이 공론에 붙여 신중하게 담당자를 뽑도록 했다. 이때 명종明宗(1534~67, 조선 제13대 왕)의 왕비인 인순왕후의 아우로서 노장 선비들 사이에 신망이 두텁던 심의겸沈義謙(1535~87)이 김효원을 반대하고 나섰다. 김효원이 한때 을사사화乙巳士禍 *를 일으켰던 훈구파 윤원형의 집에 머문 적이 있다는 것이 그 이유였다. 그러나 김효원은 여러 신료의 지지를 받아 이조 전랑 자

* 을사사화 : 조선 명종 즉위년(1545)에 일어난 사화. 인종이 죽자 새로 즉위한 명종의 외숙인 소윤(小尹)의 거두 윤원형이, 인종의 외숙인 대윤(大尹)의 거두 윤임 일파를 몰아내는 과정에서 대윤파에 가담했던 사림이 크게 화를 입었다.

경기도 안산시 상록구에 있는 이익의 묘. 성호 이익은 붕당의 폐단이 어디서 비롯되는지 정확히 꿰뚫고 있었다. 그것은 이(利), 바로 밥그릇이었다. "열 사람이 굶주리다가 한 사발의 밥을 함께 먹게" 될 때 필연적으로 싸움이 일어날 수밖에 없다는 것이다. 사람들에게는 관직이 바로 '이'의 원천이다. 동인과 서인의 분열이 이조 전랑직을 두고 벌어진 것만 보더라도 이 점은 잘 드러난다.

리에 올랐다.

김효원과 심의겸의 악연은 여기에서 끝나지 않았다. 뒷날 김효원이 이조 전랑에서 물러날 때 많은 선비들이 심의겸의 아우인 심충겸을 추천했다. 그러나 김효원은 전임자로서 심충겸의 전랑직 승계에 찬성하지 않았다. 김효원의 예에서도 알 수 있듯이 전임자의 추천은 후임자를 결정하는 데 큰 영향을 미친다. 김효원은 심의겸 형제 같은 왕실의 외척이 조정의 인사를 처리하는 중요한 자리를 차지하면 안 된다는 논리를 폈다. 이러한 김효원과 심의겸의 갈등은 점차 다른 사람들 전체의 분당分黨 운동으로 이어졌다. 이때 서울 동쪽인 낙산 밑의 건천동에 살던 김효원의 지지 세력은 동인, 서쪽인 정동에 살던 심의겸의 지지 세력은 서인이라 불렸다.

동인이 서인을 누르고 정권을 쥐다

유성룡柳成龍(1542~1607), 이산해李山海(1539~1609) 등이 이끄는 동인은 영남 출신인 이황李滉(1501~70), 조식曺植(1501~72)의 학문을 사상적 중심으로 삼았다. 그래서 이들의 상당수는 영남학파로 분류된다. 한편 정철鄭澈(1536~93), 박순朴淳(1523~89) 등이 이끄는 서인은 근기近畿(서울에서 가까운 곳) 지방과 호서, 호남 지방을 기반으로 한 이이, 성혼成渾(1535~98) 등의 학맥을 따랐다. 그래서 이들은 대개 기호학파로 분류된다. 김효원과 심의겸의 면모로 보거나 학문적 성향으로 보거나, 동인은 서인보다 구체제 요소에 대한 비판 의식이 강하고 훈구파를 급격히 청산하려는 입장에 있었다.

그리하여 처음에는 색깔이 분명한 동인이 세력을 잡았다. 1589년 동인과 가까운 정여

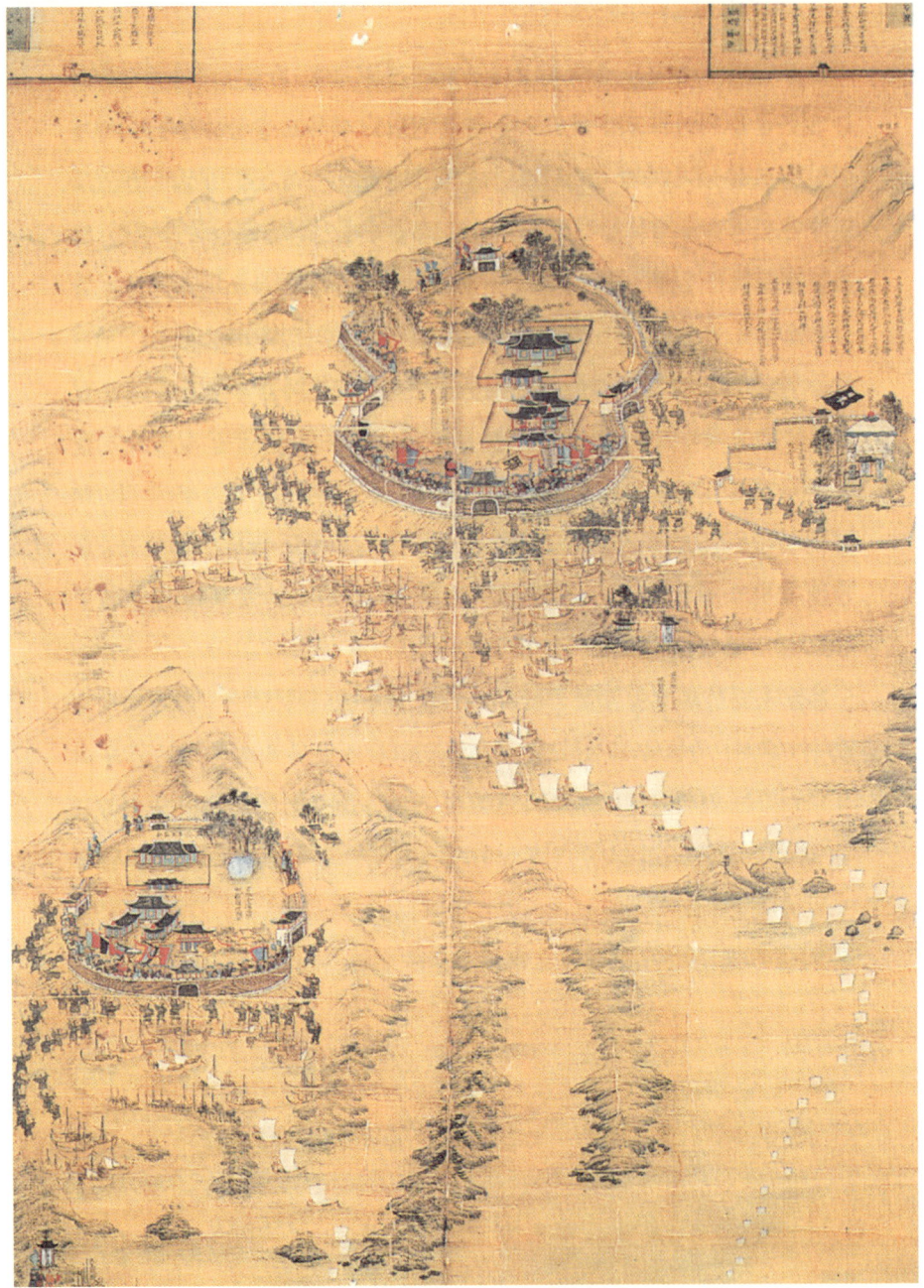

1834년 화원 이시눌이 그린 「임진전란도」. 부산진(가운데 상단)과 다대포진(왼쪽 하단)에서 벌어진 전투 장면을 묘사하고 있다.

조선 후기의 화가 김윤겸이 그린 청나라 병사. 외적의 침입에 속수무책이기는 임진왜란이나 병자호란이나 마찬가지였다. 1636년 12월 2일 심양을 출발한 청군은 12월 8일 압록강을 건너 조선땅에 진입했다. 12월 13일 청병이 안주를 지났다는 보고를 접한 조선의 조정은 15일 인조를 강화도로 피신시키고자 했으나 청군에 길이 막혀 가마를 돌려야 했다. 다음날부터 인조는 남한산성으로 들어가 사태를 관망하다가 이듬해 1월 30일, 청 태종 앞에 무릎을 꿇고 머리를 조아리며 항복했다.

립鄭汝立(1546~89)이 모반 사건*을 일으키자, 이 사건의 처리를 담당했던 서인의 거두巨頭(영향력이 크며 주요한 자리에 있는 사람) 정철이 정권을 잡기도 했다. 그러나 정철이 2년 만에 동인에게 역공을 당해 물러나면서 조선 왕조는 동인 정권 아래에서 임진왜란을 맞게 되었다.

이 시기 동인과 서인의 경쟁의식을 적나라하게 보여 주는 것이 1591년 일본에 통신사로 다녀온 정사 황윤길黃允吉(1536~?)과 부사 김성일金誠一(1538~93)의 엇갈린 보고였다. 서인인 황윤길은 도요토미 히데요시豊臣秀吉(1536~98)에게 조선을 침략할 속셈이 있어 보인다고 했고, 동인인 김성일은 불확실한 판단으로 민심을 동요시키지 말라고 상소했다. 그 당시 조정의 세력은 동인이 잡고 있었으므로 선조는 김성일의 상소에 더 무게를 두었다(뒷날 일본이 쳐들어오자 김성일은 자신도 도요토미의 야욕을 짐작하고는 있었다고 밝힌 바 있다).

이 사건은 흔히 동서 당쟁의 폐해를 보여 주는 대표적인 사례 중 하나로 꼽히곤 한다. 그러나 김성일이 당파 의식에 젖어 국가가 위기에 놓일 것을 뻔히 알고도 상대 당의 올바른 의견에 반대를 하고 나선 것은 아니었다. 황윤길의 보고를 받은 조정은 급히 백성을 동원하여 성을 새로 쌓거나 보수하고 병력을 늘리는 비상조치를 취하기 시작했다. 그리하여 민심은 혼란에 빠졌다. 이런 상황에서 김성일은 진정 두려운 것은 섬나라 도적 떼가 아니라 민심의 향배向背이니, 민심을 잃으면 견고한 성과 무기가 있어도 아무 소용이 없다는 내용의 상소를 올렸다. 먼저 조정과 백성을 진정시키려 한 것

* 정여립은 관직에서 물러난 뒤, 사람들을 모아 대동계를 조직하고 무력을 길렀다. 하지만 1589년(선조 22) 반란을 일으키려 한다는 이유로 관군의 추격을 받았고, 결국 아들과 함께 자살했다. 한편 그가 대동계를 조직하여 무력을 기른 것은 이이의 십만 양병설에 호응했기 때문이라는 견해도 있다.

이다. 결국 임진왜란이 일어나 김성일은 잠시 파직되었지만, 곧 경상도 초유사招諭使(난리가 일어났을 때, 백성을 타일러 경계하는 일을 맡아보던 임시 벼슬)로 임명되어 관군이 궤멸된 상황에서 의병장들을 격려하고 민심을 안정시키는 등 전쟁을 승리로 이끌기 위해 많은 공을 세웠다.

결과를 놓고 보면 김성일의 사태 판단에는 문제가 있었다. 그러나 김성일이 국가 안보마저 당쟁의 도구로 삼아 도박을 했다고 보아서는 안 된다. 최첨단 정보 수단이 발달한 오늘날에도 각 정당은 북한의 전력과 전쟁 위험을 놓고 입씨름을 벌인다. 하물며 일본을 한 번 다녀오는 데 몇 달씩 걸렸던 16세기에 이웃 섬나라가 전면전을 일으킬지 아닐지, 그리고 그것이 얼마나 큰 규모로 얼마나 빨리 일어날지 판단하는 일은 결코 쉽지 않았을 것이다. 더구나 그 당시 조선은 200년 동안 전면적인 외침을 겪지 않고 있었다. 섣부른 전쟁 준비가 민심을 동요시켜 전쟁도 하기 전에 나라를 위태롭게 할지 모른다는 김성일의 생각은 무책임한 것만은 아니었다. 다시 말해 김성일이 당리당략 때문에 마음에도 없는 말로 국정을 호도糊塗할 만큼 붕당 정치가 막 가는 체제는 아니었다는 것이다.

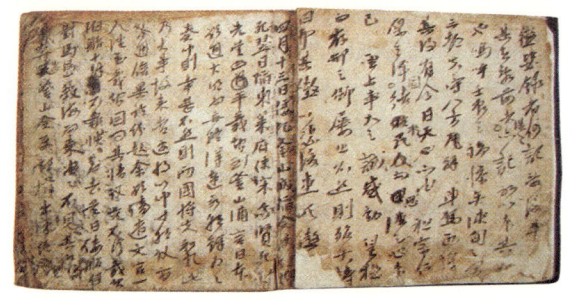

← 안동 하회마을 내에 있는 서애 유성룡의 종택 충효당. 1999년 영국 여왕 엘리자베스 2세가 방문해 화제가 되기도 했다.
→ 『징비록』(사진)은 유성룡이 기록한 임진왜란사이다. 징비란 미리 징계하여 후환을 경계한다는 『시경』의 구절에서 따온 것으로 관료로서 전란을 막지 못한 것을 반성하고 이를 통해 후대에 교훈을 남기려 했다.

동인이 남인과 북인으로 갈라지다

송강 정철은 「관동별곡」으로 유명한 문인이자 서인의 거두다. 그는 우의정으로서 정여립의 모반 사건을 다스린 뒤 이와 관련된 동인들을 가혹하게 축출하여 그들의 원한을 샀다. 1591년 그는 선조의 정비正妃에게 아들이 없고 후궁들의 아들은 많은 점을 염려하여, 후궁의 아들 중 한 명을 왕세자로 책봉해 혼란의 불씨를 미연에 방지하자고 주장했다. 정철은 이 문제를 미리 동인인 유성룡, 이산해 등과 상의하고 협력을 구했다. 그런데 이산해는 정철 몰래 선조의 총애를 받는 후궁 안빈에게 정철이 왕세자를 정하면서 그녀가 낳은 왕자를 죽이려 한다고 모함했다. 안빈은 당연히 이를 선조에게 알렸고, 분노한 선조는 왕세자 책봉을 건의하러 온 정철에게 불같이 화를 내며 그의 벼슬을 깎았다. 윤두수尹斗壽(1533~1601), 윤근수尹根壽(1537~1616) 등 서인 정권의 실세들은 이때 모두 먼 곳으로 귀양을 갔다.

이것이 서인의 2년 정권을 끝내 버린 이른바 '건저' 建儲(왕의 자리를 계승할 왕세자나 황태자를 정하던 일) 문제였다. 그런데 이때 정권을 회복한 동인에도 문제가 생겼다. 서인의 거두인 정철을 처리하는 방안을 놓고 이산해와 유성룡 사이에 의견 차이가 있었던 것이다. 이산해는 아예 서인을 뿌리 뽑을 생각으로 정철을 죽이려 했고, 유성룡은 그렇게까지 해서는 안 된다는 온건론을 펼쳤다. 그리하여 동인은 다시 이산해를 따르는 북인北人과 유성룡을 따르는 남인南人으로 갈라졌다. 유성룡의 집이 서울의 남쪽인 남산 부근에 있었던 데다 본가는 남쪽 지방인 경상도 안동이었기 때문에 그의 붕당을 남인이라 했다고 한다. 북인은 남명 조식으로부터 이어지는 경상우도의 학맥, 남인은 퇴계 이황으로

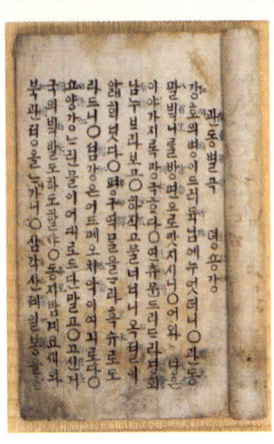

『관동별곡』은 건저 문제가 일어나기 10여 년 전, 정철이 강원도 관찰사로 있을 무렵 지은 가사이다. 그는 『관동별곡』 첫머리에서 "관동 팔백리에 방면을 맛디시니, 어와 성은이야 가디록 망극하다"고 밝혔으나, 건저 문제로 선조의 역린(임금의 노여움)을 건드린 이후 유배지를 전전하다 말년에는 강화도에서 은거했다.

부터 이어지는 경상좌도의 학맥을 이어받은 것으로 알려져 있다.[*]

1598년 임진왜란이 끝날 무렵 조정의 권력은 북인 쪽으로 기울어 있었다. 남이공南以恭(1565~1640), 유영경柳永慶(1550~1608) 등 북인 세력은 남인의 거두인 유성룡이 전시에 화의를 주장했다고 거세게 탄핵하여 그를 파직시키고 세력을 키웠다. 조식의 학통을 이어받은 북인 집권자들은 사변적인 학문 탐구에 그치지 않고 적극적으로 현실에 몸을 던지는 경향이 있었다. 그러나 때로는 그것이 너무 지나쳐서 정치 투쟁에 몰입하는 모습으로 나타나기도 했다. 그리하여 1599년(선조 32)에는 대북大北과 소북小北으로 갈라지더니, 소북은 다시 청소북淸小北과 탁소북濁小北으로 갈라졌다.

북인의 이 복잡한 계보를 굳이 외우려고 애쓸 필요는 없다. 조선의 운명과 관련하여 중요한 것은 광해군光海君(1575~1641, 조선 제15대 왕)을 둘러싼 대북과 소북의 싸움이었다. 대북은 선조의 왕세자로 임진왜란 중에 큰 공을 세운 광해군 편이었고, 소북은 선조의 정비인 인목대비가 뒤늦게 낳은 '적장자' 영창대군永昌大君(1606~14)을 선조의 후계자로 밀었다. 영창대군이 태어난 것은 임진왜란이 끝나고도 한참 뒤인 1606년(선조 39년)이었다. 그 당시 집권층이던 소북은 이미 왕세자였던 광해군을 밀어내고 영창대군을 옹립하는 데 정치적 승부를 걸었다.

이미 정권을 잡고 있던 소북이 왜 이런 무리수를 두었을까? 원칙적으로 왕위는 적장자가 계승하는 것이 옳다. 선조 역시 자신이 적장자가 아니었기 때문에 은밀하게 영창대군을 밀기도 했다. 임진왜란 때 조선을 도와준 명나라도 내부 사정 때문에 광해군의 세자 책봉에 대한 추인追認(어떤 행위가 있은 뒤에 그 행위에 동의하는 일)을 미뤘다. 이런 '원

[*] 지금은 경상도를 남과 북으로 나누어 '경상남도', '경상북도'라고 부르지만, 조선 시대에는 왕이 수도 한양에서 남쪽을 내려다보았을 때를 기준으로 해서 오른쪽을 '경상우도', 왼쪽을 '경상좌도'라고 불렀다.

사진은 경기 안성에 있는 영창대군 묘. 여덟 살이었던 영창대군이 죽어야 했던 이유는 단 하나, 적통 대군의 몸으로 너무 늦게 태어났다는 데 있었다. 영창대군은 정비인 중전의 몸에서 태어났다는 것만으로도 서자인 광해군을 위협하는 존재였다. 광해군은 국가 지도자로서 나라 안팎으로 뛰어난 능력을 발휘했지만, 그도 서얼 콤플렉스에서 자유로울 수는 없었다.

'칙'과 '대세'를 빌미로 삼아 영창대군의 어머니인 인목대비 세력과 손을 잡고 확실한 권력을 움켜쥐려 했던 것이다. 그러나 왕세자를 바꾸는 일이 그리 쉽지는 않았다. 그리하여 영창대군이 만 2세일 때 선조가 세상을 떠나자, 광해군이 왕위에 올랐다. 그리고 대북이 정권을 잡았다. 광해군에 반대했던 소북과 명나라의 운명에 어두운 먹구름이 드리우는 순간이었다.

서인이 30년 만에 정권을 되찾다

붕당 정치가 시작된 선조 시대 최후의 승자는 소북이었다. 그러나 선조의 죽음은 바로 소북 정권의 궤멸로 이어졌다. 그들이 이미 세자로 책봉된 광해군을 제치고 선조의 어린 '적장자' 영창대군을 후계자로 내세우려 했기 때문이다.

소북 정권 아래에서 숨죽이고 있던 정인홍鄭仁弘(1535~1623), 이이첨李爾瞻(1560~1623) 등 대북 세력은 광해군이 등극하자마자 숙청에 나섰다. 가장 적극적으로 영창대군을 밀었던 영의정 유영경柳永慶(1550~1608)은 함경도 경흥에 유배되었다가 사약을 먹고 죽었다. 이와 더불어 유영경을 따르던 소북 세력도 차례로 숙청되었다.

대북 정권은 여기에서 그치지 않았다. 광해군을 사주하여 광해군의 형인 임해군臨海君(1574~1609)을 역모로 몰아 죽이고, 영창대군의 어머니인 인목대비仁穆大妃(1584~1632)를 서궁에 유폐시켰다. 그러고는 어린 영창대군마저 서인庶人(일반 평민)으로 강등시켜 강화도에 위리안치圍離安置(죄인이 귀양지에서 달아나지 못하도록 집 둘레에 가시로 울타리를 치고 그 안에 가두어 두던 일) 했다가 증살**시켜 죽였다.

** 증살은 사람을 방에 가둔 채 불을 마구 때서 죽이는 참혹한 형벌이다.

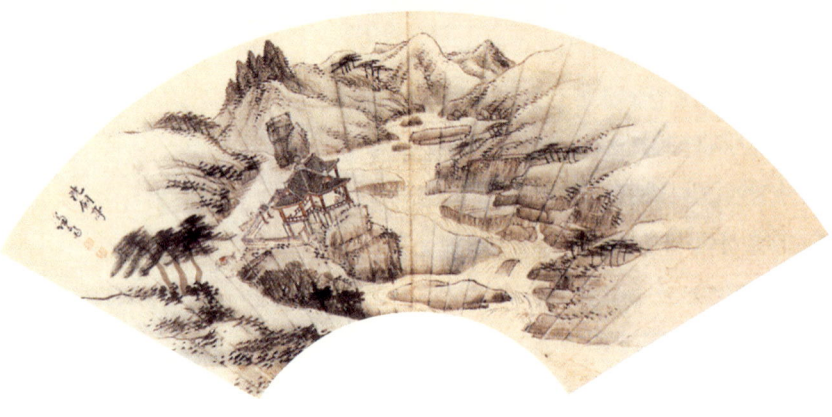

광해군은 임진왜란 때에도 세자로서 빛나는 활약을 펼쳤고, 왕이 된 뒤에도 전쟁으로 어려워진 백성들의 삶을 보살피기 위해 많은 일을 했다. 공물(조정에 바치는 특산물)을 쌀로 바치는 대동법을 실시하여 농민의 부담을 덜어 주었으며, 허준許浚(1539~1615)에게 『동의보감』을 쓰게 하여 전란 뒤 만연한 질병을 퇴치하는 데 힘이 되도록 했다.

광해군의 뛰어난 정치 감각은 무엇보다도 외교 분야에서 빛을 발했다. 임진왜란 뒤 만주에서 일어나 후금後金을 세운 여진족은 쇠퇴한 명나라를 거칠게 밀어붙였다. 이때 명나라는 임진왜란 때 도와준 공을 내세워 조선에 원군을 보내라고 요청했다. 그러자 광해군은 마지못해 원군을 보내면서 도원수都元帥(조선 시대, 전쟁이 났을 때 군무를 통괄하던 임시 무관 벼슬) 강홍립姜弘立(1560~1627)에게 전세를 잘 살피고 그에 따라 행동하라는 은밀한 명령을 내렸다. 이에 따라 강홍립은 전투에 소극적으로 참여한 뒤 후금이 대세를 쥐고 있다고 판단하여 몰래 후금 진영에 편지를 보내어 항복했다.

광해군의 현실적인 외교 노선은 전란으로 피폐했던 조선이 숨을 돌리고 국력을 회복할 수 있는 시간을 벌어 주었다. 그러나 이러한 정책은 오랫동안 정권의 핵심에서 밀려나 있던 서인에게 큰 반발을 샀다. 정통 성리학의 제자임을 자임自任하는 서인에게 중화인 명나라에 대한 불충과 오랑캐인 여진족에 대한 유화적 태도는 이단이나 다름없었던 것이다.

그런 서인에게, 대북과 함께 인목대비를 유폐하고 임해군과 영창대군을 죽인 광해군의 '패륜'은 '혁명'을 일으킬 좋은 구실이 되어 주었다. 1623년 이귀李貴(1557~1633), 김자점金自點(1588~1651) 등 서인은 권력에서 밀려난 소북, 남인 등과 합세하여 광해군을

← 겸재 정선의 「세검정도」. 이귀, 김류 등의 서인은 광해군의 폐위를 논의
한 다음 홍제천(당시 이름은 사천)의 맑은 물에 칼을 씻었다. 옆에 있던 정
자에는 칼을 씻은 정자라는 뜻의 세검정(洗劍亭)이라는 이름이 붙여졌다.
세검의 더 깊은 뜻은 칼을 씻어 칼집에 넣고 태평성대를 맞이한다는 것으
로 인조반정에 대한 찬미를 내포하고 있다. 그러나 서인들은 두 번의 호란
을 당하는 동안 인조반정 후 넣어 둔 칼을 쉴 새 없이 사용해야 했다.

몰아내고 인조仁祖(1595~1649, 제16대 왕)를 왕위에 올렸다. 그리하여 1591년 권력에서 밀
려난 지 32년 만에 서인은 극적으로 권력에 복귀했다. '인조반정'으로 불리는 이 권력 이
동은 이후 조선 사회의 성격을 규정하는 결정적인 사건이 되었다.

서인이 노론과 소론으로 갈라지다

임진왜란이 동인의 책임 아래 전개되었다면, 정묘호란과 병자호란은 서인의 책임 아
래 일어난 대전란이었다. 동인 김성일이 일본의 침략 의도를 축소 보고하는 오판을 내
렸다면, 서인 정권은 사실상 양대 호란을 스스로 초래했다.

광해군의 중립 외교에 불만을 가지고 있던 그들은 인조반정에 성공하자 곧바로 '친명
배금' 親明排金(명나라와 친하고 금나라를 배척함)을 내걸고 명나라를 도왔다. 명나라의 숨통을
끊기 위해 중원으로 쳐들어가려던 후금으로서는 반대 세력으로 돌아선 조선이 거치적
거릴 수밖에 없었다. 그때 인조반정의 논공행상論功行賞(공적의 크고 작음 등을 논의해 그에 알
맞은 상을 줌)을 둘러싼 불만 때문에 반란을 일으켰던 이괄李适(1587~1624, 조선 인조 때의 무
신)의 세력이, 후금으로 가서 광해군이 억울하게 죽었다고 일러바쳤다. 후금으로서는
울고 싶은데 뺨 때려 준 셈이었다.

후금은 광해군의 밀명에 따라 그들에게 항복했던 강홍립을 앞세워 조선을 침략했다
(1627년, 정묘호란). 인조는 강화도로 들어가 버티다가 후금과 형제의 맹약을 맺고 간신히
전쟁을 끝낼 수 있었다. 조선이 후금의 동생 나라라는 것이었다. 이로써 전쟁은 일단
락된 듯했으나 후금은 거기서 그치지 않았다. 1632년 만주를 석권한 후금은 양국의 관

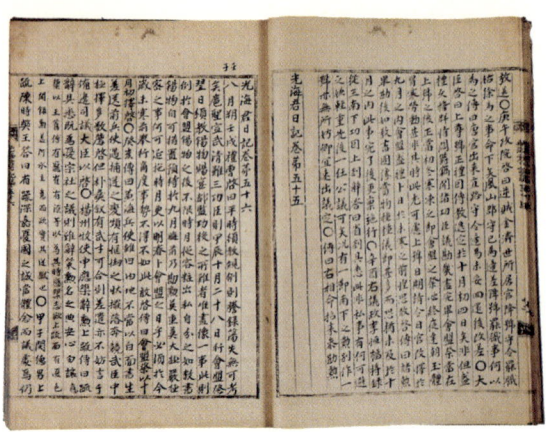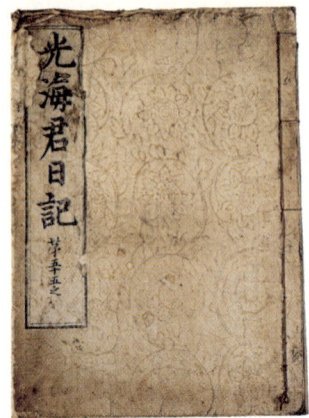

계를 임금과 신하의 관계로 바꿀 것과, 정예 병력 3만 명을 포함한 지원을 보낼 것을 조선에 요구했다. 이러한 후금의 오만한 요구는 안 그래도 굴욕감을 억누르고 있던 서인 정권을 자극했다. 1636년 후금은 나라 이름을 '청'淸으로 바꾼 뒤 조선을 더욱 강하게 압박했고, 그럴수록 조선의 척화파는 태도를 강경히 했다. 그리하여 그 해 12월 두 번째 호란인 병자호란이 일어났다.

상황은 다급했다. 청나라 군대는 파죽지세로 밀고 들어와, 인조가 도성을 떠나 강화도로 가려고 했을 때 이미 길은 막혀 있었다. 인조는 하는 수 없이 남한산성으로 들어가 추운 겨울을 버텨야 했다. 이때 서인 정권 내부에 균열이 일어났다. 최명길崔鳴吉(1586~1647)은 명분을 앞세워 백성만 괴롭히는 전쟁을 계속하지 말고 청나라와 화의하자는 주화론主和論을 폈고, 김상헌金尙憲(1570~1652)은 끝까지 싸워 명분을 지켜야 한다는 주전론主戰論을 폈다. 청나라 군대의 강력한 공세 앞에서 주화론이 힘을 얻어, 인조는 삼전도로 나아가 청 태종太宗(1592~1643) 앞에 무릎을 꿇고 항복을 맹세해야 했다. 이때 청나라의 요구에 따라 삼전도에 항복의 내용을 담은 비문을 쓴 사람은 최명길과 함께 주화론의 입장에 섰던 이경석李景奭(1595~1671)이었다.

최명길과 이경석의 주화론은 뒷날 김상헌의 학문을 계승한 송시열宋時烈(1607~89)로부터 맹렬한 공격을 받게 된다. 송시열은 인조의 뒤를 이은 효종孝宗(1619~59, 조선 제17대 왕)과 더불어 청나라에 대한 보복 공격, 이른바 '북벌' 계획을 주도한 인물이었다. 명나라를 멸망시키고 중국을 차지한 청나라에 군사적으로 보복한다는 것은 현실적으로는

← 『광해군일기』. 쫓겨난 임금 광해군은 세종, 선조와 같은 묘호를 받지 못했으며, 임금 사후에 편찬하는 실록도 '일기'에 그쳤다.

불가능했다. 그러나 송시열은 이 계획을 통해 사상계와 정계를 동시에 장악할 수 있었다. 그 당시 등장한 것이 그 유명한 '조선 중화론'이었다. 중화란 유교 문명의 중심을 의미하는데, 중화였던 명나라가 망하고 '오랑캐'가 그 땅을 차지했으니 이제 중화가 조선으로 옮겨 왔다는 주장이었다. 이 주장은 서인이 주도한 조선 후기의 사상적 지향을 잘 말해 준다.

그런데 '오랑캐'의 침략에 두 번이나 무릎을 꿇은 나라가 '문명의 중심'이라고 자부하는 것은 아무래도 좀 머쓱한 일이다. 더욱 중요한 것은 국제 관계의 변화였다. 명나라는 사라졌고, 청나라는 갈수록 번창하고 융성했다. 효종이 북벌을 위해 키운 군대는 청나라에 징발되어 러시아군과 싸우는 데 동원되었다(1654~58년, 나선 정벌). 이런 상황에서 효종이 죽자, 현실을 직시하고 청나라에 대해 유연한 외교 정책을 쓰자고 주장하는 사람들이 등장했다. 그들의 대표인 윤증尹拯(1629~1714)은 본래 송시열의 제자였지만 스승을 비판하고 주화파였던 최명길, 이경석의 입장을 계승했다. 이때 **늙은 스승 송시열을 따르는 서인은 노론**老論, **젊은 제자 윤증을 따르는 서인은 소론**少論**으로 나뉘었다.** 그 뒤 소론은 노론이 지배하는 조선 후기의 정치 구조에서, 경직된 성리학 일변도의 노선을 견제하는 역할을 맡게 된다.

노론의 천하가 열리다

송시열은 주자의 말 한마디 한마디를 금과옥조金科玉條로 여겨 입에 달고 사는 '성리학 근본주의자'였다. 그의 진가는 효종이 죽었을 때 드러났다. 효종은 인조의 둘째 아들

사제지간이었던 윤증(왼쪽)과 송시열(오른쪽)의 분열은 윤증의 아버지 윤선거와 송시열의 관계가 삐걱거리기 시작할 무렵부터 예견된 일이었다. 주자학에 대한 해석을 둘러싸고 벌어지기 시작한 그들의 관계는 생전에는 그런대로 유지되었으나 윤선거 사후에 완전히 틀어지고 말았다. 윤증은 송시열을 찾아가 묘비명을 부탁했으나 송시열은 무성의한 태도로 일관했고 결국 윤증은 스승에게 등을 돌리고 말았다. 이후 송시열을 따르는 무리는 노론, 윤증을 따르는 무리는 소론이라 불렸다.

이었다. 첫째 아들인 소현세자(1612~45)는 청나라와 그곳에 들어온 서양 문물에 대해 개방적인 태도를 취했는데, 이것이 못마땅했던 인조는 이런저런 이유로 그를 박대했다. 그리고 소현세자를 물리치고 봉림대군(효종)에게 왕위를 물려주었다.

그런데 차남인 효종이 죽자 그의 계모인 자의대비가 얼마 동안 상복을 입어야 하는가를 둘러싸고 논쟁이 벌어졌다(1659년. 1차 예송禮訟 논쟁). 송시열은 왕실도 종법에 따라야 하므로 자의대비는 차남이 죽었을 때에 해당하는 1년상을 치르면 된다고 주장했다. 반면 윤휴尹鑴(1617~80), 허목許穆(1595~1682) 등 남인은 왕실의 예법은 민가의 예법과 다르다고 주장하며, 자의대비는 장남이 죽었을 때와 똑같이 3년상을 치러야 한다고 주장했다.

이 논쟁은 얼핏 보면 1년상이니 3년상이니 하는 형식적인 예절을 놓고 벌이는 공리공담(아무 소용이 없는 헛된 말) 같다. 그러나 그 안에는 성리학의 원칙에 충실할 것이냐 원시유학을 존중할 것이냐 하는 사상적 대립과, 신권을 우위에 둘 것이냐 왕권을 절대시할 것이냐 하는 정치적 대립이 깔려 있었다. 송시열은 왕실도 주자의 예법에 따르라면서 은연중에 신권을 강조한 반면, 남인들의 주장에는 왕권을 강조하는 맥락이 들어 있었던 것이다.

효종의 죽음을 둘러싼 논쟁에서는 송시열의 서인이 이겼다. 그러나 15년 뒤 효종의 왕비가 죽었을 때 벌어진 비슷한 논쟁에서는 남인이 이겼다(1674년. 2차 예송 논쟁). 효종의 아들인 현종顯宗(1659~74, 조선 제18대 왕)이 자신의 정통성을 강화하기 위해 남인의 손을 들어주었던 것이다. 이로써 서인은 정권을 되찾은 지 51년 만에 남인에게 권력을 내주

었다. 그러나 이것은 그 해 즉위한 숙종肅宗(1661~1720, 조선 제19대 왕) 연간年間(어느 왕이 왕위에 있는 동안)에 벌어진 서인과 남인 사이의 엎치락뒤치락하는 붕당 정치의 서막에 지나지 않았다.

숙종 시대는 흔히 장희빈張禧嬪(?~1701)을 둘러싼 치정과 궁중 음모의 시대로만 널리 알려져 있다. 장희빈이라는 여인이 그만큼 극적인 성격을 가지고 있기 때문일 것이다. 그러나 이 시기는 조선이라는 나라가 양란(임진왜란과 두 차례의 호란)의 상처를 극복하고 국력을 회복하여, 영·정조 때의 문화 부흥을 준비하던 중요한 기간이었다. 장희빈을 둘러싼 궁중 암투도 서인과 남인이 국가 운명의 주도권을 놓고 치열하게 벌인 정권 경쟁의 일환이었다.

남인은 숙종의 후궁인 장희빈을 통해 권력을 추구했고, 서인은 당연히 장희빈의 적이었다. 1680년(숙종 6)에 권력을 회복했던 서인은 장희빈의 아들이 원자元子(아직 왕세자에 책봉되지 않은 임금의 맏아들)가 되고 장희빈이 정비에 오르자 다시 남인에게 권력을 내주었다. 장희빈의 아들을 원자로 삼는 데 반대했던 송시열은 제주로 귀양 갔다가 사약을 받고 죽었다. 일세를 풍미했던 서인의 거두를 한 방에 보낼 만큼 장희빈의 위력은 대단했다. 그러나 그녀도 결국 붕당 정치의 희생물이 되어 9년 만에 정비 자리에서 쫓겨나고, 남인은 장희빈과 더불어 몰락하게 된다.

다시 서인 세상이 되었지만, 궁궐은 여전히 시끄러웠다. 이번에는 서인 내부에서 노론과 소론이 장희빈의 처리 문제를 놓고 충돌했다. 장희빈이 왕비 자리에서 쫓겨나긴 했어도 원자로 정해졌던 그녀의 아들은 세자가 되었기 때문이다. 그걸 바꾸려고 했다가

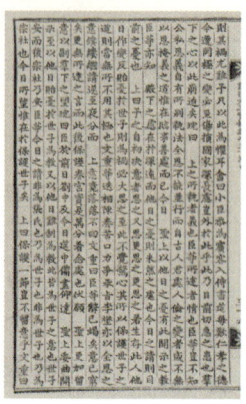

숙종 27년의 『숙종실록』에 실린 기사의 한 부분이다. 숙종이 장희빈을 사사하라는 명을 내리자 영의정 신완 등이 숙종을 말리며 이렇게 설득하고 있다. "신 등의 금일의 청은 장씨(張氏)를 위한 것이 아니라 곧 세자를 위한 것이며, 세자를 위한 것이 아니라 곧 종사를 위한 것입니다. 금일의 소망은 오로지 세자를 보호하려는 데 있을 뿐입니다." 신완은 소론이었다.

는 송시열처럼 죽음을 면치 못할지 모른다. 그러나 장희빈을 내버려 두면 그 아들이 왕위에 올랐을 때 서인이 참변을 당할 수 있다. 그래서 노론은 장희빈이 숙종의 본래 정비였던 인현왕후仁顯王后(1667~1701)를 음해했다는 이유로 그녀를 죽이려 했다. 하지만 소론은 세자를 위해 장희빈을 살려 두어야 한다고 주장했다.

결국 장희빈은 노론의 뜻에 따라 1701년에 죽임을 당했다. 그러나 그녀의 아들은 소론의 지지를 받으며 숙종의 뒤를 이었으니, 그가 경종景宗(1688~1724, 조선 제20대 왕)이다. 경종 연간(1720~24년)은 노론과 소론이 격렬하게 부딪친 붕당 정치의 정점이었다. 경종은 선천적으로 몸이 약해 언제 죽을지 몰랐다. 그래서 노론은 경종의 배다른 동생인 연잉군延礽君을 세자로 삼도록 추천하고 그를 적극적으로 지원했다. 경종이 병약하다는 이유로 연잉군이 대리청정(왕세자가 왕을 대신하여 정치를 행하던 일) 하는 것을 강력히 추진하기도 했다. 그런데 바로 이것이 소론에게 공격의 빌미를 주었다. 소론은 노론이 경종에게 충성하지 않으며, 병약한 경종을 제거하고 연잉군을 왕위에 올리려 한다고 탄핵했다. 이로 말미암아 김창집(1648~1722), 이이명(1658~1722) 등 노론의 4대신으로 불리는 거물들이 모조리 귀양 갔다가 사약을 먹고 죽었다.

이처럼 끔찍한 소론의 공포 정치는 경종의 죽음과 더불어 부메랑처럼 그들에게 돌아갔다. 노론의 지지를 받은 연잉군이 왕위에 오르니, 이가 곧 영조英祖(1694~1776, 조선 제21대 왕)였다. 소론은 당황했다. 노론이 경종을 독살했다는 소문도 퍼져 나갔다. 이 소문을 빌미로 일어난 것이 '이인좌의 난' 이었다. 소론 과격파인 박필현, 이인좌 등이 영조가 경종의 죽음에 관계되었다고 주장하며 들고일어났다가 진압되었는데, 이를 계기

노론의 도움으로 왕위에 오른 영조의 어진. 영조의 처지는 200년 전 훈구의 도움으로 왕이 될 수 있었던 중종의 처지와 비슷했다. 영조와 중종에게 도움을 준 세력은 개혁해야 할 대상이기도 했다. 중종은 조광조를 등용해서, 영조는 탕평책으로 이 딜레마를 타개하려 했다. 그러나 결국 중종은 조광조에게 사약을 내렸고, 영조는 자신의 손으로 아들 사도세자를 죽여야 했다.

로 노론은 더욱 확고한 권력 기반을 다지게 되었다.

150년 넘게 진행된 붕당 정치는 서인 가운데 노론이 정권을 잡으면서 일단락되었다. 노론에 도전하는 정치 세력이 없어져서가 아니었다. 영조가 그 유명한 탕평책을 들고 나와 붕당 정치를 개혁하려 했기 때문이다. 그러나 붕당 정치는 그 형태만 변형되었을 뿐 영·정조 시대에도 계속 유지되었다.

지금까지 살펴본 것처럼 **붕당 정치는 사림들이 사상적·정치적 색깔을 현실에서 분명히 드러내고 서로 경쟁하는 촉매제 역할을 해왔다.** 붕당 정치의 시스템이 붕괴하고 노론의 일부 가문이 세도정치勢道政治*를 펼친 19세기에, 조선 사회가 심각한 동맥 경화에 빠진 것을 보면 똑똑히 알 수 있는 일이다.

* 세도정치란 왕실의 근친이나 신하가 강력한 권세를 잡고 온갖 정사를 마음대로 하는 정치를 말한다. 조선 정조 때 홍국영에서 비롯하여, 순조·헌종·철종의 3대 60여 년 동안 왕의 외척인 안동 김씨, 풍양 조씨 가문에 의하여 이루어졌다.

정조의 나라와 그 적들

시파 V

정조만큼 인기 있는 조선 시대 임금도 드물다. 여러 가지 이유가 있겠지만, 조선 후기의 문화 부흥을 이끌었던 정조에게서 근대 직전의 우리 전통에 대한 자부심을 찾으려는 생각이 큰 것 같다. 정조가 죽은 직후 조선 사회를 경직시켜 버린 세도정치가 시작되었는데, 만약 정조가 좀더 살았다면 조선이 그리 호락호락하게 쇠퇴의 길로 들어서지는 않았으리라 여기는 사람들이 많다. 정조의 학식과 비전, 정조 시

⬆ 시파의 영수 채제공.

S 벽파

대에 등용되었던 채제공, 정약용, 박지원, 박제가 등 기라성 같은 인물들의 면면을 보면 그런 추측이 가능하다. 유럽에서 계몽사상이 농익어 미국과 프랑스의 시민 혁명으로 폭발하던 시기에 일련의 개혁 바람을 일으키며 전개되었던 정조 시대, 그때 조선에서는 무슨 일이 일어나고 있었으며 정조를 둘러싼 조선의 정치 구도는 어떤 성격을 지녔던 것일까?

↑ 벽파의 영수 심환지.

화성 행궁 안의 정조 동상. 왕위에 오른 정조의 첫마디는 다음과 같다. "아! 과인은 사도세자의 아들이다." 정조의 이 말은 사도세자에 대한 언급을 금기시했던 할아버지이자 선왕인 영조의 뜻을 거스르는 것으로 볼 수 있을 만큼 위험한 발언이었으나 그 효과는 컸다. "동궁은 노론이나 소론을 알 필요가 없고, 이조 판서나 병조 판서를 누가 할 만할지 알 필요가 없으며, 더욱이 국사나 조사도 알 수가 없습니다"라며 정조의 왕위 등극을 한사코 막으려 했던 노론은 왕이 된 정조 앞에서 일단 숨을 죽일 수밖에 없었다.

능력에 따라 두루 인재를 등용하라

조선은 16세기 후반 이래 '사림의 나라'였고, 사림의 정치는 곧 붕당 정치였다. 사색 당파가 각각의 사상적, 정치적 입장을 걸고 권력 투쟁을 벌인 결과, 18세기 중엽에 이르러 서인 중의 노론이 최후의 승자가 되었다. 노론은 이이로부터 송시열에 이르는 조선 성리학의 정통 계보를 잇는다고 자부했으며, 붕당 정치를 통해 조선을 성리학적 이상 사회로 이끌 수 있다는 신념을 갖고 있었다. 그들에게 조선은 철저한 사대부의 나라였다.

노론은 영조를 왕으로 만드는 과정에서 소론과 싸워 이겼다. 영조는 숙종에 이어 당쟁을 완화하기 위한 탕평책을 썼지만 자신을 지지해 준 노론의 영향력에서 벗어날 수는 없었다. 그러던 중 1762년 5월 사도세자思悼世子(1735~62)가 뒤주에 갇혀 죽는 비극이 일어났다. 이 비극을 두고, 노론이 여러 가지 이유로 사도세자를 탄핵하는 바람에 영조가 왕실과 왕권을 지키기 위해 아들을 희생시킨 것이라고 해석하는 학자도 있다. 그때 이미 사도세자의 아들 정조正祖(1752~1800, 조선 제22대 왕)는 세손으로 책봉되어 있었다. 그는 자신마저 세손의 자리에서 끌어내리려는 노론 일부 세력의 공세에도 살아남아, 1776년 마침내 왕위에 올랐다.

이러한 개인사만으로도 정조는 노론과 적대할 이유가 충분했다. 게다가 정조는 노론이 신조로 삼는 사대부 중심의 붕당 정치를 혁파하고, 군주 중심의 왕민王民(임금이 직접 백성을 다스림) 정치를 복원하려는 정치적 지향점을 갖고 있었다. 그런데 24세의 혈기 방장(바야흐로 한창임)한 나이로 왕위에 오른 정조였지만, 노론이 장악하고 있는 조정을 정

정조의 왕민사상을 보여 주는 『흠휼전칙』. 정조는 죄인에게 정도를 넘어서는 과중한 형벌이 가해지지 않도록 형량이나 형벌 도구 하나하나까지 자세하게 기록하고 그림으로 남겼다. 참고로 『흠휼전칙』에 의하면 춘향에게 칼을 씌운 변 사또의 행위는 불법이다.

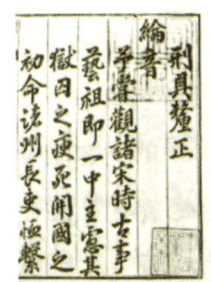

치적으로 성급하게 개혁하려 하지는 않았다. 세종 이래 가장 학식이 뛰어난 군주라는 평판에 걸맞게 문화를 부흥시키는 정책을 펴면서, 이를 위해 당파를 초월하여 다양한 인재를 등용하는 방식으로 자신의 세력을 다져 나갔다. 왕위에 오르자마자 창덕궁 후원에 왕실 도서관인 규장각을 두고, 이곳을 중심으로 그동안 권력에서 배제되어 온 정약용丁若鏞(1762~1836), 이가환李家煥(1742~1801) 등 남인 출신과 박제가朴齊家(1750~1805), 이덕무李德懋(1741~93) 등 서얼 출신의 지식인들을 대거 등용했다.

규장각은 문화의 중심이자 정치의 중심이었다. 정조는 조정의 37세 이하 문신들을 뽑아 공부하도록 한 뒤 시험을 보아 승진·임용의 참고 자료로 삼는 '초계문신' 제도를 실시했는데, 이를 주관하는 기관이 바로 국왕 직속인 규장각이었다. 이 제도를 통해 20년간 130여 명의 초계문신이 배출되었다.

정조는 또한 자주 궁궐 밖으로 행차했다. 선왕의 능에 참배하는 능행을 비롯한 행차는 그의 재임 중 100회 이상을 기록했다. 이것은 단지 선왕에 대한 효심을 과시하는 데서 나아가, 직접 백성과 접촉하기 위한 수단으로 활용되었다. 조선 시대에는 백성이 고위 관료나 임금에게 직접 민원을 전하는 상언上言과 격쟁擊錚*이라는 제도가 있었는데, 아무나 할 수 있는 게 아니고 신분에 따른 제약이 많았다. 정조는 바로 이러한 제약 조건을 없애 버렸다. 사림 정치에서는 향촌과 중앙 정계를 넘나드는 사림이 백성과 직접 교류하고 그 사정을 임금에게 전달했지만, 정조는 사림의 장막을 넘어 자신이 직접 백성과 접촉하려 했던 것이다. 이러한 생각을 일컬어 '왕민사상'이라고 한다. 1784년(정조 8), 정조는 『황극편』皇極編(조선 시대 붕당과 관련된 사실을 엮은 책)에서 이러한 생각을 똑똑

* 상언과 격쟁 : 상언은 백성이 임금에게 글을 올리던 일을, 격쟁은 원통한 일을 당한 백성이 임금이 행차하는 길에서 꽹과리나 징을 친 다음 자신의 사연을 직접 호소하는 일을 말한다.

경기도 수원과 의왕 사이에 있는 지지대의 비각. 장헌세자(사도세자)가 묻혀 있는 현륭원을 찾는 것은 정조의 연례행사였다. 아버지를 찾기 위해서는 지지대 고개를 넘게 된다. 서울에서 갈 때는 이 고개를 넘으면 현륭원이 있는 화산이 보일듯 말듯 하여 정조는 가는 길이 왜 이렇게 더디냐고 재촉했고 서울로 올 때에는 못내 아쉬워 발길을 떼지 못했다. 그때부터 이 고개를 느릴 지(遲) 자를 두 개를 써서 '지지대'라고 불렀다.

히 주장했다.

"주자와 율곡의 시대에는 붕당 정치가 군자의 당과 소인의 당을 구분하여 전자가 우세한 정치를 꾀할 수 있었을지 모른다. 그러나 지금은 각 붕당에 군자·소인이 뒤섞여 있어서, 오히려 붕당을 깨고 군자들을 당에서 끌어내어 왕정을 직접 보필하는 신하로 만드는 것이 나라에 더 필요하다."

그리고 정조는 편전便殿(임금이 평상시에 거처하는 궁전)의 이름을 '탕탕평평실' 蕩蕩平平室이라 짓고 당파를 넘어 능력에 따라 두루 인재를 등용해 나갔다.

사도세자를 중심으로 헤쳐 모여!

정조가 자신의 정치적 색깔을 좀 더 분명히 드러내기 시작한 것은 즉위 12년째인 1788년이었다. 그 해에 정조는 남인 출신인 채제공蔡濟恭(1720~99)을 우의정에 발탁했다. 100여 년간 밀려나 있던 남인이 권력의 핵심에 들어선 것이다. 채제공은 사도세자의 죽음을 애도하고 정조를 왕위에 올리는 데 힘쓴 인물이었다. 이때 그는 '장헌세자'로 떠받들어진 사도세자의 묘를 동대문 부근에서 수원으로 옮기자는 제안을 했다. 정조는 이를 받아들여 이듬해 수원 도호부 자리에 아버지의 묘를 마련하고 현륭원이라 이름 붙였다. 그리고 수원까지 먼 길을 행차하곤 했다.

노론과의 갈등 끝에 죽은 사도세자 문제를 조정의 대사로 거론하는 것 자체가 노론에 대한 정치적 공세였다. 채제공은 이듬해 좌의정으로 승진한 뒤 1791년(정조 15)에는 시전 상인의 특권을 없애 상업 활동의 폭을 넓힌 '신해통공'*을 단행하기도 했다. 그런데

---

* 신해통공 : 육의전(六矣廛)을 제외한 모든 시전의 금난전권(禁亂廛權), 곧 '허가받지 않은 가게인 난전을 규제할 수 있는 특권'을 금지한 정책으로, 조선의 상업이 발전하는 계기가 되었다.

왕실의 결혼식을 그린 『가례도감』의 일부. 66세의 영조가 맞은 15세의 꽃다운 아내 정순왕후는 당시 세손이었던 정조보다 겨우 7살이 많았다. 누나 같은 할머니, 정순왕후는 공서파의 배후로 끊임없이 정조와 보이지 않는 갈등을 빚는다.

정조와 채제공이 노론 세력을 압박해 들어갈 즈음 신해사옥辛亥邪獄(신해년인 1791년에 일어난 우리나라 최초의 가톨릭교 박해 사건)이 터졌다.

그 당시 조선에는 서학西學이라 불리는 가톨릭교가 서서히 들어오고 있었다. 이때 전라도 진산 지방의 선비 윤지충과 권상연이 모친상을 당하여 신주(죽은 사람의 이름과 기일忌日을 적은 나무패)를 불사르고 가톨릭식으로 제사를 지냈다는 소문이 퍼져 나갔다. 조사를 해보니 가톨릭을 믿는 사람들이 꽤 있었고, 그 중 상당수는 남인에 속했다. 노론은 이를 기화(뜻밖의 이익을 얻을 수 있는 기회)로 채제공을 권력에서 끌어내리기 위해 공세를 폈다. 그리하여 남인은 서학에 관대한 채제공, 정약용 등의 신서파信西派와, 서학을 공격하는 홍낙안, 홍의호 등의 공서파攻西派로 분열되었다. 정조는 자신의 지지 세력이 궤멸되는 것을 막기 위해 윤지충과 권상연을 죽이는 정도에서 이 사건을 끝내도록 명령했지만, 채제공은 이때 입은 정치적 상처로 인하여 일단 자리에서 물러나야 했다.

채제공이 물러나자 남인의 지역적 기반인 영남의 사림이 들끓었다. 만 명이 넘는 영남 사림이 한꺼번에 연명하여(두 사람 이상의 이름을 한곳에 죽 잇따라 써서) 사도세자의 억울함을 풀어 주어야 한다는 상소(만 명이 한꺼번에 상소를 올렸다고 하여 이를 '만인소' 萬人疏라 한다)를 올렸다. 사생결단의 자세로 노론을 공격하고 나선 것이다. 정조는 이들을 달래 고향으로 내려 보낸 뒤 서서히 사도세자 문제를 거론하며 노론을 압박했다. 이 공세 앞에서 노론도 분열하기 시작하여 기존 입장을 고수하는 벽파僻派와 사도세자의 죽음을 동정하는 시파時派로 갈라졌다. 여기서 '시파'란 시류에 영합하는 자들이라는 뜻으로 벽파에

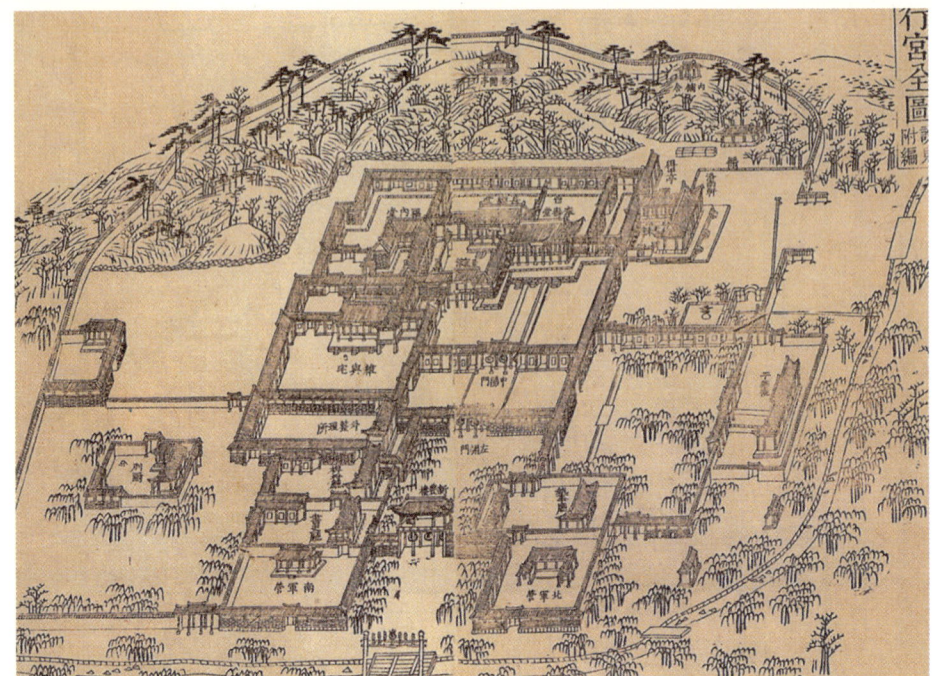

정조의 꿈이 담긴 화성 행궁의 전경(위)과 화성 행차도(아래). 1795년 을묘년은 마침 혜경궁 홍씨의 환갑에 해당하는 해였다. 정조는 화성 행궁의 봉수당에서 혜경궁의 회갑연을 화려하게 치렀다. 이 행사는 단순한 회갑연이 아니었다. 정조가 이루어 낸 절반의 성공을 미리 축하하는 자리였다.

서 비아냥거리며 지어 준 이름인데, 시파의 대표적 인물이 뒷날 세도정치를 펼친 안동 김씨의 김조순金祖淳(1765~1832)이었다.

그리하여 1792년(정조 16)을 분기점으로 사색당파는 사실상 시파와 벽파로 헤쳐 모여, 정조의 노선을 둘러싸고 대립각을 세우게 된다. 노론은 물론 소론도, 남인의 신서파와 공서파마저도 시파와 벽파로 갈라져 서로 싸웠다. 이듬해 영의정으로 복귀한 채제공은 사도세자의 묘가 있는 수원에 새로운 성곽 도시를 만들자고 제안했고, 정조는 이를 받아들여 1794년(정조 18)부터 10년 계획으로 자신의 개혁 근거지가 될 화성華城을 쌓기 시작했다. 전통 성곽 건축의 종합편이라 할 수 있는 화성 신도시 공사는 채제공이 총 책임자를 맡고 정약용이 설계한 시파의 대축제였다. 공사는 예상보다 훨씬 빨리 진척되어 정조는 이듬해 어머니인 혜경궁 홍씨(1735~1815, 사도세자의 비로, 『한중록』의 저자로 유명함)의 회갑연을 화성에서 성대하게 치렀고, 이 잔치는 벽파에게 크나큰 압박으로 다가갔다.

모든 백성을 비추는 달빛이 되겠노라

지금까지 살펴본 것처럼, 정조가 노론 벽파와 맞선 것은 개인적 감정도 있지만 국가 운영의 주체에 대한 생각이 달랐기 때문이다. 규장각을 통해 인재를 등용하고 사도세자 문제를 부각시켜 정치적 자산을 축적한 정조는 왕민사상을 더욱 자신 있게 밀어붙였다.

1797년(정조 21) 정조가 쓴 「만천명월주인옹자서」萬川明月主人翁自序라는 글은 이러한

그의 자신감을 뚜렷하게 보여 주고 있다. '만천명월주인옹'이란 정조가 '홍재' 대신 새로 쓰기 시작한 호號였다. 여기서 '만천'이란 온 세상의 물이라는 뜻으로, 만백성을 의미한다. 그리고 명월은 그러한 만천에 하나하나 담겨 비치는 달로, '태극이요 군주'인 정조 자신을 의미했다. 그러니까 정조 자신이 백성 모두를 굽어 살피는 존재라는 뜻에서 이런 거창한 호를 정한 것이다. 정조보다 조금 이른 시기에 프랑스를 지배한 절대 군주 루이 14세Louis XIV(1638~1715)는 흔히 '태양왕'이라 불린다. 프랑스의 절대 사상과 정조의 왕민사상은 전혀 다른 사상이면서도 왕권 강화를 추구했다는 점에서 종종 비슷한 것처럼 이야기되곤 한다. 어쨌거나 오만하고 절대적인 권력을 연상시키는 '태양왕'보다는 은은하게 백성을 보살피겠다는 뜻을 지닌 '만천명월주인옹'이 더 정감 넘치는 이름으로 들린다.

이듬해 정조는 '군주 도통론' 君主道統論을 주장했다. 천하의 도道가 군주를 통해 드러난다는 말이다. 이는 붕당을 통해 국가를 운영해 온 사림의 '사대부 도통론'을 정면으로 반박한 것이다. 정조가 이렇게 주장할 수 있었던 것은 수많은 인재를 모았을 뿐만 아니라, 정조 자신이 어떤 신하와 견주어도 뒤지지 않는 학문적 식견과 전망을 갖춘 '문화 군주'였기 때문이다.

그러나 현실에서 군주 도통론을 펼치기 위해서는 노론 벽파를 문화적으로뿐 아니라 정치적으로도 완전히 제압하지 않으면 안 되었다. 1800년(정조 24년) 5월 그믐날 정조는 사도세자가 억울하게 죽었다는 것을 공개적으로 밝히고 노론 벽파에게 이를 인정하라고 요구했다. 그리고 6월 16일 벽파의 거두 심환지沈煥之(1730~1802)를 불러 최후통

← 전남 강진의 다산 초당. 서학은 끊임없이 정조의 오른팔이던 다산 정약용의 발목을 잡았다. 공서파의 탄핵으로 해미로 유배된 이후 반대파에게 서학은 정약용을 옭아맬 수 있는 구실이었다. 바람막이 역할을 해주던 정조가 승하하자 정약용은 강진으로 쫓겨나 18년 동안 유배생활을 해야 했다.

첩을 했다. 노론 벽파 입장에서는 목숨을 내놓든지, 목숨보다 더 중요한 명분을 내놓든지 해야 하는 상황이었다.

두 세력의 마지막 승부가 임박한 순간 뜻밖의 일이 일어났다. 심환지에게 최후통첩을 한 지 12일 만에 정조가 숨을 거둔 것이다. 워낙 미묘한 시점이라 정약용을 비롯한 남인들 사이에는 벽파가 정조를 독살했다는 소문이 퍼져 나갔다. 그리고 그 소문이 사실이든 아니든 정국은 정조가 독살된 것과 다름없는 상황으로 요동쳤다. 벽파가 노론 시파와 남인을 대대적으로 숙청하면서, 정조가 모아 놓은 인재들은 하나 둘 목숨을 잃거나 중앙 정계에서 추방되었다. 그리고 다시 7년 뒤 남인들이 제거된 상태에서 노론 벽파를 몰아낸 노론 시파는 김조순의 안동 김씨를 중심으로 조선 역사상 가장 악명 높은 세도정치를 펼친다.

이렇게 정조의 시대는 막을 내렸다. 그가 죽기 전에 노론 벽파의 항복을 받아내고 '만천명월주인옹' 의 뜻을 온전히 펼쳤다면 조선은 어떻게 달라졌을까? 정조의 문화적 역량이나 그가 모았던 인재들의 면면으로 볼 때, 우리가 알고 있는 19세기 조선과는 많이 달랐을 것으로 추측된다. 그러나 분명한 사실은 정조의 죽음과 함께 노론 권력이 되살아났다는 점이다. 200년 이상 진행되어 온 사림 정치의 메커니즘은 긍정적이든 부정적이든 이미 조선 사회와 단단히 결부되어 있었다. 정조 같은 역량 있는 군주나 그 주위에 모여든 인재들로도 이를 극복하기는 어려웠던 것이다.

전통을 지킬 것인가,

조선 중화론 V

엎치락뒤치락했던 조선의 붕당 정치는 결국 노론의 승리로 막을 내렸다. 소론과 함께 서인으로부터 갈라져 나온 노론의 기본 입장은 율곡 이이에 근원을 둔 조선 성리학에 대한 자부심이었다. 이러한 자부심은 조선이 곧 중화라는 후기의 '조선 중화론'에서 절정을 이루었다. 한족의 명나라가 만주족의 청나라에게 멸망한 뒤 대다수의 사대부는 조선이 중화라고 주장하며 청나라를 오랑캐라 업신여겼다. 그

⬆ 조선 중화론을 내세우며 효종과 북벌을 계획한 송시열.

신문물을 받아들일 것인가

S 북학

런데 18세기 중반 이후 거꾸로 청나라로부터 배워야 한다고 주장하는 사람들이 나타나기 시작했다. 청나라로 가는 사절단에 끼어 베이징에 직접 가 볼 기회를 가졌던 젊은 학자들이 북쪽 청나라의 선진 문물을 배우자는 '북학'의 기치를 내걸었던 것이다. 홍대용, 박지원, 박제가 등 조선 중화론에 반기를 든 이들은 다름 아닌 노론 집권층의 자제들이었다.

⬆ 조선의 얼리어답터(early adopter) 연암 박지원.

1883년에 비문의 내용이 처음 밝혀진 광개토대왕비. 사진은 일제 강점기에 촬영된 것이다.

청나라는 오랑캐, 조선이 중화다

한국사에서 '우리가 세계 최고'라고 스스로 내세운 시기는 거의 없었다. 역사의 대부분을 중국이라는 거대한 문명국가의 한쪽 끝에서 살아왔기 때문이다. 중국을 지배한 왕조가 명실상부한 세계 최강국인데 그 옆에서 혼자 잘난 체해 봤자 알량하기도 하고 실익도 없을 터였다.

'광개토대왕릉비'를 비롯한 몇 가지 사료를 통해 꽤 자부심이 컸던 것으로 드러난 고구려가 거의 유일한 사례가 아닐까 싶다. 그나마 그 당시 중국에 있던 북위北魏, 후연後燕, 송 등의 나라보다 더 나은 세계 최강이라 자부했던 것은 아니고, 그들과 대등한 동북아시아의 맹주로 자처했다는 것이 학계의 대체적인 평가다.

그런데 조선 후기로 오면 역사에서 보기 드물게 '우리가 최고 국가'라는 목소리가 이 땅에서 나온다. 임진왜란과 병자호란을 겪으면서 쇠약해질 대로 쇠약해진 나라가 어떻게 이런 주장을 할 수 있었을까? 그것은 바로 조선 임금이 무릎 꿇고 항복하는 최악의 사태까지 갔던 병자호란과 직접적인 관련이 있다. 병자호란을 일으켜 조선의 항복을 받아 낸 청나라는 만주족이 세운 나라다. 만주족은 조선으로부터 '야인'野人이라고 업신여김을 받던 북방 여진족을 가리킨다. 임진왜란 때 조선을 도운 명나라가 쇠약해진 틈을 타 이들이 세력을 키우더니 조선을 무릎 꿇리고 명나라마저 집어삼키기에 이르렀다.

'야만족'인 만주족이 중국 땅을 차지한 것은 동북아시아의 국제 정세를 송두리째 바꿔 놓은 대사건이었다. 특히 명나라를 중화中華의 나라로 받들고 조선을 소중화小中華, 곧

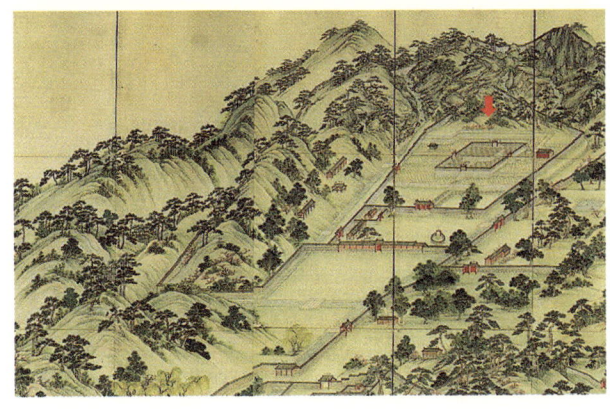

「동궐도」에서, 창덕궁 금원 옆에 설치된 대보단(화살표 부분).

작은 중화의 나라로 여기던 조선의 사대부들에게는 하늘이 무너지는 것과 같은 충격을 주었다. 효종 때 청나라에 대한 북벌을 준비한 데는 병자호란의 치욕을 복수하겠다는 뜻도 있었지만, 오랑캐가 뒤흔들어 놓은 중화 질서를 회복하겠다는 뜻이 그 위에 있었다.

효종이 죽는 바람에 북벌 계획은 중단되었지만, 그렇지 않았어도 대세는 이미 청나라가 중국의 주인으로 자리 잡는 방향으로 기울고 있었다. 명나라 황실의 회복을 고대하던 중국의 한족漢族 지식인들이나 조선의 사대부들이나 모두 현실을 받아들였다.

바로 이때, 정치적으로는 청나라가 주도하는 동아시아 질서를 받아들이면서도 문화적으로 이를 수긍할 수 없었던 조선의 사대부들, 특히 노론이 들고 나온 것이 '존주론' 尊周論이었다. 중화의 상징적 존재인 주나라 왕실을 높여 오랑캐를 물리치고 평화로운 국제 질서를 회복시켜야 한다는 논리였다. 그리고 이는 '조선 중화론'으로까지 이어졌다. **주나라를 계승한 명나라가 오랑캐에게 망했으므로 이제 중화를 간직한 유일한 국가는 조선이며, 조선은 중화를 지켜야 할 의무를 지녔다**는 것이다.

조선이 중화를 수호하는 길은 임진왜란 때 조선을 구원해 준 명나라에 의리를 지키는 것이라고 노론은 생각했다. 이것은 국가 간에도 의리와 명분을 지켜야 한다는 성리학적 세계관에 따른 생각이었다. 그리하여 명나라가 망한 지 60년이 지난 1704년(숙종 30), 조선은 명나라 황제들의 신위를 모신 대보단을 세웠다. 명나라에 의리를 지키고 명나라가 지키지 못한 중화의 맥을 조선이 잇겠다는 자부심에서 비롯된 일이었다.

그런데 이러한 조선 중화론이 사실 조선만의 것은 아니었다. 일본, 베트남 등 중화 질

김홍도의 「담배 썰기」. 『인조실록』에서는 담배를 이렇게 표현하고 있다. 광해군 연간 "이래로는 피우지 않는 사람이 없어 손님을 대하면 번번이 차와 술을 담배로 대신하기 때문에 혹은 연다(煙茶)라고 하고 혹은 연주(煙酒)라고도 했고, 심지어는 종자를 받아서 서로 교역까지 했다. 오래 피운 자가 유해무익한 것을 알고 끊으려고 하여도 끝내 끊지 못하니, 세상에서 요망한 풀이라고 일컬었다."

서 안에 있던 다른 나라에서도 똑같이 자신들이 유일한 중화라는 의식이 생겨나고 있었다. 명청 교체라는 국제 정세의 변동을 맞이하여 저마다 자국 중심의 새로운 질서를 모색하고 있었던 것이다.

청나라에서 배워야 산다

18세기 초 숙종 시대를 거치면서 조선 사회는 서울을 중심으로 완연한 부흥기를 맞이했다. 그루갈이, 시비법施肥法(토양이나 작물에 비료를 주어 농작물의 생육을 촉진시키는 농작법) 등 농업 기술이 발달하여 생산량이 늘어났고, 담배와 인삼을 비롯한 상업 작물의 재배가 확대되었으며, 수공업이 발달하면서 상업도 활발해졌다. 영조와 정조 때의 문화 부흥은 이러한 경제 재건에 바탕을 둔 것이었다.

이 시기에 권력을 잡은 노론은 조선이 곧 중화라는 자부심 아래 성리학에 입각한 사회 질서를 다져 나갔다. 오늘날 우리가 전통 문화라 알고 있는 한복·한식·한옥과 남성 중심의 가족 제도 등은 조선 사회가 성리학의 원리 아래 일원화되어 간 18세기에 완성된 것이다.

조선이 청나라의 침략을 맞아 임금이 무릎 꿇고 항복까지 했으면 사실상 나라가 망한 것이나 마찬가지인데, 어떻게 이처럼 버젓이 조선 중화론을 내세우며 태평성대를 누릴 수 있었을까? 그것은 청나라가 병자호란을 일으킨 목적이 어디까지나 명나라 정복의 방해 요인을 없애려는 데 있었기 때문이다. 청나라는 조선이 명나라를 대할 때처럼 청나라에 신하의 예를 다하는 한, 더 이상의 간섭은 하지 않았다. 조선 왕조는 정기적

책, 그림, 골동품 등을 팔던 중국 베이징 유리창의 현재 모습. 유리창은 조선 사신단의 필수 관광 코스였다.

으로 청나라에 조공 사절을 보내고 각종 문서에 청나라 연호를 쓰는 등 겉으로는 청나라에 충성을 바쳤다.

노론 집권층은 청나라에 가는 사신으로 임명되는 것을 달가워하지 않았다. 오랑캐라고 생각하는 나라에 가서 머리를 조아려야 했기 때문이다. 그러나 노론 집권층의 자제들 가운데는 생각이 다른 이도 있었다. 특히 박제가, 이덕무, 유득공柳得恭(1749~1807) 등 노론 가문 출신이기는 하지만 서얼로 온갖 차별을 받던 이들은 집안 어른을 따라 청나라로 갔다가 그곳에서 새로운 세상을 발견했다.

이들이 청나라의 수도인 베이징에 가서 본 것은 결코 오랑캐의 열등한 문화가 아니었다. 널찍한 길을 꽉 메우며 오가는 많은 수레와 으리으리한 건물, 그리고 세계 각국에서 들어온 다채로운 문물이었다. 중화가 수준 높은 문화의 다른 말이라면 그 중화는 조선이 아니라 바로 베이징에 있었다. **노론의 자제들은** 할아버지, 아버지에게 들은 **조선 중화론의 한계를 바로 알아채고, 조선이 마음을 열고 청나라 문물을 받아들여야 한다고 생각하게 되었다. 북쪽 청나라에서 배워야 한다는 이들의 논의를 '북학'** 北學**이라고 한다.**

북학파의 선구자는 홍대용洪大容(1731~83)이었고, 그와 절친한 사이였던 박지원이 북학파를 이끌었다. 이들은 청나라가 다른 나라와 활발히 교류하면서 강성해졌다는 사실을 확인하고, 상업 진흥과 대외 교류 확대에 힘써야 한다고 주장했다. 통상을 하면 경제적으로도 큰 이익이 될 뿐 아니라, 외국의 다양한 서적과 문물이 들어와 우리의 문화 수준도 한 단계 높아질 것이라고 그들은 생각했다.

박지원은 고려 때까지만 해도 예성강에 들어오는 송나라 배들을 통해 수많은 문물이

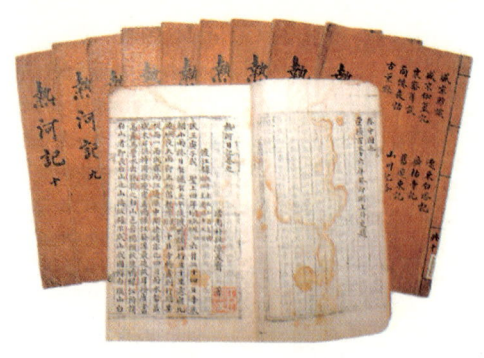

연암 박지원의 『열하일기』. 1780년 연암 박지원은 청나라 고종의 칠순연에 사신으로 가는 종형 박명원을 따라나선다. 사절단 일행에 슬쩍 덤으로 끼어 갔다는 말이다. 그러나 돌아오는 길에는 사행단 일행 중 아무도 가져오지 못한 진귀한 선물을 가져 오는데 그것은 그가 연경에 다녀오는 동안 겪었던 2개월간의 빠짐없는 기록, 바로 『열하일기』였다.

수입되었으나 조선은 통상이 막혀 가난을 면치 못하게 되었다고 말했다. 그리고 박제가는 조선처럼 작고 가난한 나라가 부강해지기 위해서는 반드시 먼 지방의 물자가 들어와야 하는데, 그 방법은 뱃길을 이용하는 것뿐이라고 주장했다. 베이징에 조공이나 바치는 방식을 벗어나 바다를 이용하여 적극적인 국제 무역에 나서야 한다는 것이다.

18세기 조선의 사상계는 이처럼 조선 중화론을 내세우며 안에서 문화를 다지던 노론 집권층과, 북학을 내세우며 밖으로 교류에 나설 것을 촉구하던 그 자제들이 논쟁을 벌이던 무대였다.

배운 것을 실천할 사람은 누구였나

북학파가 활발한 활동을 펼친 때는 정조 시대였다. 이들은 정조의 전폭적인 지원 아래 통상론과 대외 교류론을 적극 개진했다. 그렇다고 정조가 꼭 이들의 편이기만 했던 것은 아니다. 청나라로부터 배워야 한다는 북학파의 주장을 받아들이고 이들이 뜻을 펴도록 지원한 것은 사실이지만, 그렇다고 해서 조선 중화론을 배척하고 명나라에 대한 의리를 접은 것도 아니었다.

1800년(정조 24), 흔들리는 존주론을 다잡기 위해 명나라의 마지막 황제인 의종毅宗(1611~44)의 위령제를 지내고 조선 중화론에 입각한 『존주휘편』尊周彙編을 펴내도록 한 것도 정조 자신이었다. 바로 그 해 정조가 승하하자 북학파는 일시에 세력을 잃고, 조선은 주체적인 개혁과 개방에 나설 동력을 더 이상 갖지 못하게 되었다.

북학파가 뒷날 개화파의 연원을 이룬다는 학설이 있다. 쇄국을 풀고 서양을 비롯한 외국과 통상해야 한다고 주장한 개화파의 태두泰斗는 박규수朴珪壽(1807~77)였고, 그는 박지원의 손자였다. 이러한 혈연관계를 떠나서 북학파가 주장한 교류와 개방의 논리는 개화파와 일맥상통하는 것이 사실이다.

반면 조선 중화론은 서양 문물을 오랑캐의 것으로 적극 배척하고 조선의 발달한 성리학 문화를 지켜야 한다는 척화론斥和論으로 이어진다. 이항로李恒老(1792~1868), 최익현崔益鉉(1833~1906) 등 척화론의 거두들은 먼 옛날 기자箕子가 동쪽으로 오면서 형성된 조선의 선진 중화 문화가 서양의 천박한 물질문명에 의해 더럽혀지는 것을 혐오했다.

18세기의 논쟁이 그 시대에 적절한 결론을 내지 못하고 19세기 말까지 형태를 달리하여 이어진 것은 유감스러운 일이다. 이후 역사의 전개를 볼 때 북학파는 분명 적극적으로 참고할 만한 주장을 펼친 것이 사실이다. 그러나 이들은 어디까지나 노론 집권층의 자제들이었고 더 넓게는 양반 엘리트에 속하는 사람들이었다. 이들이 주장한 상업 진흥과 대외 교류 확대는 그것을 담당할 만한 상공업 세력이 성장해야만 이루어질 수 있는 것이었다. 하지만 18세기 조선 사회는 거기까지 나아가지 못했다. 북학파가 주장한 대로 청나라가 오랑캐의 나라만이 아니라 배울 것이 풍부한 선진 문화 국가였다면, 그곳에서 배운 내용을 제대로 실천할 수 있는 사회 세력이 성장하지 못한 것은 향후 100여 년의 역사를 볼 때 아프고 유감스러운 일이 아닐 수 없다.

한국의 근대(1876~1945)는 중국, 일본과 마찬가지로 한국사가 동아시아를 벗어나 서구 열강 중심의 자본주의 세계 질서에 편입된 시점부터 시작한다. 근대는 한국사에서 가장 불우했던 시기 중 하나였지만, 다른 각도에서 보면 한국인이 그 어느 때보다 세계사에 적극적이고 주체적으로 참여했던 시기이기도 하다. 자신을 하나의 민족으로 자각하기 시작한 한국 민중은 제국주의와 싸우면서 피억압민중의 해방이라는 세계사적 과제를 앞장서서 추구해 나갔기 때문이다. 개화파와 척사파, 공화주의와 복벽주의, 민족주의와 사회주의 등의 대립이 모두 이러한 과제의 수행과 맞물려 있었다.

라이벌

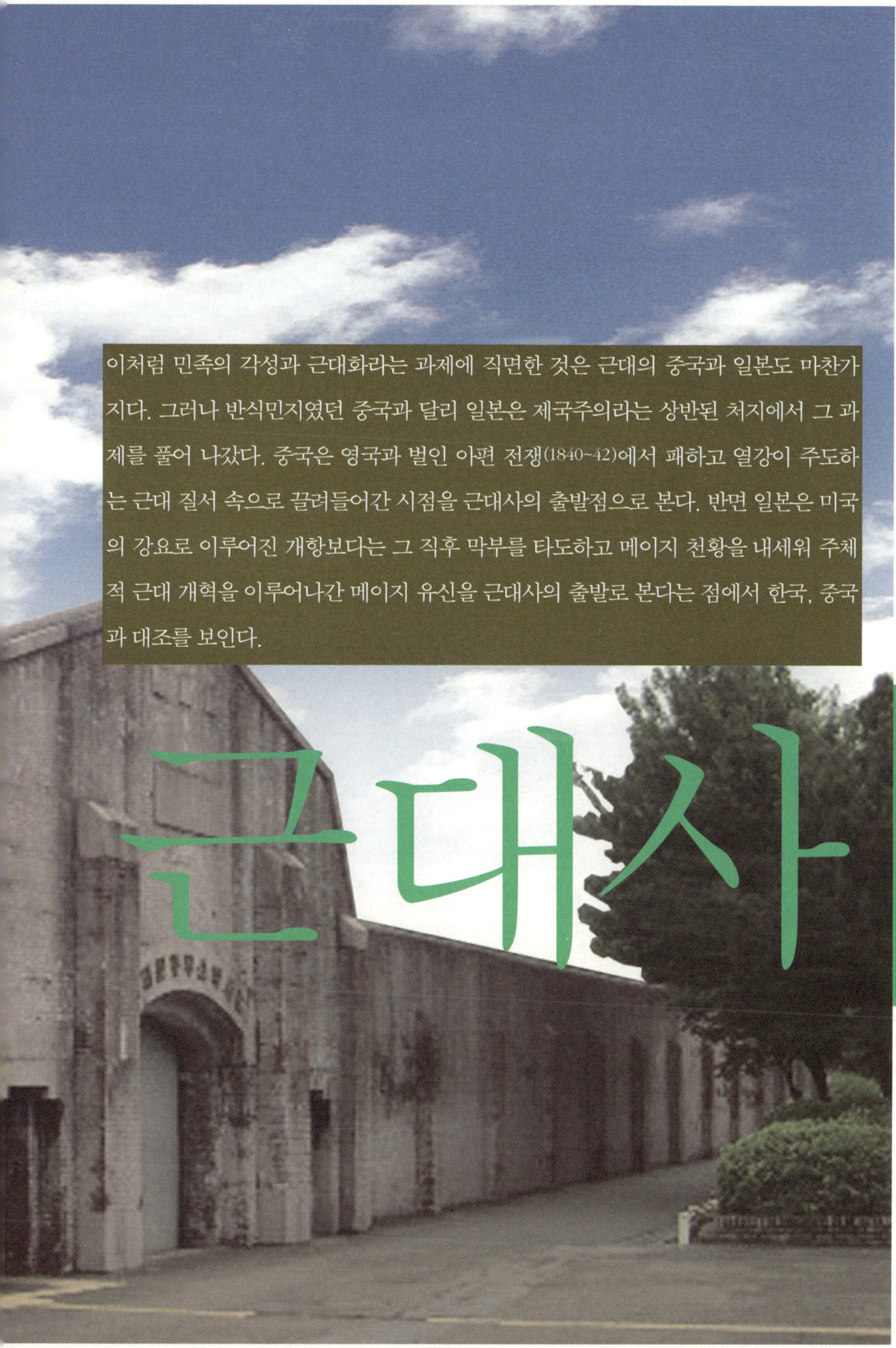

이처럼 민족의 각성과 근대화라는 과제에 직면한 것은 근대의 중국과 일본도 마찬가지다. 그러나 반식민지였던 중국과 달리 일본은 제국주의라는 상반된 처지에서 그 과제를 풀어 나갔다. 중국은 영국과 벌인 아편 전쟁(1840~42)에서 패하고 열강이 주도하는 근대 질서 속으로 끌려들어간 시점을 근대사의 출발점으로 본다. 반면 일본은 미국의 강요로 이루어진 개항보다는 그 직후 막부를 타도하고 메이지 천황을 내세워 주체적 근대 개혁을 이루어나간 메이지 유신을 근대사의 출발로 본다는 점에서 한국, 중국과 대조를 보인다.

근대사

내우 V

'내우외환'內憂外患은 사람을 늘 근심 속에서 살게 하는 안팎의 어려움을 가리키는 말로, 중국 춘추 시대의 고사에서 나온 말이다. 춘추 시대 진나라의 귀족인 범문자 范文子는 "밖으로부터의 재난이 없으면 반드시 안으로부터 일어나는 근심이 있다" 라고 했는데, 19세기 후반 조선의 사정은 그 두 가지가 한꺼번에 일어났던 총체적

▌ 고부에서 일어난 동학농민군은 마침내 전주성까지 점령하고 정부와 화약을 맺었다. 사진은 전주성의 남문 인 풍남문.

S 외환

난국이었다. 안으로는 문란해진 세금 제도에 항거하는 백성들의 봉기가 잇달아 일어났고, 밖으로는 자기네 상품을 팔아 보려고 조선의 문을 두드리는 서양 세력들이 대포와 총을 동원해 국토를 유린하곤 했다. 이러한 내우와 외환은 앞다투어 조선 사회를 흔들면서 나라를 위기로 몰아갔다. 그 험난한 시대로 들어가 보자.

↑ 병인양요와 신미양요를 막아낸 강화도의 광성돈대.

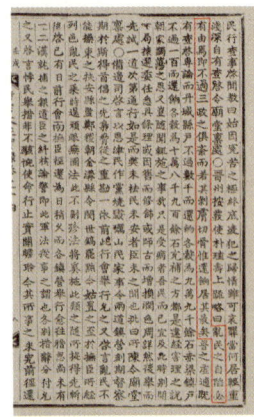

『철종실록』 중 진주민란에 대한 박규수의 보고 부분. 진주 민란이 전에 없이 과격한 양상을 보이자 놀란 조선 조정에서는 안핵사 박규수를 내려 보내 진상을 조사하게 했다. 진주민란의 표면적 원인은 백낙신의 학정이었지만 근본 원인은 따로 있었다. 박규수는 "난민(亂民)들이 스스로 죄에 빠진 것은 반드시 이유가 있을 것입니다. 그것은 곧 삼정(三政)이 모두 문란해진 것에 불과한데, 살을 베어내고 뼈를 깎는 것 같은 고통은 환향(還餉: 환곡과 향곡)이 제일 큰 일"이라고 보고했다.

민란을 진압하고

1862년(철종 13)은 민란의 해였다. 그 해 2월 경상도 진주에서 처음 일어난 민란은 바싹 마른 들판에 불길이 번져 가듯이 무려 70여 군데에서 일어났다. 1862년이 임술년이었기 때문에 그 민란들을 통틀어 '임술 민란'(임술 농민 봉기)이라고 한다. 그런데 민란은 전라도 38군데, 경상도 19군데, 충청도 11군데 등 특히 삼남三南에 집중되었다. 민란이 일어나는 이유는 백성들에게 지나치게 많거나 부당한 세금을 매기기 때문이었는데, 삼남 지방은 우리나라의 곡창 지대이므로 그러한 사례가 더 많을 수밖에 없었다.

민란 하면 보통 농민의 봉기로 이해하게 된다. 그러나 임술 민란에는 농민도 많이 참여했지만 이를 이끈 지도자들은 대개 양반이었다. 민란의 원인은 그 당시 조정도 인정했듯 전정田政, 군정軍政, 환곡還穀이라는 삼정三政의 문란에 있었다. 전정은 논밭에 붙이는 세금 정책이고, 군정은 군대를 면제해 주는 대신 세금(군포)을 받아들이던 일이며, 환곡은 춘궁기에 백성들에게 꿔 준 곡식을 다시 받는 일이었다. 지방 관리와 아전들은 그 각각의 정책을 시행할 때마다 백성들의 고혈을 짜내는 갖가지 방법을 동원했다.

이때 관아에서 세금을 뜯어내는 대상에는 농민뿐 아니라 향촌 사회의 양반도 들어 있었다. 오히려 가난한 농민보다는 재산이 제법 있는 양반이 더 심한 가렴주구苛斂誅求(세금을 가혹하게 거두어들이고, 무리하게 재물을 빼앗음)의 대상이 되었다. 진주에서 터진 민란만 해도 이명윤, 유계춘 등 진주의 양반들이 경상우도 병사兵使(병마절도사. 조선 시대에, 각 지방의 군대를 지휘하던 종2품의 무관 벼슬) 백낙신의 횡포를 참다 못해 백성들을 끌어 모아 일으킨 일이었다. 민란이 처음부터 폭력적인 모습을 띤 것은 아니었다. 양반이 주도했으

수많은 백성들의 삶을 도탄에 빠지게 한 백낙신에 대한 처벌은 섬으로의 정배와 부당하게 빼앗은 재물을 환수하는 것으로 그쳤다(『철종실록』, 오른쪽 표시 부분). 그러나 진주민란의 주동자인 유계춘, 김수만, 이귀재는 곧바로 참수당했다. 한편 탐관오리 백낙신은 1865년(고종 2년)에 유배생활에서 풀려나 관직에 복귀했다. 조선의 '내우'는 이렇게 쌓여 가고 있었다.

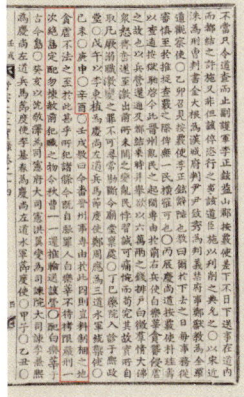

므로, 처음에는 향회鄕會와 같은 향촌 공동체 조직을 이용하여 지방관과 아전들에게 불만을 제기하는 데 그쳤다. 하지만 그것이 받아들여지지 않으면서, 향회와는 별도로 백성들이 조직한 도회都會에 의견이 모였다. 이렇게 모인 의견은 참여자들이 다 함께 서명한 청원서로 작성되어 군수나 관찰사에게 보내졌는데, 이를 등소等訴라고 한다. 이러한 등소가 받아들여지고 잘못이 바로잡혔다면, 사태가 시위나 민란으로까지 이어지지는 않았을 것이다.

백낙신의 잘못은 명백했다. 그는 세도를 부리던 안동 김씨 가문에 뇌물을 주고 그 자리에 앉았다. 그는 고을에서 받아들인 세금 가운데 안동 김씨에 바칠 상납분을 빼고 자기 몫도 챙긴 다음 나머지를 국가에 올려 보냈다. 그러다 보니 5만 냥에 이르는 엄청난 국고 손실을 초래하게 되었다. 그는 이 손실액을 메우기 위해 동네 양반들을 불러 모아 기부하라고 몰아붙이고, 땅세를 올린 뒤 이를 거부하는 양반들을 감옥에 가두고 협박했다. 이런 작자를 고발하는 등소가 기각된 것은 조선 사회가 얼마나 심한 동맥경화에 걸려 있었는가를 잘 보여 준다.

벽에 부딪힌 유계춘은 마을마다 통문通文(여러 사람의 이름을 적어 차례로 돌려 보는 통지문)을 돌려 사람들을 장터로 불러 모은 뒤 시위를 벌였다. 이러한 시위마저 무시당하자 진주 관내 곳곳에서 모여든 백성들은 관아로 몰려갔다. 그러고는 백낙신을 잡아 묶고 아전들의 집을 불태운 다음, 밥을 지어 먹고 관아에서 밤을 새웠다. 다음 날에는 병영이 있는 진주성으로 쳐들어가 도망친 아전들을 찾아 죽이고, 백낙신에게 빌붙어 지낸 양반들의 집을 때려 부수었다. 또한 그동안 병사가 긁어모은 돈을 찾아내어 백성들에게 돌

1871년 4월 14일, 남양 앞바다에 나타난 콜로라도호. 외환을 싣고 조선에 나타난 이양선 중 하나이다.

려주었으며, 닷새 동안 병영을 뒤져 문서를 불태우고 창고 문을 열어 곡식을 나누어 주었다.

조정은 뒤늦게 박규수를 안핵사按覈使(조선 후기, 민란을 수습하기 위해 파견한 임시 벼슬)로 내려 보내 조사를 벌였다. 그리고 백낙신을 제주도로 귀양 보낸 뒤, 유계춘 등 주모자 세 사람을 처형함으로써 사건을 마무리 지었다. 그러나 한번 시작된 민란의 불길은 이웃의 성난 백성들에게 옮겨 붙어 그 해 내내 삼남 지방을 휩쓸었다. 조정은 '삼정 이정청' 三政釐整廳이라는 일종의 태스크포스task force(특별한 업무를 위해 한시적으로 조직된 프로젝트 팀)까지 설치하여 이러한 민란에 적극 대응했다. 그리하여 임술년이 끝나 갈 무렵에는 임술 민란의 회오리도 잦아들었다. 60여 년 세도정치와 삼정의 문란으로 썩어 들어가던 조선이었지만, 아직 '내우'에 대응할 힘은 남아 있는 듯했다.

양이를 물리쳤으나

임술년이 지나자 철종(1831~63) 임금이 죽고 고종(1852~1919)이 즉위했다. 그와 함께 고종의 친아버지인 흥선 대원군(1820~98) 시대가 열렸다. 흥선 대원군은 정조가 펼쳤던 왕민 정치의 부활을 노리고, 세도정치 세력에 개혁의 철퇴를 가했다. 온갖 특권을 누리면서 국가 재정에 큰 부담을 주었던 서원의 철폐가 대표적인 개혁 정책이었다. 민란을 몰고 왔던 세금 제도도 개혁하여 양반과 상민의 차별 없이 세금을 거두었다. 또 세금을 서울로 운반하는 과정에서 생기는 지방관의 부정을 뿌리 뽑기 위해 사창社倉이라는 기관을 설치하여 이를 감독하도록 했다. 안동 김씨, 풍양 조씨 등 노론 특권층이 반

서울시 합정동의 절두산 순교 성지. 병인
박해 당시 1만여 명의 천주교인이 양화나
루의 잠두봉에서 '머리'를 잘렸고 그때부
터 절두산(切頭山)이란 이름을 얻었다.

발했지만 대원군은 단호했다.

그러나 **대원군의 적은 안에만 있지 않았다.** 유학과 다른 교리를 가진 **서학**, 곧 가톨릭은 이미 조선에 들어와 퍼져 나가고 있었다. 여기에다 호시탐탐 조선의 문을 두드리는 **러시아, 미국, 프랑스** 등의 **이양선**異樣船이 바닷가에 출몰했다. 이양선이란 동양의 전통적인 돛배와 다르게 생긴, 증기 기관으로 움직이는 서양의 배를 가리킨다.

이양선과 함께 여러 경로로 서양의 면제품이 조선으로 스며들었다. 기계로 대량 생산된 이들 '서양목'西洋木은 조선에서 가내 수공업 방식으로 생산된 면제품과는 비교도안 될 정도로 값이 쌌다. 조정에서는 이를 두고 의견이 갈렸다. 기왕 서양목이 퍼져 나가고 있는 마당에 차라리 시장을 개방하여 우리 제품의 경쟁력이 높아지도록 유도하자는 의견이 하나였다. 다른 의견은 자칫하면 시장을 통째로 내줄 위험이 있으니 당장은 때가 아니라며 문을 닫아걸자는 것이었다.

대원군은 처음에는 이양선이나 서양목에 적대적인 생각을 갖고 있지 않았던 것 같다. 많은 조선 사람의 생각도 그와 같았다. 그러나 이미 조선에 들어와 있던 가톨릭 선교사들이 대원군의 마음을 바꾸어 놓았다. 대원군은 유학과는 다른 가르침을 전파하는 프랑스 신부들을 잡아들여, 조선을 떠난다면 안전을 보장하겠다고 제안했다. 그러나 신부들은 조선에서 계속 포교할 것을 고집했다. 그리하여 새남터(조선 시대에, 사형을 집행하던 곳. 서울의 이촌동에 있었으며, 천주교의 순교지로 유명함)의 모래밭을 붉게 물들인 1866년(고종3)의 '병인박해'가 일어났다.

이양선에 대해 조정은 "그들이 호의적으로 나오면 우리도 호의적으로 대하고, 그들이

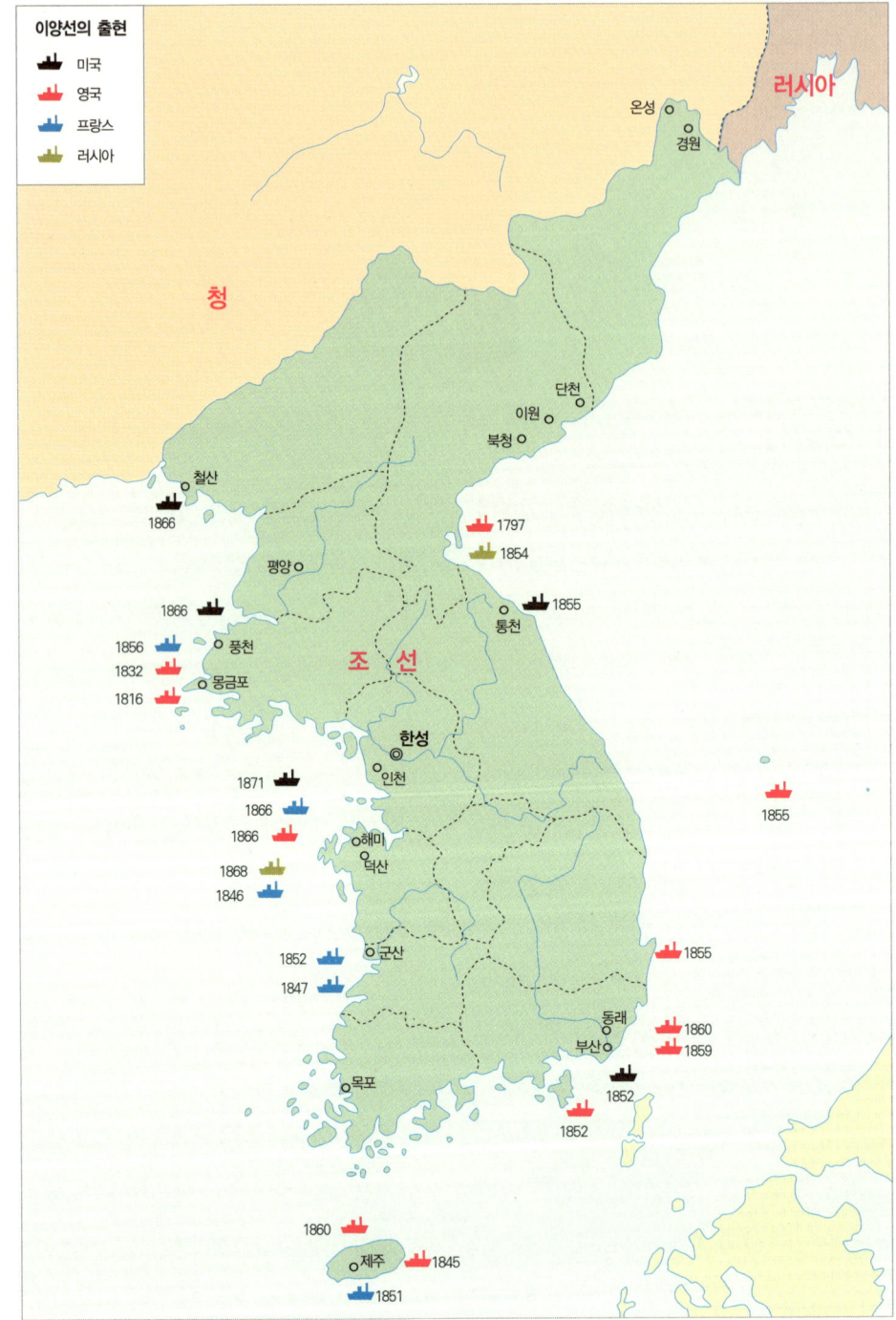

이양선의 출현
- 미국
- 영국
- 프랑스
- 러시아

러시아

청

온성
경원

단천
이원
북청

철산
1866

평양

1797
1854

1855

통천

조 선

1866
1856
1832
1816

풍천
몽금포

한성

1855

인천

1871
1866
1866
1868
1846

해미
덕산

1852
1847

군산

1855

동래
부산
1860
1859

1852

목포

1852

1860
제주
1845
1851

이르게는 1700년대 후반부터 출현하기 시작한 이양선은 1800년대 중반까지 조선의 해안을 쉴새없이 드나들었
다. 역으로 이 사실은 그때까지만 하더라도 서양 세력이 손쉽게 조선 본토로 진출할 수 없었다는 것을 뜻한다.

남연군묘(사진) 도굴 사건은 두 눈 뜨고 있는 사자의 코털을 뽑아 버린 것이나 다름없었다. 비록 미수에 그쳤으나 이 사건은 피해 당사자이자 국가 최고 실권자인 홍선 대원군의 비위를 건드렸을 뿐 아니라 조선 백성들의 서양인에 대한 악감정을 고조시키는 계기가 되었다.

악의로 나오면 우리도 그들을 적으로 대한다"라는 원칙적인 입장을 갖고 있었다. 1866년 평양 대동강에 나타난 미국의 상선 제너럴셔먼호에 대해서도 처음에는 호의를 베풀었다. 그러나 제너럴셔먼호는 대포를 동원하여 사람들을 죽이고 고을을 약탈했다. 진주 민란의 안핵사였던 박규수는 이때도 평양 감사로 해결사 역할을 맡았다. 그는 참고 참았다가 미국인의 행패가 극에 이르자 백성들과 함께 제너럴셔먼호를 불태워 버렸다. 그 얼마 뒤에는 독일인 오페르트E. J. Oppert가 이양선을 타고 들어와 대원군의 아버지인 남연군의 묘를 파헤치는 만행을 저질렀다. 이제 대원군과 서양 세력 사이에는 평화적 교섭의 가능성이 사라져 버렸다.

이런 상황에서 로즈P. G. Roze 제독이 이끄는 3척의 프랑스 함대가 병인박해의 복수를 한다며 강화도를 침공했다(병인양요, 1866). 여기서 조선군은 강화성을 점령당했지만 정족산성에서 승리하여 프랑스군의 퇴각을 이끌어 냈다. 5년 뒤인 1871년(고종 8)에는 아시아 함대 사령관 로저스J. Rodgers가 이끄는 미군이 제너럴셔먼호 사건을 문제 삼으며 강화도를 침공했다(신미양요, 1871). 이때 조선군은 병인양요보다 훨씬 큰 피해를 입었지만 광성진에서 치열한 전투 끝에 미군을 물리침으로써 또 한번 서양 세력에 승리를 거두었다.

신미양요 직후 대원군은 "서양 오랑캐가 침범하는데 싸우지 않으면 화의和議(화해하자는 의견)하는 것이요, 화의를 주장하는 것은 나라를 팔아먹는 짓이다"라고 쓴 척화비를 전국 각지에 세우도록 했다. 대원군이 두 차례의 '양요'에서 승리할 수 있었던 것은 침략군의 규모가 크지 않았기 때문이다. 그러나 부당한 위협에 굴복하지 않겠다는 의지가

없고서는 그나마도 불가능한 일이었을 것이다. 조선에는 아직 '외환'에도 대응할 힘이 남아 있는 듯했다.

조선의 해는 저물고 있었다

1873년(고종 10), 대원군이 반대파의 탄핵을 받아 물러났다. 무리하게 나랏돈을 낭비해 가며 경복궁을 중건重建한 것이 치명적이었다. 그러자 대원군의 강력한 쇄국 정책에 눌려 있던 문호 개방론자들이 입을 열기 시작했다. 바로 이 틈을 타 일본이 운요호雲揚號를 보내 조선의 신경을 건드리면서 개항을 요구했다. 1876년(고종 13)의 일이었다.

일본은 그들을 개항시킨 미국의 방식을 그대로 모방하여 조선을 위협했다. 조선의 섬을 무단 점령하고 허락 없이 강화도 경계 지역에 접근한 것은 병인양요, 신미양요 때와 똑같은 행태였다. 그러나 조선의 조정은 대원군 시절과 달라져 있었다. 전쟁을 피하고 일본의 요구를 들어주자는 목소리가 높았다. 일본과는 이미 전통적인 방식으로 교류하고 있었으니, 일본은 '서양 오랑캐'와 다르다는 것이 핑계였다.

그러자 대원군의 실정을 탄핵하여 그를 물러나게 만들었던 젊은 관리 최익현이 도끼를 들고 궁궐 앞에 나와 개항 반대 시위를 했다. 일본은 서양과 다를 것이 없으며, 일단 그들에게 상품 교류의 문을 열어 주면 조선 전역에 오랑캐의 물건이 넘쳐흘러 머지않아 나라가 망할 것이라면서 조정 중신을 비판했다. 이것은 거꾸로 고종과 중신들의 심기를 거슬러 최익현은 귀양 가는 신세가 되었고, 조선은 일본의 요구에 굴복하여 나라의 문을 열었다.

← 강화도조약이 체결된다는 소식을 듣고 강화도성 남문으로 주민들이 모여들고 있는 모습. 서구 열강을 막아내는 데 너무 힘을 쏟은 탓일까. 조선은 그동안 왜구라 부르며 업신여겼던 일본의 개항 요구를 힘없이 받아들이고 강화도 조약(혹은 병자수호조규)을 맺었다. 그러나 억지로 조선의 문을 열고 들어온 일본군은 도리어 며칠간 강화의 성문을 닫고 조선인의 출입을 통제시켰다.

그 뒤 조선은 최익현이 경고한 대로 망국의 길을 걸었다. 조선은 문호 개방과 더불어 최대한 빨리 서구 문명을 흡수하여 자주적인 근대 국가로 성장하려 했지만, 의도와는 달리 조선의 강토는 점점 더 일본, 중국, 러시아의 야욕에 함몰되어 갔다. '외환'이 조선을 좀먹어 들어갔던 것이다.

외세의 침략과 더불어 '내우'도 깊어 갔다. 임술 민란 이후 안으로 잦아들어 끙끙 앓던 농민들의 불만은 1894년(고종 31)에 동학농민운동(갑오농민전쟁)을 통해 거대한 불길로 타올랐다. 임술 민란이 조선 조정에 대한 항거였다면, 동학농민운동은 탐관오리의 학정과 일본의 침략에 맞서 조선 왕조를 지키겠다고 일어난 혁명적 봉기였다. 그 당시 서울을 장악하고 있던 일본과, 일본의 비호를 받던 개화파 조정은 힘을 합쳐 농민군을 진압했다. '외환'이 '내우'를 잠재운 것이다. 내부의 정화 작용을 통해 국운을 추스를 동력이 꺼져 버린 조선은 외환을 이겨 내지 못한 채 10여 년 뒤 끝내 영면하고 말았다.

만약 그들이 하나였다면

위정척사 V

우리 것을 지킬 것이냐, 세계에 개방할 것이냐를 둘러싼 치열한 싸움은 100년도 훨씬 전인 옛날부터 있어 왔다. 그 뒤에도 여러 번에 걸쳐 개방을 둘러싼 논쟁이 벌어졌는데, 여전히 개방은 민족의 운명이 걸린 쟁점으로 우리 앞에 놓여 있다. 인류 사회가 왕조 단위로 나뉘든 민족 국가 단위로 나뉘든 서로 간의 교류와 협력은 늘 필요하다. 그런데도 한 나라 안에서 개방을 놓고 논쟁이 벌어지는 까닭은 개방

🔼 위정척사파의 거두 최익현. 을사의병을 일으켰다 일본에 체포된 뒤 쓰시마 섬에 유배되었고 그곳에서 순국했다.

S 개화

을 요구하는 쪽과 요구받는 쪽의 차이가 커서, 자칫하면 개방이 한쪽에만 유리해 질 수 있기 때문이다. 100여 년 전의 개방 논쟁은 전 세계가 열강과 식민지로 나뉘던 시기에 벌어졌으므로 매우 처절했다. 그런데 지금의 상황은 과연 어떨까. 우리가 그때보다 덜 처절한 시대에 살고 있다고 장담할 수 있을까? 이 글을 읽으면서 차분히 생각해 보자.

⬆ 1883년의 도미 사절(보빙사). 개화파는 서구 문물을 받아들여 근대화를 이룩하고자 했다. 앞 줄의 갓을 쓴 세 사람은 왼쪽부터 홍영식, 민영익, 서광범이다.

"서양 오랑캐가 침범하는데, 싸우지 않으면 화의하자는 것이요,
화의를 주장하는 것은 나라를 팔아먹는 짓이다.
우리들의 만대자손에게 경계하노라.
병인년에 짓고 신미년에 세우다." ─척화비 전문
(洋夷侵犯, 非戰則和, 主和賣國. 戒我萬年子孫. 丙寅作, 辛未立..)

위정척사─동토東土 문명의 땅에 개화가 무슨 소리?

19세기 이래 '서학'이라 불리는 천주교가 조선의 정신세계를 파고들고, '서양목'이라
불리는 값싼 서양 면화가 조선의 좁은 시장에 스며들면서 서구 문물에 대한 경계심과
호기심이 동시에 생겨났다. 그에 따라 서구 문물을 수용하고 조선을 근대 세계로 이끌
려는 개화 세력과, 서구 문물을 배척하고 조선의 전통 유교 질서를 지키려는 위정척사
세력의 대립도 나타났다. 그 당시 개화에 대해서 조선의 한 지식인이 했던 말을 보자.
"나는 일찍이 개화지설을 매우 이상하게 여겼다. 무릇 개화란 변방의 미개 종족이 구
주歐洲(유럽)의 풍속을 듣고 자신들의 거친 풍속을 고쳐 나가는 것을 말하는데, 우리 동
토는 문명의 땅이니 어찌 다시 개화하겠는가?"(정옥자, 『역사 에세이』에서)
이는 서구 문물을 배척했던 위정척사파가 한 말이 아니다. 개화파로 잘 알려진 김윤식
金允植(1835~1922)의 말이다. 개화파가 개화할 것이 없다고 하는 말이 이상하게 들릴지
모르지만, 사실 개화파의 고민은 바로 여기서 시작된다. 이미 문명국인 조선을 '개화'
한다는 것은 과연 무엇이며 어떻게 해야 하는가?
개화파와 대립한 위정척사파는 이 질문이 근원적으로 잘못되었다고 생각한 사람들이
었다. 그들은 조선의 유교 문명이 옳은 것이고 서구의 문명은 오히려 야만적인 것이므
로 서구화를 뜻하는 개화는 폐기되어야 한다고 주장했다. '위정척사'衛正斥邪라는 말
자체가 옳은 것을 지키고 사악한 것을 배척한다는 뜻이다. 따라서 그들은 유학을 지키
고 서학을 배척했으며, 자급자족 농업 경제를 지키고 자본주의 경제를 배척하려 했다.
위정척사파가 역사의 전면에 나타난 것은 1866년(고종 3년)에 일어난 병인양요 때였다.

경남 남해에 세워진 척화비. 병인년과 신미년은 각각 병인양요
와 신미양요가 일어난 해였다. 두 번의 양요는 흥선 대원군의
쇄국 의지를 더욱더 불태웠다. 그는 전국 각지에 척화비를 세워
백성들에게 외세에 대한 경계심을 갖도록 했다.

프랑스 함대가 강화도 앞바다에 나타나 조선을
위협하면서 개항을 요구하자, 서양 문물을 이단
으로 규정한 기정진奇正鎭(1798~1879), 이항로李恒老(1792~1868) 등 성리학자들이 주전론主
戰論을 폈다. 실권자였던 흥선 대원군은 그들의 주장을 받아들여 프랑스 함대와 맞서
싸워 이들을 물리쳤다. 1871년 신미양요 때 미군마저 물리치고 전국에 척화비를 세웠
을 무렵만 해도 그들의 기세는 등등했다.

위정척사파의 첫번째 위기는 정치적 동지였던 흥선 대원군을 그들 손으로 끌어내리면
서 찾아왔다. 이항로와 그의 제자 최익현은 경복궁 중건, 서원 철폐 등 왕권 강화를 위
한 정책을 질타하며 1873년 흥선 대원군의 실각失脚(발을 헛딛는다는 뜻으로, 일에 실패하여 있
던 지위에서 물러남)을 이끌어 내었다. 그러자 일본은 기다렸다는 듯이 조선에 대한 압박
을 강화하여, 1876년 마침내 그들의 뜻대로 조선의 문을 열었다. 이때 조정 일각에서
는 일본이 서양과는 다르므로 개항이 문제될 것 없다며 일본에 대한 굴복을 합리화하
는 주장도 있었다. 그러나 최익현을 앞세운 위정척사파는 일본과 서양을 동일시하는
척양 척왜斥洋斥倭의 기치를 높이 들며 끝까지 개항에 반대했다.

위정척사파의 진단은 정확했다. 조선에 진출한 일본은 서양 열강이 아시아, 아프리카
에서 하던 것과 똑같은 방법으로 조선의 정치·경제를 침탈해 들어왔다. 1894년에 일
어난 청일 전쟁에서 승리한 뒤에는 더욱더 노골적으로 조선을 식민지로 만드는 책략
을 펼쳤다. 온건 개화파 정부를 앞세워 단행한 단발령과 러시아 세력을 이용해 일본과
대립했던 민비(1851~95, 조선 고종의 비로, 뒷날 '명성황후'라 불림)를 일본 낭인浪人(일정한 소속이

고종이 왕위에 오르기 전까지 어린 시절을 보낸 운현궁. 원래 궁궐 못지않은 규모를 자랑했다고 하나 지금은 사랑채와 안채, 별당채만 남아 있다. 흥선 대원군은 고종이 친정을 시작한 후 운현궁에서 재기를 꿈꾸다 청나라로 납치되었고, 귀국 후에는 운현궁으로 돌아와 임종을 맞았다.

없는 무사)들이 시해한 사건은 위정척사파를 극단적인 분노로 몰아갔다. 그들은 국왕에게 상소하는 방법이 무의미하다는 것을 깨닫고 의병을 일으켜 일본 및 개화파 정부에 저항하기 시작했다.

위정척사파가 지키려 했던 가치는 과학 기술 혁명을 기반으로 한 서구 문명 앞에서는 무력한 것이었다. 그러나 오랜 세월 발달해 온 유교 문명은 서구의 물질문명 앞에서도 하루아침에 허물어질 수 없는 깊은 가치를 지니고 있었다. 위정척사파는 그러한 가치를 틀어쥐고 서구적 근대의 침략성을 꿰뚫어 보았다. 그들은 새로운 사회의 전망을 제시할 수는 없었지만, 마지막까지 침략자의 본성을 통찰하고 용감하게 맞서 싸움으로써 그들이 지키려 했던 가치가 일리 있음을 스스로 증명했다.

개화 — '개화의 주인'에서 '개화의 병신'으로

개화파 유길준兪吉濬(1856~1914)은 『서유견문』(1895년에 유길준이 미국과 유럽을 여행한 뒤 보고 느낀 것을 적은 책)에서 이런 말을 했다. "아무 분별도 없이 외국 것이 다 훌륭하다고 하여 자기 나라 것을 업신여기는 자는 '개화의 죄인', 외국 것이면 가까이조차 하지 않으며 자기 자신만을 천하제일인 듯이 여기는 자는 '개화의 원수', 입에는 외국제 담배를 물고 가슴에는 외국제 시계를 차며 외국 풍습을 이야기하거나 외국 말을 얼마쯤 지껄이는 자는 '개화라는 헛바람에 날려서 마음속에 주견主見(자기의 주장이 있는 의견)도 없는 한 유길준의 『서유견문』. 갑신정변이 일어나면서 조선 조정은 조선 최초의 미국유학생이었던 유길준을 다시 불러들였다. 유길준은 바로 귀국하지 않고 돌아오는 길에 유럽과 동남아시아, 일본을 거쳐 돌아온다. 귀국 즉시 체포되어 구금된 그는 서양에서 보고 들었던 것을 집대성하여 『서유견문』을 남겼다.

낱 개화의 병신'이다."

이 말을 보면 개화파 자신에게도 '개화'는 골칫거리였나 보다. 위정척사파를 가리키는 '개화의 원수'가 아니더라도, '개화의 죄인'과 '개화의 병신'이 널려 있는 험한 길을 개화파들은 시행착오를 겪으며 달려야 했다.

1884년 갑신정변과 1894년 갑오개혁의 주역은 다 같이 개화파로 불리지만 성격은 사뭇 달랐다. 갑신정변을 일으킨 개화당은 중국 청나라에 대한 사대를 즉각 폐지하고 신분제를 철폐하는 등 급진적인 개화 정책을 추진했다. 일본의 메이지 유신 체제를 동경했던 이들은 일본 공사관의 지원 약속을 믿고 거사를 감행했지만, 일본 측은 결국 약속을 지키지 않았다. 그리하여 3일 만에 정권을 내주고는 대부분 처형당하거나 망명길에 올랐다. 갑신정변이 일본의 지원을 바라며 일어났다는 사실 때문에, 급진 개화파는 일본을 혐오하는 백성들에게 오랫동안 미움의 대상이 되었다.

비록 일본의 침략적 본성을 바로 보지 못한 한계는 있었지만, 갑신정변의 주도자들은 일본과 서구가 이룩했던 근대화를 자주적으로 이루기 위해 노력했다. 반면 1894년 갑오개혁을 주도한 김홍집金弘集(1842~96), 김윤식, 유길준 등 온건 개화파는 일본의 강요에 따라 그들의 입맛에 맞는 정책만을 추진했다 해도 지나친 말이 아니다. 게다가 갑오개혁을 강요한 일본은 동학농민운동을 빌미로 우리나라에 군대를 파견하여 청일 전쟁을 벌이던 세력이었다. 그 당시 일본군은 봉건적 압제에 맞서 일어난 동학농민운동을 총칼로 진압하고 청일 전쟁을 승리로 이끌었다. 조선 침략에 장애가 되는 안팎의 적을 한꺼번에 물리친 일본은 더욱더 침략의 고삐를 죄어들어 왔고, 그 파트너가 바로

위정척사파들을 발칵 뒤집어 놓았던 황준헌의 『조선책략』을 조선에 처음으로 소개한 김홍집(사진). 영의정이었을 당시 갑오개혁으로 의정부와 6조가 사라진 후 군국기무처가 만들어지고 김홍집이 총리대신을 맡았다. 이에 따라 그는 조선의 마지막 영의정이자 최초의 총리대신이라는 기록을 남겼다.

온건 개화파였다.

갑오개혁과 그 이듬해의 을미개혁은 **신분제 폐지**, **노비 매매 금지**, **과부의 재혼 허용**, **태양력 사용** 등 중요한 내용을 담고 있었다. 그러나 개혁의 배경과 의도 자체가 불순했기 때문에 백성의 지지는커녕 심각한 불신을 받았다. 1896년(고종 33) 고종이 러시아 공사관으로 피신하면서 권력이 친러파에게 넘어가자(아관파천), 백성들이 김홍집에게 몰려가 돌을 던져 죽일 정도였다.

개화파가 다시 한번 활약한 것은 갑신정변의 주도 세력 중 한 명인 서재필이 미국에서 귀국하여 만든 『독립신문』과 독립협회에서였다. 독립협회는 고종에게 주권국의 왕답게 러시아 공사관에서 나오도록 촉구했고, 조선이 중국 청나라와의 사대 관계를 완전히 끊고 근대 세계의 자주 독립국으로 우뚝 서도록 하는 일에 힘썼다. 중국의 사신을 맞이하던 영은문 자리에 '중국으로부터의 독립'을 상징하는 독립문을 세우기도 했다. 독립협회는 조선이 중국과 대등한 '황제국'이라는 것을 안팎에 알리기 위해 1897년 대한제국을 선포하는 데도 힘을 보탰다. 그리고 1898년 서울 종로 한복판에서, 외세의 침탈을 규탄하고 자주 국가의 면모를 갖추기 위한 대토론회인 만민 공동회를 열기도 했다.

그러나 독립협회에게는 시간이 많지 않았다. 고종도 외세도 그들에게 등을 돌렸다. 그들이 만들어 놓은 독립문은 중국이라는 이빨 빠진 과거의 '종주국'을 보내고, 일본이라는 사나운 제국주의 침략자를 맞아들이는 관문이 되었다. **개화파는 쇠약해진 조선에 새로운 문명을 주입하여 새로운 나라를 일으키려 했지만, 그 문명은 약보다는 독이 되어 조**

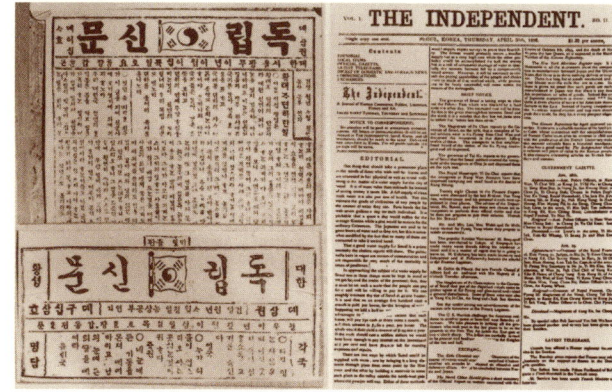

붕어빵에 붕어가 없는 것처럼 『독립신문』(사진)에는 독립이 없었다. 수구파의 미움을 받자 창간자인 서재필이 손을 떼고, 그 다음 책임자였던 윤치호가 손을 떼고 외국인의 손에 두어번 넘어갔다가 마지막에는 정부가 매수하여 폐간시켰다. 정작 '홀로서기'(獨立)가 필요할 때 쓰러지고 만 것이다.

선과 그들 자신에 치명타를 안겼다. 그리고 조선 전체가 '개화의 병신'이 되어 신음하기 시작했다.

위정척사는 보수, 개화는 진보일까?

우리나라가 영국, 프랑스처럼 시민혁명을 통해 근대화의 길을 갔다고 가정해 보자. 왕정의 수호를 추구한 위정척사파는 서유럽의 봉건 귀족처럼 반혁명의 길을 갔을 것이다. 반면 열강의 뒤를 좇은 개화파는 시민혁명을 주도하면서 적극적으로 구체제 타도를 외쳤을 것이다.

그런데 우리 역사를 돌아보면 '위정척사파=보수, 개화파=진보'라는 구도를 그리기가 쉽지 않다. '보수'가 기존의 가치와 체제를 지키는 것이라면 위정척사는 보수가 맞다. 또 진보가 이전보다 새로운 사회로 나아가는 것이라면 개화는 진보가 맞다. 그러나 만약 보수가 반혁명과 같은 부정적 개념과 연결되는 것이라면, 제국주의의 침략과 맞서 싸운 위정척사파를 그렇게 매도할 수만은 없다. 마찬가지로 진보가 더 좋은 세상으로의 전진과 같은 긍정적 개념을 내포하는 것이라면, 제국주의를 끌어들이고 제국주의에게 이용당한 개화파를 마냥 칭송할 수만도 없다.

제국주의와 맞서 싸우면서도 기존의 조선보다는 나은 사회를 추구하는 것이 19세기 우리 역사의 진보였다면, 거기에 딱 맞는 정치 세력을 찾기란 그리 쉽지 않다. 그런 사람들은 위정척사파와 개화파라는 두 라이벌 속에 복잡하게 뒤섞여 있었기 때문이다. 이런 복잡한 구도 때문에 우리나라 근대사는 다른 나라 근대사보다 더 어렵게 여겨지

이토 히로부미의 장례식 장면. 국민들의 애도 속에 그의 상여가 나가고 있다. 1909년 10월 26일 이토 히로부미는 하얼빈 역에서 안중근이 쏜 총에 맞아 사망한다. 70년 후인 1979년 10월 26일에는 한국의 대통령 박정희가 부하 김재규가 쏜 총을 맞고 사망한다. 공교롭게도 이토와 박정희는 양국에서 각각 '근대화의 아버지'라는 평가를 받은 사람들이다. 물론 이 두 사건 사이에는 아무런 연관성이 없지만 사망 일시, 사인, 사후 평가까지 일치하는 점이 이채롭다.

기도 한다.

그런데 사실 영국, 프랑스처럼 시민혁명을 거쳐 근대화에서 앞서 나간 나라들의 근대사도 그리 간단하지만은 않다. 아시아와 아프리카를 침략하여 온갖 탄압과 수탈을 자행한 '나쁜' 제국주의자들이, 시민혁명을 일으킨 '좋은' 사람들의 직접적인 후예이거나 바로 그 시민혁명의 주도자 자신이었기 때문이다. 그러니까 자기 나라에서 진보를 이룩한 사람들이 다른 나라에서는 약탈과 파괴를 일삼는 반혁명적 존재가 되기도 했던 것이다. '지킬 박사와 하이드 씨'를 연상시키는 이러한 두 얼굴은 특히 뒤늦게 근대화를 이룩한 일본에서 더욱 뚜렷이 나타났다. 을사늑약을 체결하여 조선의 숨통을 거의 끊어 놓다시피 한 제국주의자 이토 히로부미伊藤博文(1841~1909)가 일본 국내에서는 누구보다도 존경받는 근대화의 아버지라는 사실이 대표적인 예다.

위정척사파와 개화파는 서로의 뚜렷한 한계 속에서 둘 다 일제의 침략을 막아 내지 못했다. 그러나 그들이 때로는 목숨을 잃어 가며 얻은 역사적 교훈은 결코 헛되지 않았다. 식민지 치하의 후손들 사이에, 일제와 싸우면서 민民이 주인 되는 '좋은' 나라를 세우려는 진정한 진보 세력이 싹트고 있었기 때문이다. 그러한 독립투사들이야말로 이토 히로부미가 넘볼 수 없는 근대 세계의 진정한 진보적 영웅이 아닐 수 없다.

위로부터? 아래로부터?

1884 V

1980년대까지만 해도 우리 학계에서는 우리나라가 일본의 식민 지배를 받지 않았더라면 스스로의 힘으로 근대화를 이루었을 것이라는 생각이 지배적이었다. 이것은 식민 사관을 극복하려는 노력에서 나온 담론이었다. 이렇게 볼 때 1884년에 일어난 갑신정변은 조선 사회의 엘리트들이 위로부터 근대화를 이룩하려고 일으켰던 미완의 혁명이고, 1894년의 동학농민운동은 하층 농민들이 아래로부터 근대화

⬆ 갑신정변의 최고 브레인 김옥균. 정변이 실패로 돌아가자 일본으로 망명했다가 10년 만인 1894년 자객 홍종우에게 암살당한다.

S 1894

를 이룩하려고 일으켰던 미완의 혁명이 된다. 그러나 1990년대부터 이러한 생각은 여러 방향으로부터 도전받아 왔다. 개화기 한국 사회의 발전 수준이 독자적 근대화를 이룰 정도였겠냐는 회의도 있고, 갑신정변과 동학농민운동의 한계에 대한 개별적 비판도 있다. 10년 간격으로 조선 말기 사회의 위아래에서 터져 나온 변혁의 움직임, 이를 과연 어떻게 봐야 할까? 두 가지를 비교하면서 살펴보자.

⬆ 시인 안도현은 전봉준이 압송되어 가는 장면을 이렇게 묘사했다. "울며 울지 않으며 가는 / 우리 봉준이 / 풀잎들이 북향하여 일제히 성긴 머리를 푸네"

갑신정변의 무대가 된 죄로 11년간 휴업 상태로 지내야 했던 우정국. 을미개혁이 추진되면서야 근대적인 우편 업무를 담당하게 되었다.

1884 — 권력은 잡았으나 민심은 잡지 못한

1854년 일본은 미국의 강요로 문호를 개방했다. 10여 년이 지난 1868년 일본 내에서 근대화를 지향하는 세력이 막부幕府* 정권을 타도한 메이지 유신을 일으켜 근대 국가를 세웠다. 일본을 개방시킨 미국이 메이지 유신을 지원했음은 물론이다. 그리고 10년이 채 안 된 1876년, 일본은 미국의 수법을 그대로 활용하여 조선을 개방시켰다.

이제 조선 차례였다. 조선은 일본보다 더 속도가 빠른 것 같았다. 개항한 지 10년도 안 된 1884년, 조선의 근대화를 지향하는 개화당이 정변을 일으켜 권력을 장악한 것이다. 갑신년이 다 저물어 가던 그 해 음력 10월 17일이 디데이였다. **근대적 통신 제도의 도입을 축하하는 우정국 창설 기념연회에서 정변의 막이 올랐다.** 33세의 김옥균(1851~94)을 중심으로 하는 개화당 청년 관료들은 미리 짜 놓은 각본에 따라 민씨 정권의 각료들을 제거하고 고종과 왕비를 경우궁으로 옮겼다. 사전 약속에 따라 일본군 200명이 조선군 50여 명과 함께 고종 부부를 호위했다. 사상 최초로 권력을 장악한 근대화 세력은 이튿날 중국 청나라에 대한 조공을 폐지하고 신분 제도를 철폐하는 근대화 정책을 공표했다.

개화당이 개항 8년 만에 무력으로 권력 장악에 나선 까닭은 무엇이었을까? 당연히 조선의 근대화가 순조롭게 이루어지지 않았기 때문이다. 김옥균, 박영효朴泳孝(1861~1939), 서재필徐載弼(1864~1951) 등 갑신정변 주체 세력은 개항 전부터 서양의 의회 민주주의 제도와 과학 기술 혁명 등에 대해 잘 알고 있었다. 일본의 근대화도 깊은 관심을 가지고 지켜보았다. 그들은 일본의 사례를 따라 조선을 하루빨리 근대 세계의 주역으로 동

---

* 막부 : 1192년부터 1868년까지 일본을 통치한 쇼군(將軍)의 정부. 천황은 상징적인 존재였을 뿐, 쇼군이 실질적인 통치권을 가졌다.

우정국 총판이었던 홍영식(왼쪽)은 현장에서 사살당했다. 갑오개혁으로 친일정권이 들어서자 갑신정변 관계자들은 대부분 사면되었다. 박영효(오른쪽)는 1894년부터는 김홍집 내각에 참여하면서 공식 활동을 재개했다. 국권 피탈 후에는 후작의 작위까지 받는다.

참시키기 위해 민씨 정권에 참여하여 적극적으로 개화 정책을 추진했다.

그러나 1882년에 일어난 임오군란은 개화당의 입지를 축소시켰다. **개항 이후 신식 군대인 별기군이 창설되자 차별과 홀대를 받던 구식 군인들이 개화에 반대하여 일으킨 것이 임오군란이었다.** 청나라가 군대까지 파견하여 임오군란을 진압하고 조선에 대한 영향력을 강화하자, 민씨 정권은 한층 보수적이고 사대적인 정책 기조를 유지해 나갔다. 그대로 놓아두면 자주적 근대화는 점점 더 멀어질 뿐이라고 판단한 개화당은 일거에 권력을 장악하고 위로부터 강력한 근대화를 추진해 나가기로 결의했다. 이를 위해 일본 측에 도움을 요청했고, 청나라를 견제하고 싶었던 일본은 옳다구나 하고 지원을 약속했다.

프랑스 혁명도, 메이지 유신도 모두 정치 변혁이었다. 변혁 주체 세력이 권력을 잡고 근대적 정강 정책(정부·정당 같은 정치 집단이 이루려는 정책을 말함)을 밀어붙여 조국의 근대화를 이룩했다. 갑신정변도 그러한 근대적 정치 혁명을 의도했다. 그러나 오래 버틸 힘이 없었다. 경우궁에 갇힌 민비가 청나라에 지원을 요청하자 청나라는 개화당 정권이 포진한 창덕궁으로 군대를 파견했고, 이에 불리하다고 판단한 일본군은 바로 발을 뺐다. 박영교朴泳敎(1849~84), 홍영식洪英植(1855~84)이 현장에서 사살되고 김옥균, 서재필 등은 겨우 목숨을 건져 일본, 미국으로 망명하는 신세가 되었다.

그 당시 민심은 개화당 편이 아니었다. 우리 백성이 근대화에 둔감하거나 반감을 가졌던 것은 아니다. 문제는 근대 문물을 가지고 들어온 사람들, 특히 일본 사람들의 행동이었다. 그들은 조선에 근대 문물을 선사하려 들어온 것이 아니라 조선에서 자신들의

고부 군수 조병갑이 군민을 동원해 만든 저수지 만석보. 조병갑은 이 저수지를 완성한 뒤에도 군민들에게 임금을 주지 않고 과중한 수세만 거둬들였다. 마침내 민란이 일어나자 조정에서는 안핵사 이용태를 파견했다. 이용태는 진주 민란의 원인을 '삼정의 문란'으로 분석해 낸 박규수만큼 똑똑하지 못했다. 그는 오히려 농민군을 잡아들이고 그 가족들을 살해하면서 사태를 악화시켰다.

이권을 실현하기 위해 들어왔기에 조선 백성을 업신여겼다. 그러던 차에 갑신정변이 일본의 지원을 받아 일어났다는 사실이 알려지자, 백성은 개화당에 등을 돌렸다. 사진관, 우정국 등 근대화 시설들이 백성의 공격을 받고 사라졌다. 갑신정변 주체 세력은 훌륭한 의도를 가지고 있었고, 그 의도를 실현시키는 데 절대적으로 필요한 권력 장악까지는 성공했다. 그러나 믿을 수 있는 동맹 세력을 키우지 못했고, 근대 역사에서 무엇보다도 중요한 민심을 움직이지는 못했다. 그리하여 의도와는 달리 그들 자신과 우리나라의 근대화에 크나큰 타격을 초래하고 말았다.

동학농민운동—민심은 잡았으나 권력은 잡지 못한

갑신정변이 실패한 뒤 다시 '갑' 자가 들어간 해가 올 때까지를 역사에서는 흔히 '잃어버린 10년'이라고 이야기한다. 『국사』 교과서를 보아도 1889년의 방곡령 사건을 제외하면 이 시기에는 괄목할 만한 역사적 사건이 눈에 띄지 않는다. 1876년 개항 이후 들썩이던 분위기가 착 가라앉고 특별한 근대화의 진전 없이 10년이 가 버린 것이다. 급박했던 그 당시의 세계정세를 돌이켜 보면 얼마나 중요한 10년이었는데! 갑신정변의 실패와 그에 따른 근대화의 좌절이 드리운 그림자는 그토록 깊고 길었다.

그리고 10년 뒤, 정확히 따지면 9년 2개월이 지난 1894년 갑오년 1월, 전라도 고부에서 일어난 농민들의 함성은 과거 10년, 아니 수십 년간 조선에서 무엇이 일어나고 있었는지를 명징하게 드러내 주었다. 그 당시 전라도 고부 군수 조병갑은 지역 양반들과 농민들의 고혈을 쥐어짜는 데는 명수였다. 만석보라는 저수지를 지으면서 일꾼들에게

전봉준, 손화중과 함께 동학의 3대 지도자로 꼽히는 김개남의 묘. 시신이 없는 가묘이다. 1895년 전주 서교장터에서 참수당했으나 시신은 수습되지 못했기 때문이다.

임금을 주지 않는가 하면, 저수지를 만들어 물을 저장해 두었으니 물 값을 내라면서 군민들에게 수세水稅를 걷어 들였다. 그리고 자기 부친의 비각碑閣을 짓는다고 동네 양반들에게 강제로 돈을 추렴(여럿이 각각 얼마씩의 돈을 내어 거둠)하기까지 했다. 훈장 일을 하던 전봉준全琫準(1855~95)은 조병갑에게 시정을 요구하다 여의치 않자, 농민을 이끌고 고부 관아를 공격했다. 그리하여 억울한 죄수를 석방하고 불법으로 걷어 들인 세금과 곡식을 백성들에게 나누어 주었다.

이때 농민들은 백성의 고혈을 짜는 각종 부조리하고 불법적인 조세 제도를 없애라는 요구와 더불어, 외국 상인이 곡식을 매점하고 밀수출하는 것을 막고 나라 안 곳곳을 마음대로 오가지 못하게 하라는 요구도 내걸었다. 개항 이후 전개된 외세의 침략이 이미 우리 농민의 삶에 치명적인 영향을 주고 있었다는 사실을 잘 알려 주는 내용이 아닐 수 없다.

조정은 이를 '민란'으로 규정하고 이용태李容泰(1854~?)를 안핵사로 파견하여 사태를 바로잡으려 했다. 그러나 이용태는 성난 민심을 수습하기는커녕 민란의 주모자들을 가혹하게 처리하여 사태를 걷잡을 수 없는 방향으로 몰고 갔다. 몸을 피했던 전봉준은 그 해 3월 전라도 각 지역의 농민을 규합해 대대적인 봉기를 일으켰다. 이 봉기의 지도부 상당수가 동학교도라는 점에서 이를 '동학농민운동'이라고 한다. 그러나 봉기에 참여한 농민군의 다수는 동학과 직접 관계가 없는 민중이며, 이 봉기가 단순한 민란이 아니라 전국적 규모로 벌어진 대對정부 전쟁이라는 점에서 '갑오농민전쟁'이라 불리기도 한다.

농민군의 지도부가 서울로 진격하여 '권귀'權貴(지위가 높고 권세가 있는 사람)를 모조리 없 애겠다고, 왜적을 몰아내겠다고 선언한 점으로 볼 때, 이것은 분명 내정 개혁과 외세 추방을 내건 혁명적 운동이었다. 그러나 한편으로는 농민군이 조선 왕조에 대한 충성 을 맹세했다는 점에서 근대 국가를 지향하는 혁명으로는 볼 수 없다는 견해도 만만치 않다. 충효를 다하자는 선언이 전략적·형식적 수사였는지, 농민군의 근본적 한계를 보여 주는 것이었는지는 모르겠다. 분명한 것은 서울로 진격하려는 농민군의 계획이 힘의 한계 때문에 전주성에서 멈추어 버렸다는 점이다. 그 해 6월 농민군은 전라도 각 지에 집강소를 설치하여 개혁을 실시하고 조정의 조치를 지켜본다는 선에서 정부군과 화약和約(화목하게 지내자는 약속)을 맺었다.

바로 그 순간, 농민운동을 빌미로 청나라 군대가 조선 땅에 들어왔고, 일본은 청나라 의 개입을 빌미로 역시 조선 땅에 군대를 파견했다. 일본군은 조선 정부에 자신들이 원하는 개혁을 요구했고, 조선 정부는 농민군과의 약속에 따라 독자적인 개혁을 추진 하고 있었기 때문에 일본의 요구를 거부했다. 그러자 일본군은 경복궁을 무력으로 점 령하고 대원군을 허수아비로 내세워 친일 내각을 구성했다. 그리고 그들의 입맛에 맞 는 개혁을 시작했으니 이를 '갑오개혁'이라고 한다. 갑오개혁의 내용 가운데는 반상 제도 철폐, 노비 매매 금지, 과부의 재가 허용 등 농민군이 요구한 내용이 상당수 들어 있었다. 그러나 전체로서의 갑오개혁은 결국 일본의 조선 침략을 손쉽게 하고 농민군 이 그토록 혐오하던 친일 개화파 관료들의 권력을 강화시켜 주는 것으로, 농민운동의 근본 취지에는 정면으로 위배되었다.

그러자 전봉준은 다시 한번 정부군과 일본군에 맞서 결사 항전을 했지만, 이미 때는 늦은 뒤였다. 일본군은 조선 내부의 강력한 저항 세력인 농민군을 철저히 공략하여, 농민군은 그 해 11월 완전히 패배하고 말았다.

동학농민운동은 천심天心으로 불리던 민심을 확실히 규합하여 일어난 혁명 운동이었다. 그들이 내건 정강 정책 가운데는 근대화를 지향한다고 볼 수 없는 부분도 있었지만, 만약 그들이 실제로 서울로 진공進攻(진격)하여 권력을 장악했다면 자주적 근대화는 훨씬 더 급물살을 탔을 것이다. 민심 그 자체였던 농민군이 권력을 노리지 않았던 이유는 애초의 의도가 아니었기 때문이기도 하고 힘이 부족했기 때문이기도 하다.

서로 다른 방향에서 조선의 자주적 근대화를 밀어붙였던 갑신정변과 동학농민운동은 이렇게 서로 반대되는 이유로 실패했다. 그리고 다시 10여 년이 흐른 1910년에 조선은 지도상에서 완전히 사라지고 말았다.

한계는 지적해도 비웃지는 말자

갑신정변과 동학농민운동에서 볼 수 있듯이 우리 근대사는 그 주체들에게 무척 잔인했다. 김옥균이든 전봉준이든 선한 의지를 가지고 무엇인가를 의도하여 행동으로 옮기면 옮길수록 의도와는 정반대의 결과들이 나타나곤 했다. 갑신정변은 개화를 10년

청일 전쟁으로 인해 폐허가
된 평양의 모습.

이나 후퇴시켰고, 동학농민운동은 청나라와 일본 군대를 끌어들여 전 국토를 외세 간의 전장으로 만들었다.

그래서 갑신정변과 동학농민운동의 의의를 평가하는 사람이든 폄하하는 사람이든 그 주체 세력의 한계를 냉소적으로 지적하는 사례가 적지 않다. 갑신정변은 제국주의 세력에 대한 인식이 부족해서 외세에 의존했다는 한계가 있었고, 동학농민운동은 근대 시민 국가와 시민 사회에 대한 인식이 없어서 사회 개혁을 요구하면서도 봉건 국가를 옹호하는 잘못을 저질렀다고 한다. 그러면서 근대화에 대한 준비가 되어 있기는커녕 이미 안으로 망해 가고 있던 조선에서 무슨 일을 한들 자주적 근대화가 가능했겠느냐고 한다. 조선의 운명은 이미 식민지화로 정해져 있었다는 것이다.

이렇게 선조들의 행동을 가혹하게 비판하는 것은 또 다른 역사적 공간에서 살아가는 우리에게 경종을 울려 주는 효과가 있다. 역사란 그토록 비정한 것이고, 그 속의 주체들이 역사의 흐름을 올바로 인식하지 못하면 결국 역사의 급류에 휘말리고 만다는 경고가 여기에 담겨 있다. 그러나 강렬한 애국심과 사명 의식을 가지고 당대의 불의에 맞서 때로는 목숨까지 바쳤던 선조들을 이런 식으로 비웃기만 한다면, 역사에 대해 냉소적 태도를 불러일으킬 수도 있다.

우리는 누구나 개인적·사회적 한계를 가지고 역사에 참여한다. 촛불 집회에 참가하는 수많은 국민은 자신의 행위가 객관적으로 어떤 역사적 결과를 불러올지 알지 못하지만, 자신들이 정의라고 믿는 행동에 신념을 갖고 몸을 맡긴다. 만약 그 모든 노력에도 불구하고 어두운 미래를 피할 수 없다고 생각한다면, 누가 용기를 갖고 현실을 타개하

"大逆不道玉均."(대역부도 옥균)
갑신정변의 주동자 김옥균은 결국 타국에서 죽음을 당하고, 고국으로 돌아온 시신은 양화나루에 효수되었다.

려고 하겠는가?

갑신정변과 동학농민운동이 왜 실패했는지, 그들의 한계를 오늘날 우리가 반복해서 드러내지 않으려면 어떻게 해야 하는지를 냉정하게 분석하는 것은 중요하다. 그러기 위해 우리는 역사에 관심을 갖고 역사를 공부해야 하며 학자들의 연구를 재촉해야 한다. 그러나 선조들의 뜨거운 애국심과 열정을 높이 평가하고 그 정신을 이어받겠다는 신념이 없다면, 특히 우리처럼 힘겨운 근대를 보낸 나라에서 역사 공부는 그 의미를 잃고 말 것이다.

500년 ‘제후국’ 과 13년 ‘황제국’

조선 V

남·북한의 정식 국호는 각각 ‘대한민국’ 과 ‘조선민주주의인민공화국’ 이다. 여기서 ‘대한’ 과 ‘조선’ 은 대한제국과 그 전신인 조선국에서 비롯된 이름이다. 대한제국은 더 거슬러 올라가면 삼국에 앞서 있었다는 삼한에 이르고, 조선 역시 먼 옛날 우리 역사상 최초의 국가인 고조선에 이른다. 역사와 전통에 빛나는 이름들이 아

↑ 조선 최고의 군주로 평가받는 세종의 어진.

S 대한제국

닐 수 없다. 그러나 1897년 조선이 대한제국으로 바뀌던 시절로 돌아가 보면, 두 이름 모두 그리 자랑스럽게 불릴 만한 상황에 놓여 있지 않았다. 그러면 고종은 왜 500년 넘게 이어 오던 나라 이름을 대한으로 바꾸었을까? 조선 왕조가 대한제국으로 바뀐 뒤 이 땅에서는 무슨 일이 일어났을까?

↑ 우리 역사상 첫 황제, 대한제국의 고종.

미국의 아서 대통령을 알현하고 있는 민영익 일행을 묘사한 주간지 『뉴스페이퍼』 뉴욕판의 삽화. 1883년 미국으로 떠난 민영익을 위시한 보빙사 일행(187쪽 사진)은 샌프란시스코에 도착한 뒤 아서 대통령을 만나 고종의 서찰을 전한다.

기울어 가는 조선 왕조 500년

1876년에 이루어진 개항은 조선의 대외 창구를 다변화시켰다. 그전까지 조선에 해외 문물이 들어오는 통로는 오직 중국으로 난 육로뿐이었으나, 이제는 바다 쪽으로도 넓어진 것이다. 조선은 중국만이 아니라 일본, 미국, 유럽 등에 잇달아 사절단을 보내 근대 문물을 살피고 익혀 오는 일을 서둘렀다.

그런데 조선이 독자적으로 대외 교류를 진행하는 데는 뜻하지 않은 장애가 많았다. 그 가운데 하나가 중국의 방해였다. 청나라는 병자호란 때 조선을 무릎 꿇린 뒤 조선의 종주국으로 행세해 왔다. 조선 왕조는 내심 청나라를 업신여겼지만 힘의 논리에서 밀려 옛날 명나라에 하듯이 청나라에 정기적으로 사신을 보내 조공을 바쳤다. 이러한 조공-책봉 관계는 형식적이고 문화적인 관계로, 근대 세계의 식민지와 종주국의 관계와는 성격이 달랐다. 그러나 청나라는 근대 세계에서도 조선의 종주국인 것처럼 행세하면서, 조선이 다른 나라에 외교 사절단을 파견할 때마다 간섭하려 들었다. 1887년에는 미국으로 떠났던 조선의 사절단이 중국의 방해와 협박으로 1년 만에 중도 귀국한 일도 있었다.

조공-책봉 관계를 근대의 주종 관계로 연장시키려는 청나라의 욕심은 1894년 청일 전쟁에서 패한 뒤 한풀 꺾이게 되었다. 일본은 조선 정부를 시켜 1894년에는 갑오개혁, 1895년에는 을미개혁을 단행하도록 하여 침략의 기반을 다졌다. 그러나 을미개혁 때 실시된 단발령은 머리카락을 비롯하여 부모로부터 물려받은 신체를 소중하게 여기는 조선인의 정서를 건드려 반일 감정을 폭발시켰다. 게다가 일본은 부랑배를 시켜, 사사

명성황후의 국장 장면. 명
성황후는 친러 정책을 추구
하다 1895년 일본인에게 살
해당했다.

건건 일본을 견제하고 나선 민비를 죽이는 만행까지 저질렀다.

이 틈을 노리고 조선을 둘러싼 이권 경쟁에서 일본의 강력한 맞수로 등장한 나라가 러
시아였다. 일본이 주도한 개화 정책에 민심이 등을 돌리자, 러시아와 이범진李範晉
(1852~1910), 이완용李完用(1858~1926) 등 친러파 세력은 1896년 고종을 러시아 공사관으
로 피신시켜 그곳에서 정사를 보도록 했다(아관파천). 그동안 개화 정책을 추진했던 김
홍집, 유길준 등 친일파 관료들은 숙청되었고, 김홍집은 성난 백성들에게 맞아 비극적
인 최후를 맞이했다.

500년 유구한 역사를 자랑하는 조선 왕조가 열강의 먹잇감으로 전락하여 일국의 제왕
이 외국 공사관으로 피신한 사태는, 왕조뿐 아니라 백성 모두의 자존심에 큰 상처를
안겼다. 개화도 좋지만 먼저 근대 사회의 버젓한 나라로 거듭날 필요가 있었다. '개화'
못지않게 '독립'이 중요한 시대적 과제로 떠오른 것이다. 그러자 갑신정변에 참여했다
가 일본을 거쳐 미국으로 망명했던 서재필이 돌아와, 개화파 관료들의 적극적인 지원
을 받으며 『독립신문』을 창간하고 독립협회를 결성했다. 중국에 대한 형식적인 조공-
책봉 관계도 청산하고, 일본과 러시아로부터도 자유로운 근대적 독립 국가를 만들기
위해서는 어떻게 해야 할까? 1896년 조선의 엘리트들은 이 고민을 하며 바쁘게 움직
이고 있었다.

이름을 바꾸면 운명이 바뀐다?

1896년은 을미개혁에 따라 조선이 양력을 쓰기 시작한 해다. 전통적으로 중국의 역법

대안문(지금의 대한문) 앞에서 고종의 환궁을 환영하는 인파. 고종이 경복궁을 빠져나가 러시아 공사관으로 간 지 일 년 만에 돌아온 곳은 경운궁이었다.

曆法(천체의 주기적 현상을 기준으로 한 해의 절기나 달 등을 정하는 방법)을 받아다가 사용하던 조선으로서는 중국과의 조공-책봉 관계에서 벗어나는 큰 걸음을 옮겨 놓은 셈이다. 게다가 그 해부터 조선은 건양建陽이라는 독자적 연호를 썼다. 일찍이 고구려의 광개토 대왕이 영락永樂이라는 독자적 연호를 쓴 사례가 있고, 발해의 왕들과 고려의 광종 또한 자기 연호를 사용했다. 중국 황제의 연호를 따르지 않고 자체 연호를 쓰는 것도 동아시아의 전통 질서에서는 자주성의 중요한 징표였다.

그러나 자주적 근대화를 추구했던 독립협회 등 개화 세력은 여기에서 만족할 수 없었다. 그들은 중국과의 전통 관계로부터 완전히 단절된 새로운 형식의 독립 국가를 원했다. 그러한 나라를 세우겠다는 의지를 담아 추진한 사업이 '독립문 건설' 이었다. 독립협회는 중국의 사신을 영접하던 모화관 자리에 프랑스 파리의 개선문을 닮은 독립문을 세운다는 계획을 마련하고 전 국민을 대상으로 모금에 들어갔다. 그리고 러시아 공사관에 피신해 있는 고종에게도 어서 나와 경운궁(지금의 덕수궁)으로 들어갈 것을 촉구했다. 이런 과정에서 국가 체제를 바꾸는 문제도 물밑에서 논의되기 시작했다.

체제 변경의 핵심은 안팎에 독립국의 이미지를 확실히 심어 주고, 자주적 근대화를 이루는 데 있었다. 그리하여 고종의 지위를 왕이 아닌 황제로 끌어올리고, 국가 체제를 독일, 러시아 같은 전제 군주국으로 하는 것에 많은 이가 동의했다. 동아시아에서 '왕' 은 황제의 책봉을 받는 제후의 칭호였기 때문에 우리나라가 독립국이라는 형식적 요건을 과시하려면 이러한 변경이 꼭 필요했다.

그런데 고종은 여기서 그치지 않고 '조선' 이라는 나라 이름마저 '대한' 으로 바꾸었다.

러시아 공사관에서 고종이 거처하던 방. 고종은 이 방을 세자(뒷날의 순종)와 함께 써야 했다. 고종은 공사관 생활을 하면서 처음으로 커피를 마셔 보고 환궁 후에도 계속 즐겼다. 1898년에는 김홍륙이라는 자가 이를 이용해 커피에 독을 넣어 고종을 독살하려다 실패한 일도 있었다.

선대왕으로부터 물려받은 국호마저 바꾸기로 한 까닭은 무엇일까? 조선은 이 땅에서 일어난 최초의 국가 이름으로 매우 커다란 상징적 의미가 있다. 그러나 태조 이성계는 나라 이름을 조선으로 정할 때 중국 명나라의 허락을 받았다. 그런 내력 때문에 고종은 새로운 황제국의 이름으로 조선을 그대로 쓰는 것을 꺼렸다. 그리하여 조선 말고도 우리나라의 이름으로 오랫동안 쓰였던 '한' 韓을 새로운 국호로 채택했다. 일찍이 우리나라는 '조선' 또는 '삼한' 三韓이라 불렸으며, 신라와 고려가 각각 삼국과 후삼국을 통일했을 때에도 "삼한을 하나로 합쳤다"라는 의식을 갖고 있었다. **'대한' 大韓은 그러한 '삼한의 땅에 세워진 큰 나라'라는 뜻이다.**

1897년 2월 고종은 러시아 공사관을 떠나 경운궁으로 들어갔고, 그 해 10월 원구단에서 대한제국의 수립을 선포했다. 원구단은 황제가 하늘에 제사를 올리는 제단으로, 중국의 압력 때문에 세조 때부터 비워 두고 있었던 곳이다. 이제 사람들은 고종을 '전하'가 아닌 '폐하'로 부르기 시작했고, 고종은 자신을 '과인'이라고 겸손하게 부르는 대신 '짐'이라고 당당히 일컫게 되었다.* 11월에는 독립문도 완공되었다.

그러나 이렇게 이름을 바꾸는 것만으로 나라의 운명을 바꿀 수 있을까? 조선국이 대한제국으로 바뀔 수 있었던 것은 종주국 행세를 하던 청나라가 이빨 빠진 호랑이가 되어 버렸기 때문이다. 게다가 조선에서는 이미 청나라 대신 일본, 러시아가 온갖 이권을 가져가면서 이 땅을 자기네 식민지로 만들기 위한 투쟁을 벌이고 있었다. 500년 조선 왕조를 대체한 황제국 앞에는 감당하기 어려운 과제들이 줄지어 서 있었던 것이다.

* 전하는 왕이나 왕비 또는 왕족을, 폐하는 황제나 황후를 높여 부르는 말이며, 과인은 왕이, 짐은 황제가 자기를 낮추어 이르던 일인칭 대명사다.

1910년 8월 29일 한일합병이 결정되자 일본은 경복궁 근정전에 일장기를 내걸었다. 일제는 29일에 합병 사실을 공포했지만 합병조약은 이완용과 데라우치에 의해 22일에 이미 체결된 상태였다.

500년 역사를 끝낸 13년짜리 피날레

독립 국가 대한제국의 진로를 놓고, 고종을 둘러싼 보수 관료들과 서재필을 중심으로 한 독립협회 사이에 치열한 대결이 벌어졌다. 개화파의 결집체인 독립협회는 대한제국을 입헌 군주 국가로 만든다는 목표를 가지고 있었다. 영국이나 일본에서 그런 것처럼, 입헌 군주국에서는 군주의 권력은 제한되고 의회와 같은 권력 기관이 정책을 좌우한다. 그런데 고종과 관료들은 황제의 전제 권력을 놓으려 하지 않았다.

그러나 독립협회가 노골적으로 입헌 군주제를 요구하기에는 정치적 환경이 녹록지 않았다. 대한제국 정부를 장악하고 있던 친러파 관료들은 지하자원 개발권과 철도 부설권 등을 잇달아 러시아에 넘겨주려 하고 있었다. 고종이 러시아 공사관으로 피신했던 시절과 같은 비자주적인 외교 노선도 계속되었다. 우선 이러한 대한제국의 종속적 행태부터 청산하는 것이 시급한 문제였다. .

독립협회는 1898년 3월 서울 종로 네거리에서 대중 집회를 열어, 러시아 사람인 탁지부(지금의 재정 경제부) **고문과 교련 사관을 해고하고 친러시아 외교 정책을 중단하라고 요구했다.** 이때 자주적 근대화를 역설한 이승만李承晩(1875~1965), 홍정하 등의 청년 연사들은 대중적 인기를 얻으며 안팎에 큰 반향을 불러일으켰다. 우리나라 역사상 최초라 해도 좋을 이러한 '길거리 정치'는 계속되어, 그 해 10월에는 박정양朴定陽(1841~1904) 등 정부 관리까지 참여하는 '만민 공동회'로 확대되었다. 독립협회는 일본인에게 의지하지 말고 외국과의 이권 계약을 대신大臣(1894년 이후에 고종이 둔 내각 각부의 으뜸 벼슬)이 단독으로 체결하지 말라는 등의 '헌의 6조'를 건의했고, 고종은 이를 수정 없이 재가裁可(안건을

"(대한제국의 상황이) 원래 허약한 것이 쌓여서 고질이 되고 피폐가 극도에 이르러 시일간에 만회할 시책을 행할 가망이 없으니 …… 차라리 대임을 남에게 맡겨서 완전하게 할 방법과 혁신할 공효를 얻게 함만 못하다. 그러므로 짐이 한국의 통치권을 종전부터 친근하게 믿고 의지하던 이웃 나라 대일본 황제 폐하게 양여하고 밖으로 동양의 평화를 공고히 하고 안으로 팔역의 민생을 보전하게 하니 그대들 대소 신민들은 번거롭게 소란을 일으키지 말고 각각 그 직업에 안주하여 일본 제국의 문명한 새 정치에 복종하여 행복을 함께 받으라. 짐의 오늘의 이 조치는 그대들 민중을 잊음이 아니라 참으로 그대들 민중을 구원하려고 하는 지극한 뜻에서 나온 것이니 그대들 신민들은 짐의 이 뜻을 능히 헤아리라." ─ 순종의 「전권 위임 조서」 중

결재하여 허가함)했다.

독립협회의 요구에는 정부 체제에 관한 내용이 없었다. 정부 정책의 자주성과 투명성을 높이는 데만 초점이 맞추어져 있었다. 그러나 정부 내 보수 관료는 이마저 두려워했다. 그들은 독립협회가 황제권을 폐지하고 공화제로 가려 한다는 주장을 했고, 이 말을 들은 고종은 독립협회를 해산하고 회원을 체포하라는 명령을 내렸다. 대한제국과 독립협회의 협력 관계는 여기서 끝났다. 이제 대한제국은 고종 황제를 중심으로 한 보수적 전제 군주국으로서, 험난한 근대의 바다를 헤엄쳐 나가야 했다.

독립협회가 해산된 1899년 이후, 고종은 황제로서 자신의 권력도 지키면서 독립 국가도 유지해야 하는 이중의 과제를 안고 열심히 노력했다. 그러나 그토록 좁아진 지지 기반을 가지고 강력한 열강과 맞선다는 것은 무리였다. 1905년 러일 전쟁에서 이겨 러시아를 쫓아낸 일본은 대한제국을 마음대로 요리해 들어왔다. 고종 스스로 500년 전통의 조선 왕조를 '중국의 속국'으로 깎아내리고, 황제국으로 이름을 바꾼 결과는 참담했다. 대한제국은 이미 기울어 가던 조선의 운명을 기술적으로도 연장시키지 못한 채 짧고 초라한 피날레를 연출하며, 1910년 일본에 국권을 내주었다.

이름을 바꾼다고 운명이 바뀌는 것은 아니다. 운명을 바꾸려면 사람이 바뀌어야 한다. 그런데 대한제국은 운명을 바꿔 줄 수 있는 사람들과 잇달아 인연을 끊은 끝에, 500년 왕조의 명맥을 13년 만에 단절시켜 버리고 말았다.

조선의 최후를 앞당긴 정쟁

친러 V

이완용이 아관파천을 전후하여 친일파와 맞선 친러파의 거두였다는 사실은 잘 알려져 있지 않다. 그가 독립협회의 회장이었다는 사실은 더더욱 알려져 있지 않다. 이완용은 최초의 근대 교육 기관인 육영공원을 나와 미국을 드나들며 외교가의 엘리트로 성장한 인물이었다. 따라서 그 당시 세계의 흐름을 꿰뚫고 있었고, 어느 편에 서는 것이 승리자의 길인가를 너무나도 잘 알고 있었다. 이런 인물이기에 그가

⬆ 서울 정동에 위치한 러시아 공사관. 현재는 탑부만 남아 있다.

S 친일

친러파에서 친일파로 변신하는 과정이 곧 조선을 둘러싼 세계사적 판도가 결정되어 가는 과정이었으리라는 것을 충분히 짐작할 수 있다. 조선의 마지막 숨통을 서로 끊겠다고 덤벼들던 두 승냥이의 아귀다툼 사이에서 둘 중 하나의 편에 섰던 우리 조상들이 모두 이완용처럼 대세를 좇으려고만 한 것은 아닐 터, 그 당시 친러파와 친일파는 과연 조선을 어디로 끌고 가려 했던 것일까?

🔳 임오군란, 갑신정변으로 불탄 후 남산 녹천정 부근에 새로 지은 일본 공사관. 1906년 이토 히로부미가 통감으로 부임할 때까지 이용했다.

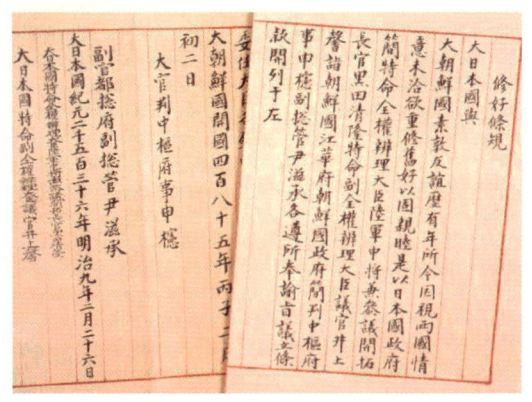

강화도 조약 문서. 잘못 끼운 첫 단추였던 강화도 조약은 다른 나라와 통상 조약을 맺을 때에도 조선의 발목을 잡았다. 조선은 미국을 시작으로 영국, 독일, 프랑스, 러시아와 체결한 조약에서 치외법권을 인정하는 등의 불평등조약을 울며 겨자 먹기 식으로 맺어야 했다.

『조선책략』— '러시아를 경계하고 일본과 가까이 지내라'

중국은 영국과의 전쟁에 져서 개항했고, 일본은 미국의 위협에 못 이겨 개항했다. 여기서 개항은 근대적 교역 관계를 위한 문호 개방을 의미한다. 영국과 미국은 근대 자본주의 사회에서 앞서 가던 열강이었으므로, 중국과 일본의 개항은 이전부터 있었던 동아시아 나라끼리의 개항과는 처음부터 분명 성격이 달랐다.

그런 가운데 조선은 먼저 개항한 일본의 위협을 받고 개항했다. 조선과 일본은 수백 년 동안 서로의 항구를 개방해 왔으므로 이 '개항'의 의미가 분명치 않을 수 있었다. 일본이 요구한 것은 미국이 자신들에게 요구한 것과 같은 근대적 개항이었고 조선의 조정도 이를 분명히 알고 있었다. 그러나 조선 관리들은 일본과 예전부터 교역했다는 점을 들어, 일본에 대한 개항과 서구 열강에 대한 개항은 그 성격이 다르다는 말로 스스로를 위안하려 했다. 1876년의 일이다.

일본이 조선의 문을 열고 들어가자 서방의 열강들이 앞 다투어 조선을 노리고 달려들었다. 남쪽의 따뜻한 항구를 찾아 끊임없이 중국과 조선의 문을 두드리던 러시아가 이 대열에서 빠질 리 없었다. 러시아는 17세기부터 연해주 지역으로 진출하여 청나라와 영역 분쟁을 빚었고, 그러는 과정에서 청나라의 요청을 받은 조선이 군대를 파견하여 러시아군과 전투를 벌인 일도 있었다(나선 정벌). 또 두만강 건너편에 나타나 직접 교류를 타진해 오기도 했으나, 조선 정부는 이를 거부했다. 하지만 조선이 일본의 요구에 따라 부산, 원산, 인천을 개방하고 서구 열강과 통상 교섭에 들어간 뒤에는 러시아의 요구만 거절할 수는 없었다.

친중(親中)·결일(結日)·연미(聯美).
『조선책략』(사진) 속의 이 여섯 글자
가 조선을 뒤흔들어 놓았다.

그러던 1880년 조선이 취해야 할 외교 노선을 권고한 작은 책이 조야朝野(조정과 민간을 통틀어 이르는 말)에 큰 파문을 일으켰다. 그 해 일본에 2차 수신사로 파견되었던 예조 참의 김홍집이 가져온 주일 청국공사 참찬관 황준헌黃遵憲(1848~1905, 청나라의 외교관·작가)의 저서 『조선책략』이 그것이었다. 이 책은 조선이 이리처럼 탐욕스러운 러시아의 침략을 막아 내기 위해서는 대국大國인 중국과 친해야 하고, 과거부터 교린交隣(이웃 나라와의 사귐) 관계를 이어 온 일본과 결합해야 하며, 멀리 떨어져 있지만 영토 욕심이 없고 약소국을 돕고자 하는 미국과 연대해야 한다고 주장했다.

『조선책략』은 조선 사회를 발칵 뒤집어 놓았다. 특히 일본에 대한 개항을 극력 반대했던 위정척사파 유생들은 『조선책략』의 주장이 조선을 완전히 발가벗겨 주변 세계에 내놓으라는 것이라며 잇달아 반대 상소를 올렸다. 이듬해인 1881년 이만손李晩孫(1811~91)이 주도한 만인소萬人疏(조선 시대에 만여 명의 선비들이 이름을 이어 써서 올리던 상소)는 특히 유명하다. 그러나 **고종을 비롯한 조정은 이 책을 통해 국제 정세의 심각성을 새삼 깨닫고 대외 개방을 추진하여 서구 열강과 잇따라 국교를 맺었다.** 일본과 청나라의 견제 때문에 러시아와의 수교는 다소 늦어졌지만, 다른 나라에 문을 연 이상 마냥 늦출 수만은 없었다. 1885년 러시아는 열강 가운데 가장 늦게 조선과 국교를 맺고 조선 진출을 서두르게 되었다.

아관파천 — 친러파의 친일파 사냥

1885년은 조선에서 일본 세력이 위축된 시기였다. 1884년 김옥균, 박영효 등 개화당

1985년 4월 거문도를 점령한 영국군. 영국군은 20일에 중국과 일본에 그 사실을 통보하고 조선 정부에는 5월 20일에야 통보했다. 조선의 항의에 영국은 중국을 상대로 교섭을 시도했고 영국과 중국이 거문도 문제에 대해 협상을 벌이는 동안 조선은 손을 놓고 있을 수밖에 없었다.

이 일본의 지원 약속을 받고 일으킨 갑신정변이 민영익閔泳翊(1860~1914), 조병직趙秉稷(1833~1901) 등 수구당(조선 후기, 명성황후를 중심으로 형성된 보수 정치 집단)의 요청을 받은 청나라 군대의 공격으로 좌절되었기 때문이다. 청나라는 이전부터 조선과 맺어 오던 조공-책봉 관계를 적극 활용하여 조선에 대한 영향력 확대에 나섰다. 조선이 서구 열강과 외교 활동에 나서려고 하면 종주국인 청나라의 허락을 받고 움직여야 한다면서 방해 공작을 펴곤 했다.

바로 이런 시기에 조선과 국교를 맺은 러시아는 노골적으로 조선에 대한 영토 욕심을 드러내었다. 연해주의 블라디보스토크보다 남쪽에 있는 부동항不凍港(일 년 내내 해수면이 얼지 않는 항구)을 찾던 러시아는 조선의 영흥만을 후보지로 점찍고 동해 진출을 시도했다. 이러한 러시아의 조선 진출은 영국의 신경을 건드렸다. 전 세계를 대상으로 한 식민지 확보 경쟁에서 한발 앞서 가던 영국은 자기를 뒤쫓아 오며 곳곳에서 분쟁을 일으키는 러시아에 어떻게든 대응해야 했다. 그래서 영국은 1885년 4월부터 약 2년 동안 군함을 동원하여 조선의 거문도를 불법 점령하고 러시아를 견제했다(거문도 사건). 개항한 지 10년도 안 되어 조선은 열강의 세계 전략에서 중요한 분쟁 지역으로 떠오른 것이다.

거문도 사건은 청나라가 적극적으로 중재에 나서 러시아의 조선 진출을 일단 포기시킴으로써 일단락되었다. 러시아가 잠시 주춤한 사이 청나라와 일본은 조선을 두고 치열한 경쟁을 벌였다. 그들의 승부처는 1894년 동학농민운동을 계기로 일어난 청일 전쟁이었다. 이 전쟁에서 승리한 일본은 김홍집, 정병하鄭秉夏(?~1896), 어윤중魚允中

빌타르 드 라게리(Villetard de Laguerie)라는 프랑스의 기자가 1898년 출간한 책. 표지에는 '한국, 독립인가, 러시아 또는 일본인가'라는 제목과 함께 흥선 대원군, 명성황후, 고종의 삽화가 그려져 있다. 당시 극동특파원이었던 기자는 민비에 대해 "오직 명성황후만이 당시의 조선을 이끌 수 있었던 정치가"라고 평가했다.

(1848~96) 등 온건 개화파를 내세워 조선의 정치·사회·경제를 자신들이 요리하기 좋도록 개혁해 나갔다. 이것이 갑오개혁과 을미개혁으로, 신분제를 철폐하고 과부의 재가를 허용하며 태양력을 사용하도록 하는 등 우리 사회의 근대화에 중요한 전환점이 될 만한 정책들이 잇따라 채택되었다.

그러나 일본의 강요에 못 이겨 진행된 개혁 조치는 부작용을 낳았다. 특히 을미개혁의 일환으로 단행된 단발령은 전통 가치를 지키려는 백성들의 광범위한 반발을 불러일으켰다. 게다가 일본 세력과 맞서기 위해 러시아 세력을 끌어들였던 명성황후를 일본인이 시해한 사건은 친일 내각에 대한 민심을 돌이킬 수 없이 악화시켰다. **이범진, 이완용 등의 친러파가 이를 틈타 인천항에 들어온 러시아 군함의 힘에 기대어 일으킨 것이 아관파천이었다.**

그들은 1896년 2월 고종의 친위대가 의병 진압에 동원된 사이에 고종과 왕세자를 서울 정동에 있는 러시아 공사관으로 빼돌리고, 그곳을 집무실로 삼아 새로운 내각을 꾸렸다. 그리고 포고를 내려 김홍집, 유길준, 김윤식 등 친일 각료들을 보는 즉시 체포하도록 했다. 그리하여 친일 내각의 수반이었던 김홍집은 궁궐에서 잡혀 정병하와 함께 호송되는 도중 분노한 백성의 공격을 받아 길거리에서 죽는 비운을 맞아야 했다.

이로써 친일 세력은 일시에 사그라지고 조선은 친러파 세상이 되었다. 친일 내각이 온건 개화파로 구성되었다면, 친러 내각은 보수적인 사대당 출신이 대부분이었다. 일본은 주권 국가의 군주가 외국 공사관에서 집무를 본다는 것은 있을 수 없는 일이라며

러시아로 가기 위해 압록강을 건너는 일본군. 러시아와 일본 사이의 긴장감을 알아차린 조선 정부는 '국외 중립'을 선언했지만 소용이 없었다. 일본군은 이미 루비콘 강을, 아니 압록강을 건너 버렸다.

고종에게 궁궐로 돌아갈 것을 종용했다. 영국, 미국 등 다른 나라도 마찬가지였다. 그러나 고종은 요동치는 정국에서 일신의 안전을 보장받을 수 없다며 공사관 칩거를 고집했다. 친일 세력과 친러 세력의 한판 대결 속에 일어난 아관파천은 우리 역사에서 가장 치욕적인 순간 가운데 하나로 기록되어 있다.

러일 전쟁—이기면 매국노가 되는 저주받은 경쟁

아관파천이 진행되는 동안 러시아는 친러파 관료들을 내세워 함경도 지방의 삼림 채벌권, 경원선 철도 부설권 등 굵직한 이권들을 챙겼다. 갑신정변의 주모자 가운데 한 명으로서 미국으로 망명했다 돌아온 서재필 등 개화 세력은 이를 두고 볼 수 없었다. 『독립신문』을 발간하고 독립협회를 세운 서재필은 조선의 완전한 자주와 독립을 위해 노력하면서 고종에게 조선의 궁궐로 돌아올 것을 강력히 요구했다. 이때 대두된 것이 나라 이름을 바꾸어 조선을 중국과 동급의 황제국으로 선포하는 일이었다. 1897년, 대한제국은 그렇게 탄생했다.

러일 전쟁 당시 의주에 주둔한 일본군. 400여 년 전 '정명가도'(도요토미 히데요시가 조선 정부에 중국 명나라를 치는 데 필요한 길을 빌려 달라고 요구한 말)를 요구했다 실패한 일본은 '정러가도'를 실현시켰다. '중립국' 조선은 본의 아니게 일본에 도로와 물자, 인력을 제공했다.

조선의 진로를 둘러싼 친일파, 친러파, 독립협회 등의 대결은 무대를 대한제국으로 옮겨 계속되었다. 독립협회는 1898년 서울 종로 한복판에서 만민 공동회를 열어 친러파 수구 각료들이 러시아에 이권을 넘겨주는 행태를 강력히 비판하고, 러시아와 일본을 비롯한 모든 외세의 간섭을 배제하라고 외쳤다. 고종도 독립협회의 요구를 적절히 수용하면서 자주국 조선의 황제로서 자존심을 회복하려고 했다. 그러나 이미 조선 내부에 깊숙이 침투한 외세는 조선의 홀로 서기를 허용하지 않았다.

일본은 러시아가 만주를 차지하도록 허용하고 자신들은 조선을 차지한다는 시나리오를 갖고 있었다. 그러나 서구 열강은 러시아가 만주를 독식하는 것을 원치 않았다. 1900년 청나라에서 일어난 의화단운동*에 다른 열강과 함께 진압군으로 참여하여 열강의 지위를 획득한 일본은, 노선을 바꾸어 대한제국뿐 아니라 남만주까지도 세력을 뻗치려는 욕망을 키워 갔다. 1902년 영국은 러시아에 맞서 자신의 이익을 지켜 주는 아시아의 파트너로 일본을 선택하고, 일본과 동맹을 맺었다. 이런 과정에서 러시아가

* 의화단운동 : 청나라 말기에 중국 화베이 일대에서 일어난 외세 배척 농민운동. 1900년 6월, 베이징에서 교회를 습격하고 외국인을 박해한 의화단을 청나라 정부가 지지하고 대외적으로 선전 포고를 하자, 미국을 비롯한 8개국의 연합군이 베이징을 점령·진압했다.

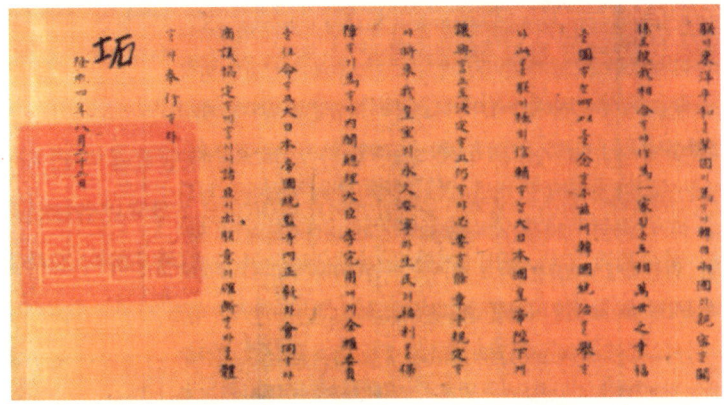

일본에 북위 39도 선을 경계로 한국을 양분하자는 제안을 하자, 일본은 러시아를 상대로 전쟁을 벌일 준비에 착수했다.

그 당시 아시아 일각에서는 러시아와 맞서는 일본을 서구 제국주의와 맞서는 아시아의 대표 국가로 인식하는 분위기가 있었다. 그것은 우리 내부에서도 마찬가지였다. 일본보다는 러시아를 더 큰 위협으로 생각한 고종과 국내 정치 세력은 은밀히 일본을 도왔다. 뒷날 이토 히로부미를 처단한 독립지사 안중근安重根(1879~1910)도 일본이 러시아를 이기고 동양에 평화를 가져다주기를 바랐다. 러시아가 승리하기를 바라는 친러파도 있었지만 그들은 소수였다.

이런 분위기 속에 전쟁이 벌어져 누구나 약세라고 생각했던 일본이 이겼다. 세계도 경악했고 한국도 경악했다. 침략적인 러시아 제국주의를 물리친 일본이 아시아에 자긍심과 평화를 가져다줄 것이라는 희망도 있었다. 그러나 일본의 행보는 그러한 희망과는 거꾸로 가고 있었다. **러일 전쟁*이 벌어지자 한국의 정부를 장악하여 한일 의정서를 강제한 일본은, 전쟁에 승리하자마자 한국의 외교권을 빼앗는 을사늑약**(1905)을 체결했다. 이때 고종에게 일본의 요구를 받아들이라고 요구한 이른바 '을사 5적' 중 한 명이 전날의 친러파 이완용이었다. 대세가 일본 쪽으로 기울자 재빨리 노선을 바꾼 것이다. 일본이 러일 전쟁에 투입한 전쟁 비용의 절반 이상은 미국, 영국 등 서방의 동맹국이 지원했다. 일본의 승리는 제국주의 열강끼리의 나눠 먹기 야합野合(좋지 못한 목적으로 서로 어울림)에서 나온 결과였다. 미국은 자신의 필리핀 지배를 인정받는 대가로 일본이 조선

* 러일 전쟁 : 1904년에 한반도와 만주의 지배권을 둘러싸고 러시아와 일본 사이에 일어난 전쟁. 일본이 승리하여 1905년 미국의 루스벨트 대통령의 중재로 포츠머스에서 강화 조약이 체결되었다. 그 결과 일본은 우리나라에 대한 지배권을 묵인받고 라오둥(遼東) 반도를 차지해, 대륙 침략의 발판을 마련했다.

← 친러파였던 이완용은 러일 전쟁을 계기로 친일파로 완벽히 변신했다. 1910년에는 순종에게 합병조약 위임장(왼쪽 사진. 내용은 213쪽 참조)을 받아 조약을 체결하는 데 성공했다. 맨 왼쪽 '척'(坧)자가 순종의 사인이다.

을 집어삼키는 것을 비밀리에 인정했다(가쓰라-태프트 밀약).

이제 친일파는 더 이상 한국의 진로를 고민하며 경쟁하는 하나의 정파가 아니라 나라를 팔아먹는 민족 반역자 집단이 되었다. 러일 전쟁에서 러시아가 이겼다면 친러파가 그렇게 되었을 것이다. 이완용이 친러파로 남아 러시아와의 매국 조약에 나섰으리라는 것도 불을 보듯 뻔하다. 친일과 친러의 대결은 나름대로 명분을 가지고 이루어지긴 했으나, 결국 이기는 자가 조국의 숨통을 끊어야 하는 저주받은 대결이 되고 말았다.

복벽 V

채만식의 단편 「논 이야기」에는 대한제국 말기에 고을 원님에게 교묘한 방법으로 땅을 빼앗긴 한 생원이 등장한다. 대한제국이 망하자 한 생원은 "그깟 놈의 나라 시원히 잘 망했다"라고 외친다. 애국선열을 생각하면 한심하기 짝이 없는 인물이다. 그러나 한 생원의 생각을 이해할 수 없는 것은 아니다. 그 사람 나름으로는 대한제국이라는 나라에 한이 맺혔을 수도 있기 때문이다. 그렇다고 해서 한 생원 같은 사람들이 일제를 반긴 것도 아니었다. 이 땅의 백성들을 쥐어짜는 데서는 일제가 더

1 한말의 의병 운동가들. 이들이 되찾고자 하는 나라는 왕조국가 '조선'이었다. 왼쪽 상단부터 시계 방향으로 문석봉, 윤희순, 최익현, 이항로, 황현, 이소응이다.

S 공화

하면 더했지 덜하지는 않았기 때문이다. 여기서 한 가지 문제가 생긴다. 외세가 침입하여 나라가 망했는데 백성들이 그 망해 버린 나라에 대해 좋은 감정을 갖고 있지 않다면, 외세를 몰아내고 나라를 되찾는다는 것은 어떤 의미를 가질까? 다시 말해 우리가 '되찾을' 나라는 어떤 나라여야 할까? 국권 상실에 즈음하여 독립운동에 나선 선열들은 처음부터 이 문제를 심각하게 고민해야 했다. 그리고 무척 빨리 결론에 이르렀다. 어떤 결론을 어떻게 내렸는지, 지금부터 그 과정을 살펴보자.

↑ 공화주의자들. 대한제국의 행태는 이들에게 황제나 황실에 대한 기대를 접게 했다. 왼쪽 상단부터 시계 방향으로 박은식, 안창호, 김구, 이승만, 양기탁, 신채호이다.

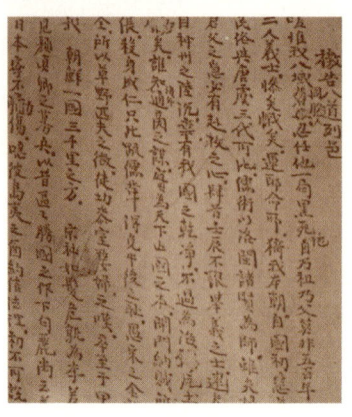

유생 의병장 유인석이 발표한 「격고팔도열읍」. 국모인 명성황후를 시해한 것으로도 모자라 새롭게 들어선 친일 내각이 단발령을 발표하자 전국의 유생들의 분노가 폭발했다. 유인석은 문인사우 수백을 모아 의병 봉기를 계획하고 의병장으로 추대되었다.

왕정을 부활시키려 한 사람들

개항 무렵, 우리나라의 정치 세력은 위정척사파와 개화파로 나뉘었다. 이 가운데 「논 이야기」에서 한 생원이 잘 망했다고 저주했던 대한제국에 끝까지 충성을 바친 사람들이 위정척사파다. 1895년 명성황후가 살해당하고 고종이 단발령에 따라 머리를 깎자 전국적으로 의병이 일어났는데(을미 의병), 그 선두에는 대개 위정척사파 선비들이 있었다. 1905년 을사늑약이 맺어지자 의병은 다시 한번 전국적으로 일어났다(을사 의병). 그리고 2년 뒤인 1907년에는 한국 군대가 해산되면서 쫓겨난 군인들이 대거 합세한 정미 의병이 일어나, 전국 연합군까지 결성하여 서울 진격을 추진할 정도가 되었다.

이러한 의병에는 시간이 갈수록 양반 출신이 아닌 평민들이 늘어났다. 군대 해산처럼 일본의 침탈로 일자리를 잃거나 농사를 지어서 먹고살기 힘들어진 평민들이, 일제를 몰아내는 싸움에 양반과 손을 잡고 나선 것이다. 그런데 위정척사파 의병의 지향점은 어디까지나 외세를 몰아내고 유교적 질서를 다시 찾는 것이었다. 유교적 질서 아래에서는 양반과 상민의 차별이 엄정해야 했다. 이런 신념을 강하게 가지고 있던 대표적 의병장이 유인석柳麟錫(1842~1915)이었다. 을미 의병 때 유인석 부대에 속한 평민 선봉장 김백선金百先(?~1896)이 양반 의병장 안승우安承禹(1865~96)의 잘못을 비난한 일이 있었다. 그러자 유인석은 감히 평민이 양반을 비판했다고 하여 김백선을 처형하고 말았다. 기강을 바로잡는다는 이유로 행한 일이었겠지만, 이 일로 평민 의병들의 사기는 땅에 떨어졌으며 유인석 부대는 지리멸렬해지고 말았다.

더 심각한 일은 정미 의병 때 일어났다. 1907년 12월, 전국의 의병이 경기도 양평에 모신돌석(그림)은 서울 진공 작전에서는 제외되었지만 의병 투쟁을 멈추지 않았다. 그러나 허망하게도 동료 형제의 손에 죽음을 맞게 된다. 부하였던 김상렬과 그의 형제들이 당시 신돌석에게 걸려 있던 "현상금 1천금과 1만호의 고을"이 탐나 그를 죽였다고도 하고 의병 대열에서 이탈한 김씨 형제들을 설득하던 신돌석과 형제들 사이에 싸움이 붙는 바람에 죽었다고도 한다. 향년 30세. 고향땅에 묻혔다가 1971년 동작동 국립묘지로 이장되었다.

여 서울로 진격할 준비를 하고 있었다. 모두가 힘을 모아야 할 이때 양반 의병장들은 신돌석申乭石(1878~1908)이 평민 의병장이라는 이유로 그의 부대를 서울 진공 작전에서 제외시켰다. 위정척사파 의병은 평민과 어깨를 나란히 해서 되찾은 나라라면 별로 의미가 없다고 생각하여 이처럼 한심한 짓을 벌인 것이다. 게다가 의병 연합군 총사령관 이인영李麟榮(1867~1909)은 부친상을 당하자 서울 진공 작전을 포기하고 고향으로 내려가 삼년상을 치르기까지 했다. 눈앞의 침략자를 물리치는 것보다 그의 신념인 유학의 가르침을 따라 의례를 실천하는 일이 더 중요했던 것이다. 결국 서울로 진공을 감행했던 선봉대는 동대문 밖에서 일본군에게 패하고, 작전은 실패로 돌아가고 말았다.

의병 활동은 1908년 일본군의 대대적인 소탕 작전에 밀려 국내에서는 더 이상 활로를 찾지 못하고 잦아들었다. 그러나 유인석을 비롯한 위정척사파는 만주와 연해주로 나가 독립군에 참여하여 일제와의 투쟁을 계속했다. 그렇다면 고종이 강제로 퇴위당하고 유약한 황제 순종(1874~1926)이 국권을 내주어 황실이 무너지고 나라가 사라진 뒤, 이들 의병은 어떤 선택을 했을까? 이들은 여전히 잃어버린 대한제국을 되찾기 위해 노력했다. 고종의 밀명을 받아 국내로 진공하려는 계획을 세우기도 하고, 고종을 중국으로 망명시켜 독립 투쟁의 상징으로 삼으려는 생각을 하기도 했다.

독립군으로 변신한 위정척사파 선비들이 되찾으려 한 대한제국은 나라를 빼앗기기 직전과 같은 전제 군주국은 아니었다. 왕권보다는 붕당을 이룬 신하들의 권력이 컸던 조선 중기의 국가 체제가 그들의 지향에 더 가까웠다. 천황은 이름뿐이었고 쇼군將軍이니 다이묘大名니 하는 관료들이 큰 권력을 누렸던 전근대 일본의 막부 체제를 모델로 삼으

려 했다는 이야기도 있다. 어쨌든 그들은 일제와 싸우면서 역사의 수레바퀴를 과거로 되돌리려는 역설적인 독립운동을 했다. 그러나 역사의 수레바퀴가 그들이 이끄는 대로 굴러가기에는 대한제국이 뒤집어쓴 망국의 책임이 너무나 컸다.

공화정으로 나아가려 한 사람들

정미 의병이 일어나던 1907년 봄, 영국인 베델E. T. Bethell(1872~1909)과 함께『대한매일신보』를 펴내는 등 개화 운동에 열심히 참여했던 양기탁梁起鐸(1871~1938)이라는 사람의 집에 안창호安昌浩(1878~1938), 박은식朴殷植(1859~1925), 이동휘李東輝(1872~1935), 신채호申采浩(1880~1936) 등 뒷날 걸출한 독립운동가로 이름을 날리게 될 지사들이 모였다. '신민회'라는 이름의 민족운동단체를 결성한 이들은 국외에 적당한 후보지를 골라 독립군 기지를 만들어 신흥 무관 학교를 설립하고, 장교를 양성해 강력한 독립군을 창건하기로 결정했다.

그렇다면 이들은 일제와 싸워 독립을 이룩하게 되면 어떤 나라를 건설하려고 했을까? 과거 갑신정변을 일으켰던 개화당이나 만민 공동회를 주최했던 독립협회 등 개화 세력들은 겉으로 강하게 내세우지는 않았지만 '입헌 군주제'를 선호하는 것으로 알려졌었다. 입헌 군주제란 왕이 국가의 상징으로 군림할 뿐 의회와 정부가 나라를 꾸려 가는 근대적 국가 체제로, 영국과 일본이 채택하고 있었다. 그런데 **신민회는 그러한 입헌 군주제가 아닌 공화제를 내세웠다.** 황제를 상징적으로라도 남겨 두지 않고 미국이나 프랑스 같은 공화제를 바로 도입하겠다는 것이다. **공화제라는 것은 군주제와 반대되는 말**

← 『대한매일신보』의 편집실 풍경이다. 영국인인 사주 베델 덕분에 『대한
매일신보』는 일제의 검열을 받지 않아서 일제의 침략을 정면으로 반박할
수 있었다. 그러나 계속되는 일제의 탄압으로 발행인이 바뀌게 되었고
1910년 국권 피탈 후에는 조선총독부의 기관지로 전락하고 말았다.

로, 군주가 아닌 일반 민이 국가를 책임지고 운영하는 제도를 말한다. 아직 대한제국이 완
전히 망하지도 않았는데 이 같은 지향을 가졌다는 것은, 그 당시 일제의 농간에 놀아
나고 있던 황제와 황실에 대한 실망이 어느 정도였는가를 여실히 보여 준다.

그러나 이들 가운데 박은식은 1915년 이상설李相卨(1870~1917), 신규식申圭植(1879~1922)
등과 함께 신한혁명당을 만들고, 고종을 이 당의 당수黨首로 내세운 독립운동을 벌이려
하기도 했다. 그것은 독립운동의 효과적인 전략을 고민하는 과정에서 나온 선택이었
다. 이때는 제1차 세계대전이 발발한 직후로, 일본은 독일이 유럽에서 전쟁에 골몰하
는 틈을 타 중국 산둥성에서 독일이 차지하고 있던 이권을 가로채려 하고 있었다. 이
에 우리 독립운동가들은 곧 일본과 중국, 독일 사이에 전쟁이 일어날 것으로 보고 구
체적인 독립운동 전략을 짰다. 그 당시 중국에서는 위안스카이袁世凱(1859~1916)가 다시
금 황제 자리에 오른 상태였고, 독일은 황제가 다스리고 있었다. 이런 나라들과 항일
투쟁에서 공동 전선을 펴려면 우리도 공화제를 정강政綱(정치 집단에서 국민에게 공약하여 이
루려 하는 정책의 큰 줄기)으로 내세우기보다는 고종을 앞세우는 것이 좋겠다는 판단을 했
던 것 같다.

그러나 위안스카이는 곧 황제 자리를 내놓았고, 독일에서도 혁명이 일어나 황제가 물
러났다. 고종은 망명하지도 못한 채 죽음을 기다리는 신세가 되었고, 그 후손들은 일
본 천황가에 예속되어 뿔뿔이 흩어졌다. 망국의 책임은 놓아두고라도 현실적으로 대
한제국 황실이 독립운동의 지주가 될 가능성은 점점 희박해져 갔다.

그러던 1917년 만주에서 임시정부의 수립을 호소하며 터져 나온 '대동단결'大同團結

선언은, 대한제국으로 돌아가려는 '복벽주의'復辟主義에 대해 대한제국을 부정하려는 '공화주의'가 날린 결정적 한 방이었다. 박은식, 신규식, 신채호 등이 포함된 이 선언은 대한제국과의 결별을 확고히 하고 있다. 국권을 포기한 것은 황제이지 대한제국의 국민이 아니며, 황제가 외세인 일본에 국권을 내주기로 한 것은 무효이므로 이제 대한은 국민의 나라라는 것이다. 그리하여 공화제를 지향하는 대한민국 임시정부를 세울 것을 촉구하면서 선언은 끝을 맺는다. 황제가 권력을 포기한 것은 국민에 대한 묵시적 양도이므로 이제 대한의 주인은 국민이라는 이 통쾌한 선언은 1919년 3·1 운동을 거치면서 거스를 수 없는 흐름으로 자리 잡았다. 황제국의 부활을 논하는 사람은 더 이상 찾아보기 어려워졌다.

'무엇을 위해' 일제와 싸우는지가 중요하다

우리는 항상 정의의 편에 서야 한다고 배워 왔고 또 그렇게 생각한다. 그러나 복잡한 현대 사회를 살아가다 보면 어떻게 하는 것이 정의의 편에 서는 것인지 판단하기 어려울 때가 많다. 그렇다면 일제 강점기에는 너무나 뚜렷한 불의가 눈앞에 있기 때문에 정의로운 삶이 무엇인지를 판단하기가 상대적으로 쉬웠을까?

우리가 지금까지 살펴본 것처럼 꼭 그렇지만은 않다. 일제에 나라를 빼앗긴 이래 우리 민족의 제1과제는 나라를 되찾는 것이었다. 일제와 맞서 독립운동을 벌이는 것은 일신의 안녕을 포기한 고귀한 희생이요, 정의의 투쟁이었다. 그렇지만 독립운동에 뛰어든 사람들도 매순간 어떻게 해야 일제와 제대로 싸울 수 있는지, 어떻게 해야 이 싸움에

← 고종의 상여가 나가는 모습. 고종은 1919년 1월 21일 갑자기 승하했다. 일제에 의한 독살설이 퍼지면서 백성들의 반일 감정이 고조되고, 그것이 3·1 운동의 도화선이 되었다. 3·1 운동은 한국 '민'의 독립 의지를 만방에 확인시켜 주고 공화제를 지향하는 대한민국 임시정부가 탄생하는 데 큰 영향을 미쳤다.

서 승리할 수 있는지 고민해야 했다. 심지어는 독립운동을 하는 동지들끼리도 서로 의견이 달라 싸우고, 상대방을 배신자 취급하며 죽이기까지 했다.

독립운동의 역사에서 우리가 제대로 교훈을 얻고자 한다면 독립투사들이 '왜', '무엇을 위하여' 일제와 싸웠는지를 알아야 한다. 우리는 이미 앞에서 사회 내부의 모순점을 몸으로 느끼고 그 모순을 해결하기 위해 노력했던 사람들의 이야기를 많이 보았다. 일제에 의해 나라를 빼앗긴 순간 다른 모든 모순점이 국권 회복이라는 절대 과제 아래로 모이는 것 같았지만, 나라를 되찾기 위한 투쟁 속에서도 우리 사회를 자신이 원하는 방향으로 이끌려는 그들 각자의 지향점은 유지되었다. **조선 유교 사회의 좋은 점을 그리워하는 복벽주의자는 일본을 몰아내고 옛 나라로 돌아가려 했으며, 조선과 대한제국에 미련이 없는 공화주의자는 일본을 몰아내고 임금이 없는 전혀 새로운 나라를 세우려 했다.** 그런데 공화주의자들 사이에서도 그 나라의 성격에 관해 곧 다른 의견이 생겼다. 그리하여 단순히 일제와 맞서 싸운다고 해서 다 좋은 것이 아니라 '무엇을 위하여' 일제와 싸우는지를 놓고 그 사람이 얼마나 정의로운가, 얼마나 더 가까이 역사가 움직이는 방향에 서 있는지가 가려지게 된다. 복벽주의자라고 해서 일본과의 투쟁에 철저하지 않거나 정의감이 약했던 것은 아니지만, 역사는 공화주의자들의 노선이 올바른 것이라는 판결을 내리고 복벽주의를 멀찍이 뒤처지게 만들어 버렸다.

끊임없이 변하는 현실에서 정의롭고 올바른 삶을 살려면 우리는 끊임없이 역사 앞에서 길을 물어야 한다.

항일 투쟁의 좌우 날개

민족주의 V

1920년대에 접어들어 일본제국주의와 맞서 조선의 독립과 민중의 해방을 이룩하려는 노력은 눈부신 발전을 보였다. 3·1 운동 이후 안팎에서 각계각층의 인사들이 다양한 단체를 조직하여 일제와 맞서 싸웠다. 그 투쟁의 중심에 바로 '민족주의'와 '사회주의'라는 두 가지 큰 사상이 자리를 잡고 있었다. 민족주의는 조선 민

↑ 이론의 여지가 없는 민족주의자 김구.

S 사회주의

족의 독자적인 자본주의 국가를 추구하기 때문에 자본주의를 부정하는 사회주의 와는 적대적일 수밖에 없다. 그런데도 일제 치하에서 민족주의와 사회주의는 때로 협력하기도 했다. 서로 미워하면서도 일제와 맞서 협력해야 했던 두 맞수의 관계 에 대하여 살펴보자.

⬆ 1918년 창당된 사회주의 정당인 한인사회당의 위원장을 역임한 이동휘. 한국 초기 사회주의사에서 빼놓을 수 없는 인물이다.

1920년대의 조선 젊은이들에게 민족해방에 더하여 계급해방이라는 새로운 과제를 던져 준 맑스.

식민지 사회주의자의 고민

1920년대 식민지 조선에서는 '모던 보이', '모던 걸'이라는 말이 유행했다. 일본을 통해 흘러들어 온 서구의 근대 사조와 생활양식을 받아들인 젊은이들을 가리키는 말이었다. 그런데 모던 보이 못지않게, 아니 모던 보이보다 빨리 그 당시 젊은이들 사이에서 인기를 끈 존재가 있었으니, '맑스 보이', '맑스 걸'이 그들이다. '맑스'란 독일의 사회주의 사상가 카를 맑스Karl Marx(1818~83)를 가리키니까, 맑스 보이란 맑스와 사회주의를 추종하는 젊은이를 말한다. 젊어서 맑스 보이 되지 않는 이가 없고 나이 들어 사회주의에서 멀어지지 않는 이가 없다고 할 정도로, 1920~30년대 젊은이에게 사회주의는 매력적인 사상이었다.

식민지 조선 사람들이 사회주의 사상을 접하기 시작한 것은 1917년 러시아 혁명*이 일어난 뒤의 일이었다. 러시아 혁명으로 탄생한 소련 정부는 동방의 피압박 민족에 지원의 손길을 뻗쳤다. 영국, 미국, 일본 등 자본주의 국가들이 이 신생 사회주의 국가를 없애 버리려 했기 때문에, 그 나라들의 식민 지배를 받고 있던 동방 민족과 손을 잡으려 한 것이다. **일본의 식민지였던 조선의 애국지사들 중에도 이러한 소련의 지원을 받아들이고 사회주의 사상으로 기우는 사람들이 생겨나기 시작했다.** 이동휘李東輝(1872~1935), 여운형呂運亨(1886~1947), 박헌영朴憲永(1900~55) 등은 이때 직접 모스크바까지 가서 러시아 혁명의 지도자 레닌V. I. Lenin(1870~1924)을 만나고 사회주의에 공감하거나 사회주의자가 되었다.

그런데 사회주의란 자본가와 노동자라는 두 기본 계급으로 구성된 자본주의 사회에서

* 러시아 혁명 : 1905년에 일어난 제1차 러시아 혁명과 1917년에 일어난 '2월 혁명', '10월 혁명'을 아울러 이르는 말이다. 10월 혁명으로 로마노프 왕조가 무너지고 볼셰비키에 의한 소비에트 정부가 들어서면서 세계 최초의 사회주의 혁명은 성공했다.

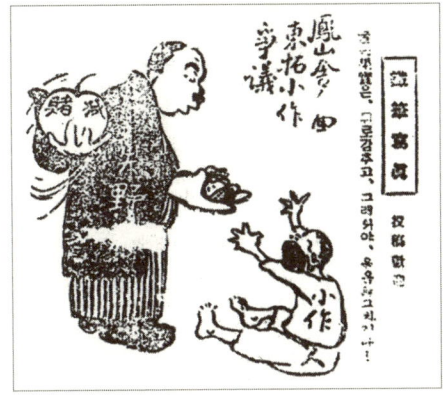

1924년 11월 17일자 『조선일보』에 실린 만평. 동양척식주식회사를 상대로 한 소작쟁의를 풍자하고 있다. 일본인 지주가 큰 과일은 뒤로 감추고 작은 것만 내놓아 조선 소작인은 주저앉아서 울부짖고 있다. 1920~30년대에는 소작쟁의에 관련된 기사들이 일기예보처럼 매일 실렸다고 한다. 이 시기는 조선에 사회주의가 소개되고 유행한 시기와 일치한다.

노동자 계급이 지향하는 사회의 이념이다. 사회주의 혁명 전의 러시아는 비록 유럽에서는 후진 국가였지만 자본주의 사회에 진입해 있었고, 수는 적어도 잘 조직된 노동자가 있었다. 그렇다면 1920년대 조선은 자본주의 사회였을까? 그 당시 조선에서 사회주의를 지향하는 노동자 계급이 존재했다고 할 수 있을까?

개항 이래 조선에는 자본주의 기업도 생겨나고 그런 기업에서 일하는 노동자들도 하나둘 늘어났다. 자본주의 사회에서 흔히 볼 수 있는 노동자들의 파업도 있었다. 이런 점에서 보면 사회주의자들이 생겨날 수 있는 토양이 없는 것은 아니었다. 그러나 식민지 초기 조선의 사회 경제 전체에서 자본주의적 생산 관계가 차지하는 비중은 미미했다. 사회주의 혁명을 일으키려면 의식화되고 조직된 노동자들이 있어야 하는데, 이렇게 자본주의 발달이 미미한 곳에서는 그런 것을 기대하기 어려웠다. 소련과 사회주의자들은 일본 제국주의가 조선의 봉건 지주 계급과 손잡고, 그러잖아도 뒤처진 조선의 자본주의 발전을 억누르고 있다고 생각했다.

그렇다면 조선의 사회주의자들은 무엇을 해야 하는가? 소련 정부는 사회주의 혁명을 말하기 전에, 아니 사회주의 혁명으로 나아가기 위해서라도 먼저, 일제를 쫓아내어 조선의 자유로운 자본주의화를 촉진시켜야 한다고 생각했다. 그러니까 자본주의를 타도하는 것이 본연의 목적인 사회주의자들이 역설적으로 먼저 자본주의를 발전시켜야 했던 셈이다. 그리하여 중국과 소련 연해주 지역에 있던 조선의 사회주의자들에게는 우선 상하이上海의 대한민국 임시정부에서 일본에 대한 반제국주의 투쟁에 힘을 모을 것이 요구되었다.

그런데 1920년대 초 임시정부는 일제에 대한 투쟁보다는 미국, 프랑스 등 선진 열강에 대한 외교적 노력을 통해 독립을 얻으려는 방향으로 나아가고 있었다. 그래서 이동휘 등 사회주의자들은 임시정부를 전면적으로 뜯어고쳐 새롭게 조직하려고 시도했다. 하지만 내부 반발에 부딪혀 실패했다. 그 뒤 만주와 연해주의 사회주의자들은 임시정부를 떠나 독자적인 항일 투쟁을 벌여 나갈 수밖에 없었다.

그러는 동안 조선 땅에도 사회주의가 퍼져 나갔다. 소련의 영향을 받기도 했고, 일본으로 유학 갔던 학생들이 맑스주의를 접하면서 사회주의자가 되어 돌아오기도 했다. 1920년대 중반에 이르면 그들은 곳곳에서 노동자와 농민의 조직을 이끌고, 조선 공산당을 비롯한 사회주의 정당을 조직하기도 하며, KAPF(카프)* 라는 좌익계 문학 조직으로 대변되는, 문화계의 좌경화 바람까지 불러일으킨다. 10년 전만 해도 이름조차 들을 수 없었던 맑스, 레닌 등이 지식인과 대중 사이에서 공공연하게 찬양되기 시작했다. 이쯤 되면 식민지 조선의 사상적 변화의 흐름이 얼마나 거센 것이었는지 알 수 있다.

그렇다면 아직 자본주의조차 제대로 이루지 못한 식민지 사회에서 이처럼 빠르게 사회주의가 퍼져 나간 까닭은 무엇일까? 그 대답은 사회주의의 반대편에서 일제와 싸워 나간 사람들, 이른바 민족주의자들의 상황에서 찾아볼 수 있다.

식민지 민족주의자의 고민

말뜻만 가지고 보자면 사회주의의 반대말은 개인주의다. 개인주의는 개인을 우위에 놓는 생각을 말하는데, 그러한 생각이 이기심과 불평등을 낳았다고 생각한 사람들이

* KAPF : 조선 프롤레타리아 예술가 동맹(Korea Artista Proleta Federatio)의 약자.

3·1 운동 이후 조직적인 독립투쟁을 전개하기 위한 대한민국 임시정부가 수립되었다. 사진은 중국 상하이에 있는 임시정부청사로 1919년에 세워졌다. 임시정부는 이후 항저우, 광저우, 충칭 등지로 옮겨 가며 활동했다.

사회를 중심에 놓는 사회주의를 생각해 냈다. 개인주의가 자본주의의 사회적, 경제적 원리라는 점에서 사회주의는 자연스럽게 자본주의의 반대말이 되었다. 실제로 현대인의 상식 속에서 사회주의의 반대말은 자본주의로 정착되었다.

그런데 **유독 우리나라의 식민지 시기를 다룰 때면 사회주의의 반대말은 민족주의가 된다.** 민족주의란 민족이라는 공동체를 우위에 놓는 생각인데, 이렇게 보면 사회주의 본래의 반대말인 개인주의와는 그 뜻이 전혀 다르다. 그러나 우리 민족을 일본 민족의 지배로부터 해방시켜야 한다는 것이 그 당시 우리 민족주의의 기본 이념이라고 본다면, 민족주의가 사회주의의 반대편에 서 있다는 것이 이해될 수 있다. 조선의 민족주의자들이 일본의 지배에서 벗어나 세우려고 한 것은 조선의 독자적인 자본주의 국가였기 때문이다. 따라서 민족주의란 곧 자본주의를 의미한다는 점에서 민족주의는 사회주의의 반대말일 수 있었던 것이다.

물론 식민지 조선에서 자본주의를 추구한 세력이 다 민족주의자였던 것은 아니다. 일본을 몰아내고 조선을 독자적인 자본주의 국가로 만들려고 한 사람들이 민족주의자였다. 그렇지 않고 일제에 빌붙어 사업을 하면서 일본이 주도하는 자본주의에서 이익을 챙기려 한 사람들은 친일파였다. **민족주의자는 어디까지나 일본 제국주의 침략자와 맞서 싸우는 사람들 속에서 사회주의자와 반대 입장에 서 있는 사람을 가리키는 말이었다.**

앞에서 조선의 사회주의자들은 일제를 몰아내고 빨리 조선의 자본주의를 발전시켜 사회주의로 나아갈 수 있는 조건을 만들려 했다는 이야기를 했다. 여기서 일제를 몰아내고 자본주의를 발달시키겠다고 생각한 점까지는 조선의 민족주의자들이 목표하는 내

용과 같다. 그래서 사회주의자들은 일제와 강력하게 맞서 싸우는 민족주의자들과 협력하려 했고, 민족주의자들은 일제와의 투쟁에서 사회주의자들의 도움을 받으려 했다. 중국의 국부로 일컬어지는 쑨원孫文(1866~1925)은 민족주의자였지만 군벌(중국에서, 각 성城의 군사 장관이 사병私兵을 조직하여 지방에 수립하던 지배 기구) 및 일제와 맞서 싸우기 위해, 소련은 물론 공산당과도 협력했다. 그래서 오늘날 사회주의 중국이나 자본주의 타이완(대만)에서 똑같이 존경을 받고 있다.

문제는 쑨원처럼 사회주의자를 신뢰하는 민족주의 지도자가 그리 많지 않았다는 점이다. 홍명희洪命憙(1888~1968), 안재홍安在鴻(1891~1965) 등 일제와 타협하지 않고 끈질기게 싸운 민족주의자이면서, 사회주의자들에 대해 반감을 갖지 않은 지도자도 있었다. 그러나 어떤 민족주의 지도자는 일제를 미워하는 만큼 사회주의자도 미워했고, 어떤 민족주의 지도자는 일제보다 사회주의자를 더 싫어했다.

1920년대 들어서면서 조선의 민족주의자 중에는 빠른 시일 내에 조선이 독립할 가능성에 대해 회의를 품는 사람들이 생겨났다. 조선 민족은 선진 민족에 비해 열등하기 때문에 당장 독립하기보다는 독립할 수 있는 능력을 먼저 키워야 한다고 주장한 이광수李光洙(1892~1950)가 대표적이었다. 이런 사람들은 일제의 지배가 길어지면 길어질수록 식민지 체제에 안주하려는 경향을 보였다. 민족주의자에서 친일파로 변질되어 간 것이다.

민족주의자들 가운데 상당수가 일제와 타협하는 경향을 보이는 것은 사회주의자들에게도 곤혹스러운 일이었다. 그들은 일제가 조선의 자본주의 발전을 억압하고 있기 때문에 민족주의자와도 공동 전선을 펼 수 있다고 생각했다. 그런데 시간이 흐를수록 민족주의 전선에서 이탈하는 사람들이 늘어났다. 그것은 일제의 지배가 강화되었기 때문이기도 하지만, 일제 치하에서 조선의 자본주의화가 일정하게 진척되었기 때문이기도 하다. 그래서 독립이라는 험난한 길을 가느니 식민지 자본주의에서나마 단맛을 보겠다고 생각한 사람들이 늘어난 것이다. 물론 일제 치하에서 그렇게 팔자가 늘어질 수 있는 사람은 소수의 상류층에 지나지 않았다.

일제 치하에서 자본주의가 진전될수록 일제의 수탈과 착취는 노동자, 농민 등 조선의 민중에게 집중되어 갔다. 그 과정에서 민족주의자들 일부가 항일 투쟁의 전선에서 떨어져 나가면 나갈수록 민중에 기반을 둔 사회주의는 점점 더 조선 사회에 깊숙이 퍼져 나갔다.

일제는 한국의 근대화를

수탈 V

일제가 우리나라를 강제 합병한 지 5년 만인 1915년, 경복궁에서는 '시정 5년 기념 조선 물산 공진회'라는 화려한 박람회가 열렸다. 조선총독부는 근대 과학 문명의 성과를 과시한 서양 박람회의 전시 기법을 총동원해 2년 동안 이 행사를 기획했다. 경복궁부터 숭례문에 이르는 서울 중심가는 높은 탑과 거대한 건물, 대낮처럼 밤을 밝히는 전기 불빛 덕분에 휘황찬란한 전시장으로 탈바꿈했다. 이 행사의

근대적인 토지 소유제도 확립을 구실로 농민들의 땅을 수탈한 동양척식주식회사.

촉진했나?

S 근대화

목적은 분명했다. 조선이 일제의 통치를 받으며 근대 산업 사회로 거듭나고 있음을 안팎에 과시하려는 것이었다. 이처럼 일제가 우리의 근대화에 기여했다는 주장은 오늘날까지도 한국과 일본의 일부 학계와 정치권을 중심으로 꾸준히 제기되어, 일제 치하를 악몽으로 기억하고 있는 많은 한국인에게 충격을 던져 주고 있다. 오늘은 1910년대 식민 정책을 살펴면서 이 문제를 집중 탐구해 보기로 하자.

↑ 광화문에 설치된 조선 물산 공진회장의 입구.

→ 흰 두루마기 차림에 갓을 쓴, 누가 보아도 조선 사람임이 분명한 이들이 한데 모여 있는 이곳은 간도의 벌판이다. 일제의 토지조사사업으로 살길을 잃은 이들의 대부분이 간도로 이주해서 한인촌을 이루고 살았다. 박경리의 대하소설 『토지』, 신경향파 소설가 최서해의 『탈출기』, 『홍염』 등은 간도로 이주한 한국인들의 삶을 실감나게 그리고 있다.

일본은 식민지 조선의 근대화를 억눌렀다

일제는 1912년 '조선 토지 조사령'을 공표하고, 전국에서 일제히 토지의 위치, 면적, 소유자 등을 조사했다. 이것이 바로 '토지조사사업'이다. 일제는 이 사업을 실시하는 가장 주요한 목적이 '땅의 주인을 분명히 정해 근대적인 토지 소유제를 확립하기 위함'이라고 밝혔다. 근대적 토지 소유제란 자본주의적 소유제를 말하고, 이를 통해 농업의 자본주의적 발전을 도모하겠다는 것이다.

1918년까지 진행된 토지조사사업은 확실히 일제가 의도한 대로 이루어졌다. 논 154만 5,000여 정보町步(땅 넓이의 단위. 1정보는 3,000평으로 약 9,917.4m²에 해당함), 밭 279만 1,000여 정보, 대지 12만 9,000여 정보 등이 새롭게 파악되어 외형상 경지 면적이 크게 늘어났고, 토지 소유권이 확립되어 토지 소유자가 근대적 법령의 보호를 받게 되었다.

그런데 이러한 토지 소유권의 정비로 가장 큰 이익을 얻은 이는 조선총독부와 조선 시대 이래 땅을 소유해 온 지주들이었다. 토지조사사업 결과, 전국 농경지의 약 5.8%(27만 2,000여 정보)인 총독부·동양척식주식회사 소유의 농경지와 일본인 소유 농경지 7.5%를 합치면, 전국 농토의 13% 이상을 일본이 합법적으로 소유하게 된 것이다. 게다가 토지 소유 주체를 자연인自然人(사회나 문화에 속박되지 않은, 있는 그대로의 사람)이나 법인法人(자연인이 아니면서 법에 의해 권리 능력이 부여되는 사단과 재단)으로 한정하여, 마을이나 문중門中(성과 본이 같은 가까운 집안)의 공동 소유로 되어 있던 땅과 국유지를 모두 총독부 소유로 만들어 재정 수입을 늘릴 수 있었다.

한편 토지 조사 과정에서 그동안 대대로 인정받아 오던 농민의 각종 권리가 배제된 채

지주들의 소유권만 인정되어, 농민들이 가장 큰 피해자로 대두되었다. 예부터 농민들은 특별한 사정이 없는 한 죽을 때까지 토지에 대한 경작권을 보호받았다. 그러나 일제는 근대적 계약을 확립한다는 명분을 내세워, 1~2년 단위로 지주와 소작인의 계약을 명문화하도록 했다. 지주는 마음에 들지 않는 소작인을 근대적 계약 관계에 의거해 논밭에서 쫓아낼 수 있게 된 것이다. 또 조선 후기부터 소작인이 개간을 하면 소작료를 3분의 1 정도로 줄여 주고 계속 땅을 경작할 수 있게 해주었던 도지권賭地權도 사라졌다. 그리하여 땅을 빼앗긴 농민은 살길을 찾아 만주, 연해주, 일본 등지로 떠나야 했다.

결국 토지조사사업은 형식적인 근대적 소유 관계만 확립한 채, 내용 면에서는 봉건적인 지주 소작 관계를 더욱 악화시킨 것이나 다름없었다. 제국주의가 자신의 이익을 위해 지주와 연합하여, 식민지의 토지 소유 관계를 사실상 후퇴시켰다는 말을 들을 만도 했다. 이를 바탕으로 일제는 자기 소유의 토지와 지주들로부터 안정적인 수입을 올리고, 소작농을 쥐어짜 생산한 쌀을 싼 값에 일본으로 반출할 수 있었다. 이렇게 **식민 지배권을 이용하여 정상적인 경우보다 더 많은 이윤을 획득하는 것을 '수탈'이라고 한다.**

일제가 한국의 근대화를 억누른 채 한국 사회를 수탈하려 했다는 사실은, 토지조사사

243 수탈 VS 근대화

업뿐 아니라 **근대적 회사의 설립과 발전을 엄격히 규제한 '회사령'** 을 보아도 분명히 알 수 있다. 1911년 1월부터 시행된 회사령은 회사를 설립할 때 총독부의 허가를 받아야 한다는 내용을 뼈대로 하고 있다. 그뿐 아니라 이미 설립된 회사가 "명령이나 허가의 조건에 위반하거나 또는 공공의 질서, 선량한 풍속에 반하는 행위를 하였을 때에는" 조선 총독이 사업 금지나 회사의 폐쇄를 명령할 수도 있었다.

회사라는 것은 근대적 기업을 말한다. 근대 자본주의 경제의 기본 원리는 개인이나 기업의 자유로운 경쟁이다. 그런데 자본주의 국가인 일본이 식민지에서 기업의 설립과 활동을 제한하고 나선 것이다. 이러한 회사령을 통해 총독부는 일본 기업의 한국 진출도 규제했지만, 특히 한국인의 기업 설립을 엄격히 제한하고 나섰다. 그 의도는 뻔했다. 한국 사회를 식민지로 재편하면서 경제도 일본 자본주의의 이익에 철저히 맞도록 프로그래밍 해 보겠다는 것이었다.

일본은 본국에서 발전하고 있는 산업을 위한 원료 공급지로 한국을 이용하길 원했다. 또한 일본에서 만든 생산품을 소비하는 시장으로 한국을 확보하고 싶었다. 그렇게 하려면 일본에서 이미 발달하고 있는 산업과 경쟁 관계에 놓이는 산업이 한국에서 성장해서는 안 되었다. 따라서 총독부 입맛대로 회사 설립을 규제하고, 자기들 목적에 딱

← 철거 전의 조선총독부 건물. 일제는 고의적으로 경복궁 안에 조선 총독부 건물을 세워 청사로 이용했다. 광복 후 조선총독부 건물은 국립중앙박물관으로 이용되다가 1995년 김영삼 정부가 '역사 바로 세우기'의 일환으로 철거했다.

➡ 이완용과 함께 한일합병 조약을 체결한 데라우치 통감. 합병 후에는 초대 조선총독이 되었다. 1910년 12월 안중근 의사의 사촌 안명근 의사는 데라우치를 암살할 계획을 세우다 체포되었고, 일제는 이 사건을 구실로 105인 사건을 조작했다.

맞는 산업 구조를 갖추도록 하기 위해 회사령이 필요했던 것이다. **식민지 형태로 일본에 편입된 한국 경제를 일본 경제의 하부 구조로 재편하고, 이를 통해 원료를 값싸게 얻어 완제품을 팔아 더 많은 이익을 챙기는 것 또한 '수탈'이라고 한다.** 이렇듯 토지조사사업과 회사령으로 기반이 다져진 수탈 체제 아래에서, 한국의 자립적인 자본주의 발전은 기대하기 어려웠다.

일본은 식민지 조선을 근대화시켰다

다시 1915년의 조선 물산 공진회로 돌아가 보자. 조선 호텔, 경성 호텔, 중앙 시험소, 공업 전습소(근대 공업 교육 기관), 용산의 비행기 격납고 등 각종 근대적 사업장에 공진회의 선전 깃발이 휘날렸다. 밤이 되면 광화문, 철도 특설관, 분수탑, 광고탑의 전구나 네온관을 이용한 조명이 서울을 불야성不夜城으로 만들었다. 철도 특설관에는 각 도시와 명승지를 모형으로 꾸민 다음, 그 사이에 철도 궤도를 놓고 2, 3대의 케이블 기차를 설치했다. 이곳에 들어간 관람객은 마치 경원선 기차를 타고 금강산으로, 호남선 기차를 타고 군산과 목포로, 경부선을 타고 대구와 낙동강으로 가는 듯한 느낌을 받았다.

이것은 누가 보아도 근대 산업 국가의 모습이었다. 토지조사사업과 회사령을 통한 수탈 체제가 자리 잡아 가는 와중에도, 식민지 조선의 모습은 근대적으로 탈바꿈하고 있었다. 일본 사람들은 자신들의 의도대로 재창조되어 가는 식민지의 모습을 보고 흐뭇해했을 것이다.

사실 일제의 수탈에 시달리면서도, 우리나라 산업 발달은 같은 시대 전 세계의 여러

일본어로 된 간판이 즐비한
1920년대 충무로.

식민지들 가운데 인도와 더불어 꽤 높은 수준이었다. 그것은 일제가 더 많은 수탈을 위해서 한국 산업을 어느 정도 끌어올렸기 때문이기도 하고, 우리 민족의 저항이 거셌기 때문이기도 하다. 1919년 거족적인(온 겨레가 관계되거나 참가한) 3·1 운동이 일어나자, 일본은 총칼을 앞세운 무단 통치武斷統治를 포기하고, 한국인의 사회·경제·문화 활동을 제한적으로 허용하는 문화 통치文化統治로 전환했다. 이때 한국인의 회사 설립을 거의 원천적으로 봉쇄하던 회사령도 철폐되어, 한국인의 기업 활동은 더욱 늘어났다. 『동아일보』, 『조선일보』로 대표되는 한국인의 신문이 발간되고, 경성 방직, 평양 메리야스 등의 한국인 기업이 설립되거나 활발한 영업을 펼친 것도 1920년대부터였다. 일본 기업의 한반도 진출도 늘어나면서, 식민지 조선의 자본주의 경제는 1930년대 후반 중일 전쟁* 발발에 따른 총동원 체제가 선포될 때까지 수치상으로 작지 않은 성장을 보였다.

통계에 따르면, 일제 강점기에 한국 경제는 연평균 3.7% 정도 성장했다고 한다. 이것은 본국이었던 일본의 성장률과 비슷하며, 다른 선진국의 2%대 성장에 비하면 상대적으로 높은 수치였다. 인구도 1910년의 약 1,700만 명에서 1940년 약 2,400만 명으로 늘어났다고 보고되었다. 식민지 지배를 겪는 동안 적어도 경제가 이전의 봉건 시대로 후퇴하지 않은 것만은 분명해 보인다.

여기서 주목해야 할 것은 일제의 수탈과 식민지 조선의 근대화가 밀접하게 연관되어 있다는 점이다. 일본은 토지조사사업을 완료한 뒤 '산미 증식 계획'을 수립하여 **식민지 조선의 농업 생산 증대를 독려하고, 생산된 쌀을 대거 일본으로 반출했다.** 물론 쌀을 강제로 빼

* 중일 전쟁 : 1937년 중국 베이징 교외에 있는 루거우차오(盧溝橋)에서 일본군이 일으킨 군사 행동 때문에 중국과 일본 사이에 벌어진 전쟁. 일본이 중국 본토를 정복하려고 일으킨 것으로, 1945년 일본이 연합국에 무조건 항복함으로써 끝났다.

일제 시기 국내 미곡 생산량과 일제의 수탈량

단위 : 만 석

	1920	1924	1928	1932	1936
미곡 생산량	1,270	1,517	1,730	1,590	1,630
일제의 수탈량	185	472	742	760	870
대일 수탈 비율	8%	15%	30%	42%	50%

출처 : 조석총독부 통계 연도

1920년부터 36년까지 미곡 생산량은 꾸준히 늘어나고 있다.
그러나 생산량보다 수탈량이 더욱 빠르게 증가하고 있는 사실에 주목해야 할 것이다.

앗아 간 것은 아니기에 이는 말 그대로의 의미에서 '수탈'은 아니라고 주장하는 사람도 있다. 하지만 국내에 쌀이 모자라는데도 무조건 일정량을 사 가고, 그것도 조선이 식민지가 아니라면 책정할 수 없는 헐값에 사 갔기 때문에 이를 '수탈'로 규정하는 데는 아무 문제도 없다. 이 같은 쌀 반출로 국내의 지주들은 꽤 큰돈을 벌었다. 그리고 그 돈으로 근대적 기업을 세우고, 일제가 허용하는 한도 내에서 영업 활동을 했다. 식민지 체제에서는 총독부 등 일본 정·관계와 우호적이지 않고서는 기업을 하여 큰돈을 벌 수 없었다. 이런 과정을 통해 식민지 한국에서는 일제에 수탈당하며 왜곡되고 억제된 채로 성장하는 근대화 메커니즘이 형성되고 있었다.

식민지 반봉건인가 식민지 근대인가

사회주의 국가 소련이 식민지 사회주의자들에게 우선 민족해방운동에 나서라고 권유했다는 이야기는 지난번에 했다. 다시 말해 식민지 조선에 사회주의를 건설하려면 먼저 제국주의자들을 추방해야 하고, 이를 위해서는 민족주의자들과 협력해도 좋다는 내용이었다.

소련이 이렇게 생각한 것은 제국주의 국가들이 식민지에서 자본주의 발전을 억누르고 있다고 보았기 때문이다. 인류 역사가 봉건제를 뚫고 자본주의로 나아간 다음 사회주의로 발전한다고 보는 맑스주의의 관점에서는, 자본주의 발전이 억눌려 있으면 우선 그것을 촉진하여 사회주의 혁명의 토대를 마련해야 한다고 생각한다.

이러한 제국주의의 억압은 한국뿐 아니라 다른 식민지에서도 광범위하게 일어났다.

1940년대 공출 장려 포스터. 중일 전쟁과 태평양 전쟁 등으로 일본의 식량 사정이 나빠지자 일제는 공출을 단행했다. 1940년부터 쌀은 물론 보리와 면화, 고사리, 마 등 40여 가지 품목을 공출 대상으로 삼아 수탈했다. 일제는 공출미의 가격을 전시채권 구입이나 강제 저축 등으로 대신해 농민들은 아무런 대가 없이 식량을 수탈당해야 했다.

그러한 식민지의 사회 성격을 두고, 사회주의자들을 비롯해 반제국주의 전선에 투신한 사람들은 '**식민지 반봉건 사회론**'이라 부른다. '반봉건'이란 완전한 근대 자본주의도 아니고 완전한 봉건도 아닌 상태를 가리키는 말로, '**근대적 법과 제도 아래 봉건적인 관계가 유지되는 식민지 사회**'를 뜻한다.

이러한 식민지 반봉건 사회론은 제국주의와 맞서 싸우던 사람들에게 실천적·전략적 지침을 제공해 주었다. 그러나 현대 사회에 들어와서 식민지 반봉건 사회론은 큰 도전에 직면했다. 그 도전은 소련 등 사회주의권의 붕괴와 맞물린 현상이었지만, 무엇보다도 한국처럼 식민지를 경험한 나라들에서 급속한 자본주의 발전이 진행되는 것을 본 일부 학자들이 제기한 것이었다. 그들이 보기에, 현대 한국이 발전하는 토대는 식민지 시기에 마련되었다. 일제가 식민지 조선을 수탈한 것은 맞지만, 그리고 일제가 한국에 근대화라는 선물을 안겨 주려는 '산타클로스' 같은 선의를 가지고 있었던 것도 아니지만, 그들의 의도와는 관계없이 식민지 조선의 근대화는 진전되었다. 더 많이 수탈하려다 보니, 조선에 더 많은 근대적 제도와 환경을 도입하지 않을 수 없었다는 것이다.

사실 이 문제는 현대 사회에 풀리지 않는 의문점 가운데 하나로 남아 있다. 식민지 반봉건이든 식민지 근대든, 제국주의가 식민지를 수탈했다는 사실을 부정하는 사람은 거의 없다. 그런데 한쪽에서는 수탈 때문에 식민지의 근대화가 억제당했다고 하고, 한쪽에서는 수탈에도 불구하고 근대화가 진전되었다고 한다. 이런 차이는 현대 한국 사회를 보는 관점에서도 극적인 차이를 낳는다. 한쪽에서는 현대 한국 경제가 식민지의 유산을 떨쳐 버리지 못하고 계속 미국 등 강대국 경제에 종속된 길을 가고 있다고 주장하고, 한쪽에서는 식민지의 유산 위에서 세계 경제의 당당한 일원으로서 선진 경제로 나아가고 있다고 주장한다. 여러분은 현대 한국 경제가 어떤 길을 가고 있다고 생각하는가? 그에 따라 식민지 시절의 경제를 바라보는 생각도 달라질 것이다.

친일이라고 다 같은

반역 V

민족문제연구소는 친일 인명사전을 만들기 위한 친일파 목록을 작성하면서 친일파를 "을사조약 전후부터 1945년 8월 15일 해방에 이르기까지 일본 제국주의의 국권 침탈, 식민 통치, 침략 전쟁에 적극 협력함으로써 우리 민족 또는 타민족에게 신체적·물리적·정신적으로 직간접적 피해를 끼친 자"라고 규정했다. 그리고 친일파를 크게 민족 반역자와 부일 협력자로 나눴다. 이 가운데 민족 반역자는 '조약

⬆ 왼쪽 상단부터 시계 방향으로 윤치호, 김성수, 이용구, 이완용, 이근택, 박영효이다.

친일이 아니다

S 협력

체결 등 매국 행위에 직접 가담한 자' 로서 전원이 목록에 포함되었다. 부일 협력자
는 '식민 통치 기구의 일원으로서 식민 지배의 하수인이 된 자' 나 '식민 통치와 침
략 전쟁을 미화 선전한 지식인, 문화 예술인' 을 가리키는데, 그중 일부가 수록 대
상으로 선정되었다. 이번 장에서는 민족 반역자로부터 부일 협력자로 이어지는 친
일파의 계보를 살펴보고, 그들이 우리 역사에 끼친 해악을 비교 가늠해 보자.

↑ 왼쪽 상단부터 시계 방향으로 이광수, 노천명, 권중현, 박제순, 송병준, 이지용이다.

2009년 11월 8일 민족문제연구소는 친일인명사전편찬위원회의 기준에 따라 4776명의 친일 인사의 명단이 수록된 『친일인명사전』을 발간했다. 민족문제연구소가 밝힌 선정의 원칙은 자발성과 적극성, 반복성, 중복성, 지속성 여부였다.

나라를 팔아먹은 사람들

역사의 영원한 주제 중 하나는 "지금 내가 알고 있는 것을 그때도 알았더라면…"이 아닐까? 일본이 그렇게 빨리 미국에 항복할 줄 알았더라면 1930년대 후반 들어 친일의 길을 간 사람들도 조금은 망설이지 않았을까?

미래를 정확히 예측할 수 없다는 데 현실을 살아가는 모든 사람의 비극이 있다. 우리는 자신의 행동이 어떤 결과를 낳을지 장담할 수 없는 상태에서 숱한 선택과 결심을 하지 않으면 안 된다. 바로 그런 점 때문에 친일처럼 오늘의 기준으로는 명백히 잘못된 행동을 한 사람들도 일제 강점기의 상황을 거론하며, 그런 상황에서는 다른 선택을 하기 어려웠다는 변명을 한다.

그러나 역사적 선택은 줄서기가 아니다. 일본이 승승장구했더라면 친일이 옳은 선택이었을 텐데, 일본이 패했기 때문에 역사의 범죄가 된 것은 아니라는 의미다. 한국이 일본의 식민 지배로부터 벗어날 수 있다는 희망을 갖기 어려웠던 시절에도 단호히 항일 투쟁의 길을 걸으며 험난한 삶을 산 사람들도 있다. 우리가 역사에서 배워야 할 것 가운데 하나는 '미래를 장담할 수 없는 상황에서도 사람들로 하여금 옳은 선택을 하도록 하는 힘은 무엇인가'이다. 그런 점에서 친일파들을 반면교사反面敎師로 삼아 그들이 왜 그런 잘못된 선택의 길로 빠져들었는가를 살펴보는 것은 복잡한 현대 사회를 살아가는 우리에게도 유익한 일이다.

한국 근대사에서 일본에 우호적이거나 일본을 배우려고 하는 정치 세력은 개항과 더불어 형성되었다고 할 수 있다. 일본은 운요호 사건을 일으켜 조선을 강제로 개항시키

갑신정변의 주역인 김옥균의 전기인 『오호 고균 거사』. 1926년 언론인이자 문필가 민태원이 썼고, 해방 후에는 『갑신정변과 김옥균』이라는 제목으로 새롭게 출간되었다. 김옥균은 일본의 힘을 빌려 자주적 근대화를 이루고자 했으나, 일본의 침략적 속성을 모르고 있었다.

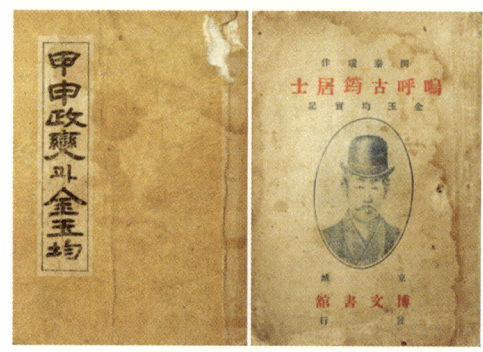

고 개항장을 통해 경제적 침탈을 일삼아 많은 비판을 받았다. 하지만 메이지 유신을 단행해 동아시아 3국 가운데 가장 먼저 자주적 근대화를 이루었기 때문에, 늦게나마 근대의 길로 나아가려고 애쓰는 이 나라의 개화파 가운데는 일본을 동경하는 사람들이 적지 않았다.

개항 후 8년 만에 메이지 유신 같은 개혁을 꿈꾸며 갑신정변(1884)**을 일으킨 개화당은 일본 공사관과 접촉하여 일본군의 지원을 받기로 약속했다.** 그러나 청나라 군대가 밀고 들어오는 상황에서 세 불리勢不利를 느낀 일본이 지원을 포기하자 정변은 실패했고, 김옥균, 박영효 등 정변 주동자들은 일본으로 망명 길에 올랐다. 물론 급진적 개화를 추진했던 개화당원들이 오늘날 우리가 질타하는 의미에서의 친일파는 아니었다. 아직 조선이 자주적 근대화의 희망을 갖고 있던 상황에서, 앞서 가고 있던 나라의 사례를 본받거나 그들의 힘을 이용하려 한 것뿐이었다. 그러나 이들 가운데 박영효, 윤치호尹致昊 (1865~1945)는 뒷날 일제의 작위(벼슬이나 지위)를 받고 적극적인 부일扶日(일본을 도움) 협력의 길을 갔다. 이런 점에서 개화당의 사상에는 역사의 흐름에 따라 반민족적으로 왜곡될 수 있는 싹도 있었다고 해야 할 것이다.

갑신정변 10년 뒤에 일어난 **갑오개혁**(1894~96)**에도 김홍집 등의 개화파 인사들이 참여했다.** 이때 박영효, 서재필 등 개화당 인사들도 귀국하여 정부에 참여하거나 독립협회를 통한 근대적 시민운동을 벌여 나갔다. 그러나 갑오개혁은 동학농민운동을 빌미 삼아 조선을 침략한 일본군에게 경복궁이 점령된 상황에서 진행된 타율적 개혁이었다. 그러니 여기에 참여한 개화파의 '친일'은 갑신정변 당시 개화당의 '친일'과는 질적으로

쑨원(사진)은 1924년 고베에서의 강연 '대아시아주의'에서 중국과 일본의 동맹을 강조했다. 내용 중 일부를 살펴보면 다음과 같다. "아시아 동부에 있어 최대의 민족은 중국과 일본이며 중국과 일본이야말로 이러한 운동의 원동력입니다. 현재 중국과 일본은 아직도 커다란 제휴가 이루어지지 않고 있습니다. 장래 우리들 아시아 동방 민족은 반드시 제휴하지 않으면 안 됩니다."

다른 것이었다. 만약 **갑신정변이 성공했다면 개화당은 일본과 대등한 입장에서 일본에 우호적인 정부를 세우려 했을 것이다.** 하지만 **갑오개혁에 나선 개화파 정부는 사실상 일본 식민 침략의 길을 열어 놓은 매국 정부**였다.

일본은 다른 어떤 나라보다 조선의 개화에 직간접적으로 많은 영향을 미치면서 서서히 침략의 손길을 뻗쳤다. 그리고 1895년에 청나라를 물리치고 10년 뒤 러시아를 제압하여 명실상부한 동양의 대표 국가로 떠올랐다. 예상치 못한 일본의 승승장구는 서구 열강의 식민 침략에 시달리던 동양 각국의 민족주의 운동가들을 매료시켰다. 인도의 네루P. J. Nehru(1889~1964), 중국의 쑨원도 일본처럼 서구 제국주의와 맞서 이길 수 있기를 바랐고, 안중근 같은 조선의 민족주의자들도 일본이 서양 세력을 물리치고 동양에 평화를 가져오기를 기원했다.

그러나 일본은 그처럼 순진한 지사들의 희망을 단번에 꺾어 버렸다. 러일 전쟁에서 승리한 일본은 을사조약을 강제 체결하고 조선의 외교권을 빼앗은 뒤, 만주로 재빨리 치고 들어갔다. 여기서부터 친일은 용서받을 수 없는 반민족적 행위가 된다. 그것은 단지 민족의 이익에 반한다는 점에서 나쁠 뿐 아니라, 제국주의라는 역사의 거대한 반역에 봉사한다는 점에서도 옳지 않다. 근대가 중세보다 나은 점이 있다면 신분 사회를 붕괴시키고 개인과 민족을 자유로운 경쟁과 생활의 토대 위에 올려놓았다는 점이다. 그런데 제국주의는 그 흐름에 역행하는 독점이자 침략의 체계였던 것이다.

더 이상 민족의 근대화를 위한 좋은 친일, 또는 자주적 친일은 있을 수 없는 상황에서 안중근과 같은 독립지사들은 항일의 길을 택했다. 그러나 시류에 따라 러시아에 붙었

뤼순 감옥의 북대문. 뤼순 감옥에 갇혀 있던 사형수들의 시체가 이 문을 통해 옮겨졌다고 한다. 안중근 의사의 시신도 저 문을 통과했을 것이다.

다 일본에 붙었다 했던 이완용 같은 기회주의적 관료들은 명확히 자신의 이익에 도움되는 쪽을 선택했다. 을사조약에 협력하고 5년 뒤 한일 병합에 적극 참여하여 일신의 안녕을 최대한 챙긴 것이다. 높은 뜻을 품고 갑신정변에 참가했던 박영효는 역사의 흐름을 '똑바로' 읽고 일본을 이용하려던 친일로부터 일본에 목숨과 부를 구걸하는 친일로 돌아섰다.

안중근과 이완용은 모두 역사의 흐름을 제대로 읽었다. 그리고 둘 다 자신의 이익에 부합하는 선택을 했다. 어떤 선택이 올바르고 떳떳한 것이었는지는 그 뒤 그들이 보여준 태도와 행동에서 쉽게 확인할 수 있다.

일본 국민이 되고 싶었던 사람들

나라를 팔아먹은 친일파든, 일제와 싸우는 독립운동가든, 일제의 수탈에 시달리며 하루하루 힘겹게 살아가던 소시민이든, 그들과 그 2세들은 시대를 잘못 만난 불운아였다. 인간은 자신이 살아가는 시대를 스스로 결정할 수 없다. 한국이 일제의 식민지가 되어 버린 상태에서 인생의 주요한 부분을 시작하게 된 젊은이들은 오늘의 우리보다 어려운 선택을 해야 했다.

이미 독립운동에 몸담아 일제의 적이 된 사람들과 그 자식들은 국내에서 늘 감시를 피하며 살거나 해외로 나가 험난한 삶을 이어 가야 했다. 일제의 수탈에 직접 노출된 노동자, 농민 등 식민지 민중은 조선 왕조보다 나아진 것 없는 세상에서 역시 어려운 삶을 감내해야 했다.

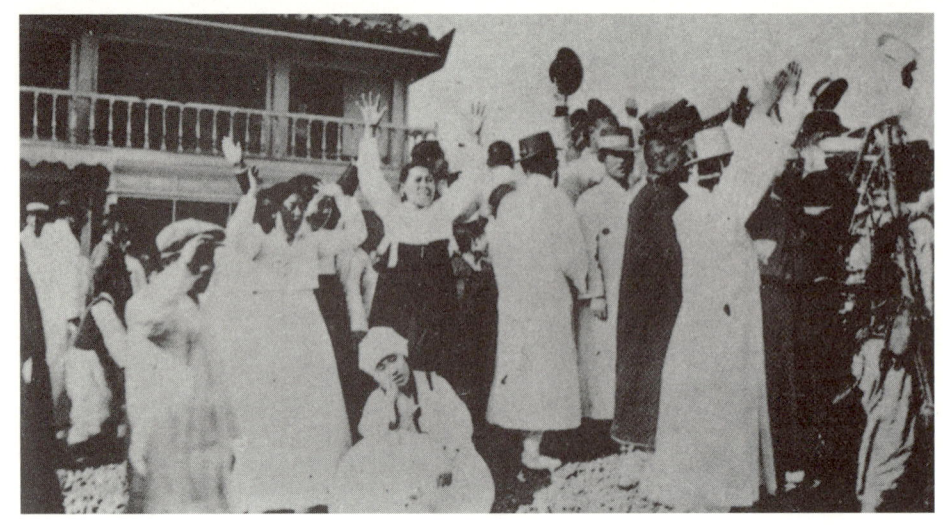

그렇다면 일제 치하에서도 남부럽지 않게 살 수 있었던 사람들의 삶은 어땠을까? 친일파의 자식이거나 그렇지는 않더라도 지주나 부호의 자식으로 일본 유학 등 훌륭한 교육의 기회를 가질 수 있었던 사람들은? 그들이라고 해서 식민지 한국이 처한 현실이 장밋빛 희망으로 다가오지는 않았을 것이다. 식민지가 되었다는 것은 한국에서 아무리 뛰어난 사람도 본국인 일본 출신보다 낮은 대접을 받을 수밖에 없다는 사실을 뜻하기 때문이다.

그들 역시 자신의 자질과 능력을 최고조로 발휘할 수 없는 식민지 현실에 분노했다. 그러나 독립운동에 투신한 사람들처럼 일제에 정면으로 맞섰다간 식민지 치하에서나마 가질 수 있었던 기회와 기득권을 송두리째 잃어버릴 수도 있었다. 그러한 위험을 감수하기 두려웠던 사람들은 독립 대신 자치를 선택했다. 일제로부터 당장 독립하기에는 우리 민족의 힘이 부족하니까, 우선 우리 민족끼리 자치라도 해 보자는 것이었다. 오늘날 이스라엘 치하에서 자치 정부를 운영하고 있는 팔레스타인이 그 모델이라고 할 수 있다. 그러나 팔레스타인의 자치는 아라파트Y. Arafāt(1929~2004)가 이끌던 PLO(팔레스타인 해방 기구)의 험난한 투쟁사에서도 알 수 있듯이 피눈물 나는 대對 이스라엘 독립 투쟁 끝에 그나마 얻어 낸 작은 성과였다. 1920년대 일본의 문화 정치에 부응하여 자치를 거론한 이광수, 김성수金性洙(1891~1955) 등 민족 지도자들은 결코 투쟁적이지 않았다. 말 그대로 매우 '문화적'이었다. 그들은 대일 투쟁보다는 독립을 위한 우리 민족

↩ 거족적인 3·1 운동(사진)이 일어나자 일제는 종래의 억압적인 통치방식을 바꾸어 유화적인 문화정치를 폈다.

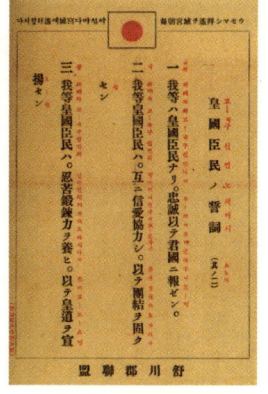

➙ 일제의 황민화 정책에 따라 모든 조선인들이 외워야 했던 「황국신민서사」. 성인용과 아동용이 나누어져 있다. 사진은 아동용 「황국신민서사」로 내용은 다음과 같다.
1. 우리들은 대일본 제국의 신민(臣民)입니다.
2. 우리들은 마음을 합하여 천황 폐하에게 충의를 다합니다.
3. 우리들은 인고단련(忍苦鍛鍊)하고 훌륭하고 강한 국민이 되겠습니다.

의 준비를 촉구했다. 한민족이 일본인보다 열등한 현실에서, 우선 각 분야의 민족 역량을 성장시켜야 한다는 것이 그들의 생각이었다. 그들의 입장에서는 조선을 강점한 일본보다, 일본의 침략을 초래한 열등한 자기 민족이 더 미웠다고 해도 지나친 말이 아니다. 이 못난 민족이 제대로만 했어도 자기가 이렇게 열등한 식민지의 2등 시민이 되지는 않았을 거라는 한탄을 가슴 깊은 곳에 품고 살았을지도 모른다.

그러나 타협적인 자치론을 주창했다고 해서 그들을 친일적인 인사라고 할 수는 없다. **1920년대를 대표하는 친일파**는 그러한 자치론자가 아니었다. 일본이 문화 정치를 내세우면서 주창한 '일시동인주의' 一視同仁主義(조선인과 일본인을 차별 없이 사랑함), '내지연장주의' 內地延長主義(식민지를 본국의 연장으로 보아 같은 법령과 정책을 시행하는 정책)에 적극 호응하여 확실한 일본 국민이 되고자 노력했던 사람들이 있었다. 워낙 파격적이었기 때문에 우리 역사에서도 잊혔던 그들을 굳이 일컫자면 '참정권론자' 라고 할 수 있을까? 말 그대로 **식민지 한국인도 본토 일본인처럼 일본 정부와 의회의 선거에 참여할 수 있는 권리를 요구한 사람들**이다.

민원식閔元植(?~1921), **선우순**鮮于錞(1891~1933) **등 참정권론자들은 일제의 동화 정책에 적극 부응하여 이른바 '신일본주의'** 新日本主義**를 주창했다.** 참정권 운동의 주도자였던 민원식은 신일본주의를 이렇게 설명한 바 있다.

"일한 양국의 병립並立은 과거의 일이요, 이제 한국이 일본의 영토가 되고 한국인이 일본 신민臣民이 된 이상 일본도 더 이상 일본 민족만의 일본이 아니라 일본, 한국 두 민족으로 구성된 새로운 일본이다."

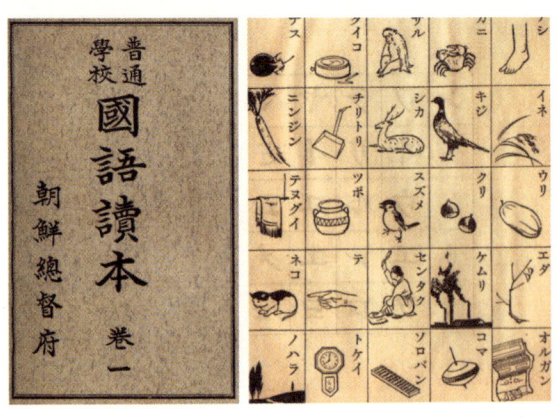

참정권론자들은 이런 인식 아래 한국인이 일본 의회 선거에 참여하는 것은 당연한 권리이며, 아울러 한국인도 일본 신민으로서 징병제의 대상이 되어야 한다고 주장했다. 그리고 수천 명의 연서連署(한 문서에 두 사람 이상이 잇대어 서명함)로 일본 의원의 추천까지 받아 일본 중의원衆議院*에 세 차례 참정권 청원을 하기도 했다.

이러한 참정권 운동은 일제가 독립, 자치 등 한국의 민족 운동을 견제하고 3·1 운동에서 나타난 민중의 독립 열기를 무마하기 위해 참정권을 줄 것처럼 민원식 등을 부추기면서 나타났다. 그러나 일제의 일시동인주의는 제스처에 불과한 것이었다. 민원식은 3차 청원서를 들고 갔던 도쿄에서 민족 청년 양근환梁槿煥(1894~1950)에게 살해당했고, 참정권 청원은 일본 정부에 의해 차갑게 거부당했다.

이로써 1920년대 최고의 부일 협력이었던 참정권 운동은 한국과 일본 양쪽에서 외면당한 채 잦아들었다. 확실한 일본 국민으로 살아가고자 했던 진정한 친일파들은 명분에서나 실리에서나 최악의 선택을 하고 만 셈이었다.

황국 신민이 된 사람들

일본은 1931년 만주 사변을 일으켜 중국 동북부를 장악하고 이듬해 그곳에 만주국이라는 괴뢰 국가를 세웠다. 일부 역사가들은 이때부터 1937년의 중일 전쟁을 거쳐 1941년 태평양 전쟁으로 이어지는 일련의 전쟁들을 하나로 보고 '15년 전쟁'**이라 부른다.

* 중의원 : 일본 국회에서 '참의원'과 함께 국회를 구성하는 '민의원'을 이르는 말. 미국 하원에 해당하며, 예산·법률안 심의나 정부 감독 등에서 참의원보다 우월한 권한을 갖는다.
** 15년 전쟁 : 1931년 9월 만주사변을 일으킨 일본은, 1937년에는 중국 베이징 교외에 있는 루거우차오의 중국군 진지를 공격하여 중일 전쟁을 일으켰다. 하지만 중국 민중의 거센 항전으로 전쟁이 장기화되자, 그 돌파구를 찾기 위해 이를 '태평양 전쟁'으로 확대시켰다. 그런데 일본의 뜻과 달리 상황은 오히려 더 악화되었고, 결국 1945년 일본이 연합국에 무조건 항복하면서 전쟁은 막을 내렸다.

학도병에 나가기 전 집 앞마당에서 기념사진을 찍은 청년.

1920년대까지 어느 정도의 민주적 활동 공간을 보장했던 다이쇼 데모크라시^{***}가 퇴출당하고, 전시 체제를 빙자한 군국주의 파시즘이 일본 사회 전체를 장악했다. 특히 중일 전쟁 발발 이후에는 병력과 노동력, 전쟁 물자를 국민으로부터 징발해 가는 국가 총동원 체제가 선포되는 등 군사 파시즘이 일본 전역에 드리워졌다.

바로 이 시기 조선에도 전쟁의 그림자는 드리워졌다. 그러면서 참정권론자들이 그토록 갈구하던 한국인의 권리 가운데 하나가 이때 일본에 의해 식민지에 '선사' 되었다. 징병제가 그것이었다. 일제는 끝내 한국인의 참정권을 허용하지 않았지만, 전쟁 상황이 급박하게 돌아가자 위험한 존재가 될 수도 있는 한국 청년들에게 '황군' 皇軍(황국의 군대라는 뜻으로, 일제 강점기에 일본이 자기 군대를 이르던 말)을 위하여 싸우다 죽을 권리만은 떠안겼다. 그와 더불어 징용, 일본군 '위안부' 등 악명 높은 인력 동원과 집안의 놋그릇까지 싹쓸이해 가는 공출이 식민지 한국을 엄습했다.

1920년대 들어 문화 정치와 함께 약간의 문화적 공간을 허용받았던 식민지 한국은 서서히 모든 자유를 박탈당해 갔다. 참정권 운동은 이미 사라졌고, 일부 타협적 민족 운동가들의 자치론은 설 공간이 없었다. 자치론을 설파했던 사람들 대부분은 이 시기에 부일 협력의 길로 들어섰다. 이때 일제가 이들을 친일로 끌어들이기 위해 개발한 논리는 '일선동조론' 日鮮同祖論이었다. 이는 일본인과 조선인의 조상이 원래 같다는 주장으로, '내선일체론' 內鮮一體論이라고도 한다.

1920년대의 '일시동인주의' 가 아직 한국인과 일본인을 구별하고 이민족으로서의 한국인을 일본에 편입시키는 논리였다면, '일선동조론' 은 아예 한민족을 일본 민족 속으

*** 다이쇼 데모크라시 : 러일 전쟁 때부터 다이쇼(大正) 천황 때까지, 일본의 정치·사회·문화 등 각 방면에 나타난 민주주의와 자유주의 경향을 말한다. 다이쇼 천황은 일본의 제123대 왕인 요시히토(嘉仁)를 가리키며, 다이쇼는 그의 연호다.

친일반민족행위자들을 처벌하기 위한 반민족행위특별조사위원회 (반민특위)에 체포되어 소환 중인 김연수(왼쪽)와 최린(오른쪽). 김연수는 경성방직 사장으로 일제에 국방헌금을 헌납했고 최린은 민족대표 33인 중 한 사람이었으나 변절했다. 반민특위는 이승만 정권의 방해로 결국 해체되고 말았다.

로 흡수해 들이는 논리였다. 사실상 지구상에서 한민족의 존재를 말살하겠다는 의미로, 그에 따라 시행된 정책 가운데 가장 눈에 띄는 것이 '창씨개명'創氏改名 운동이다. 한국인의 성씨를 일본식 성씨로 바꾸어 한국인의 이름과 가계를 그야말로 완전히 일본화시키겠다는 가공할 계획이 아닐 수 없다. 여기에다 '언문'諺文이라는 이름으로 근근이 명맥을 유지해 오던 한글 교육을 폐지하고, '국어'인 일본어만을 학교에서 가르치게 했다. 물론 이러한 내선일체 정책의 실질적인 의도는 한국인에 대한 징병제 시행에 잘 드러나 있다. 한국인을 정말 일본인과 동등하게 대접하기 위해서가 아니라, 오직 한국의 인력과 물자를 총동원해 전쟁에서 승리하기 위해서라는 속셈이 명백하게 보이기 때문이다.

가장 놀라운 점은 우리 민족의 실력 양성과 자치를 논하던 민족 운동가들이 이러한 일제의 민족 말살 정책을 너무도 충실하게 따랐다는 사실이다. 1941년 12월 서울 부민관에서 열린 '임전 보국 전선 대회'에 모인 1,000여 명의 면면을 보라. 갑신정변의 주역인 윤치호, 3·1 운동의 독립 선언서를 기초한 최린崔麟(1878~1958), 미술계의 거장 김은호金殷鎬(1892~1979), '울 밑에 선 봉선화'에게 울지 말라고 격려하던 음악가 홍난파洪蘭坡(1898~1941) 등 내로라하는 민족 지도자들이 그곳에서 "황국 신민으로서 황도 정신을 선양하고, 사상 통일을 기한다"라고 외치며 총체적 친일 노선을 선포했던 것이다.

그뿐 아니라 민족의 실력을 키우자던 이광수는 자진해서 창씨개명을 제안하고 나섰고, 모윤숙毛允淑(1910~90), 노천명盧天命(1912~57) 등 민족이 자랑하는 여류 시인은 한국의 젊은이들을 전장으로 내모는 선동에 앞장섰다. 거칠어지는 일제의 탄압을 도저히 친일 경찰 박종표의 반민특위 공판 기록. 박종표는 독립운동가들을 잔혹하게 고문한 친일 경찰이었으나 반민특위에서 무죄를 선고받고 풀려난 후 경찰에 복직한다. 그는 3·15 부정 선거를 규탄하는 마산 시위에서 김주열의 시신을 유기한 혐의로 혁명재판소에서 무기징역을 선고받았다.

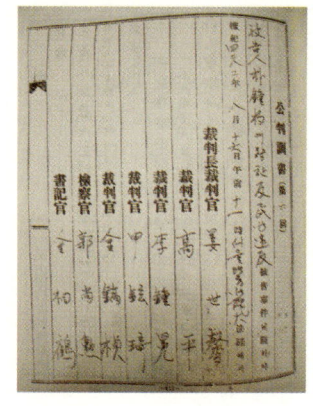

견딜 수 없었던 민중과 이들을 이끌고 지하에서 끈질긴 항일 투쟁을 이어 간 지도자들, 그리고 해외에서 국내 진공을 목표로 광복군을 담금질하던 독립투사들이 없었다면, "정말 망해도 싼 민족이야!"라는 자괴감이 들 만큼 부끄러운 장면들이 아닐 수 없다. 1945년 8월 일본이 항복하자 이광수는 그렇게 빨리 일본이 패망할 줄 몰랐다는 말을 했다고 한다. 맞는 말이다. 일본이 '영미귀축' 英美鬼畜(영국과 미국을 아귀와 축생에 비유한 것으로, 그만큼 야만적이고 잔인하다는 의미임)에 맞서 동아시아의 자존심을 걸고 어느 정도는 버텨 줄 줄 알았기에 친일도 한 것이지, 그렇지 않은데도 창씨개명을 하고 꽃 같은 젊은 이들을 전장에 내모는 짓을 했다면 바보도 그런 바보가 없을 것이다. 이처럼 친일파들은 매우 영민하고 시대의 흐름에 민감한 민족의 엘리트들이었다. 능력이 부족하거나 감각이 떨어지는데 친일을 한 사람은 거의 없다. 그런 사람을 일제가 친일파로 받아 주지도 않았을 것이다.

이것은 중대한 역사의 교훈이다. 친일파들은 민족의 지도자였다. 그들이 우리 사회에 남긴 것은 강한 외세가 우리 사회에 영향을 끼칠 때 살아남는 법이다. 해방 뒤에도 한국의 엘리트 사회는 무슨 어려운 일만 있으면 외부 세력에 기대어 문제를 해결하려는 습성에서 좀처럼 벗어나지 못해 왔다. 외국의 덜 알려진 대학이라도 나오는 게 한국에서 취직하는 데 더 도움이 되는 풍조가 생길 만큼, 이러한 의존 근성은 사회 전체에 팽배해 있다. 여러분이 만약 똑똑하고 능력 있는 사람이 되고 싶다면, 그러면서도 우리 국민들에게 해를 끼치고 싶지 않다면, 어떻게 해야 친일파를 반면교사로 삼을 수 있을지 심사숙고해야 할 것이다.

한국의 현대(1945~)는 해방 이후 분단된 나라에서 빈곤 추방과 민주화, 통일의 과제를 안고 분투해 온 시대였다. 이 같은 현대 한국의 과제는 현대 세계가 안고 있는 문제들을 농축해 놓은 것이라고 해도 과언이 아니다. 1945년 8·15와 1948년 8·15의 상반된 모습은 그대로 한국 현대사의 빛과 그늘을 보여 준다. 분단된 나라에서 전쟁까지 겪은 한국인은 38선을 더욱 고착시킨 휴전선에서 좌절했다. 해방 직후부터 분단과 독재, 빈곤에 시달리던 한국인은 끊임없는 도전으로 민주화와 경제성장을 이룩했다. 그 과정에서 노동자를 중심으로 한 한국 민중은 세계에서 인정받는 진취적인 조직과 세력을 형성했다. 근대 한국의 민족 해방 투쟁이 당대의 세계사적 과제에 연결되어 있었던 것

라이벌

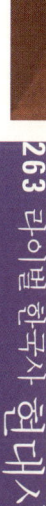

처럼, 현대 한국의 민중운동은 모든 형태의 억압과 착취로부터 자유로운 사회로 나아가는 현대 세계의 과제와 직결되어 있다. 중국 대륙의 끄트머리에서 독자성을 지키기 위해 안쓰러운 노력을 계속해 오던 한국인이 이제 인류의 보편적 과제를 자기 일로 끌어안고 그 해결을 향해 나아갈 만큼 성장한 것이다. 그러나 한국 민중은 이러한 방향으로 나아가기 위해서도 현대 세계가 안고 있는 최악의 원죄 가운데 하나인 휴전선을 끊어 버릴 민족적이면서도 세계적인 과제를 풀지 않으면 안 된다. 외세나 자본의 힘이 아니라 민중 자신의 손으로 이 과제를 해결할 때, 한국인은 비로소 모든 라이벌을 없애 버리기 위한 싸움에서 최후의 라이벌 구도를 형성하게 될 것이다.

현대사

해방이냐 건국이냐

1945년 8·15 V

같은 부모에게서 태어난 형제의 생일이 똑같으면 더도 덜도 말고 둘 다 똑같이 축하해 주면 된다. 그런데 형과 동생이 받는 축하 꽃다발 숫자가 다르고 선물의 크기도 다르다면, 그리하여 한 집안에 어색한 분위기가 돈다면 이처럼 난감한 일도 없다. 비슷한 일이 언제인가부터 대한민국에서 일어나고 있다. 8월 15일은 남북한이다 함께 일제의 식민 지배로부터 해방된 것을 기념하는 날이면서, 동시에 남한에 대한민국이 건국된 것을 기념하는 날이기도 하다. 둘 다 기념하고 축하할 만한 날

↑ 해방을 맞아 거리에 나와 만세를 부르는 사람들.

S 1948년 8·15

인데도 우리 국민은 이날을 공식적으로 광복절이라고 해야 한다, 건국절이라고 해야 한다며 논란을 벌이고 있다. 예전에는 8·15 하면 당연히 광복절을 가리켰는데 새삼 건국절과 싸움이 붙게 된 데는 한국 근현대사에 대한 인식의 차이도 작용하고 있다. 광복절은 1945년생이고, 건국절은 1948년생이다. '절' 자 돌림 두 형제 사이에 무슨 일이 있었는지 역사적으로 추적해 보자.

⬆ 대한민국 정부수립 기념식. 1948년 8월 15일에 열렸다.

귀국을 위해 중국 충칭을 떠나고 있는 김구의 모습. 해방 후 남한에 들어선 미군정은 임시정부의 존재를 인정하지 않았다. 민족주의적 성향을 강하게 가지고 있는 김구가 미군정 입장에서는 껄끄럽게만 여겨졌고 그 결과 김구는 임정요원이 아닌 개인 자격으로 귀국할 수밖에 없었다.

너무 빨리 다가온 1945년 8월 15일

1945년 8월 15일, 일본 천황이 연합군에 무조건 항복을 선언했다. 이때 대표적인 독립운동가 중 한 사람인 김구金九(1876~1949)와 친일 인사로 많이 거론되는 이광수가 똑같이 "해방이 이렇게 빨리 올 줄 몰랐다"라며 안타까워했다는 이야기는 꽤 유명하다.

그 당시 대한민국 임시정부 주석主席이던 김구는 일본에 선전 포고를 하고 임시정부 산하의 광복군을 국내로 들여보내 일본군과 싸우게 하려는 계획을 갖고 있었다. 그렇게 하면 대한민국도 일본에 맞서 싸우는 연합국의 일원으로 인정받고, 일본이 항복한 뒤에는 승전국의 자격으로 전후 협상에 참여할 수 있을 것으로 기대했다. 그래서 광복군은 미국의 특수 정보기관인 OSS(Office of Strategic Services: 제2차 세계대전 때 미국의 정보기관이었던 '전략 정보국'을 가리킴)의 부대와 함께 국내 침투 훈련을 열심히 하고 있었는데, '느닷없이' 일본이 항복하고 말았던 것이다. 그 바람에 임시정부는 전후에도 한국을 대표하는 정부로 인정받지 못했을 뿐 아니라, 김구를 비롯한 각료들이 모두 개인 자격으로 돌아오는 서글픈 신세로 전락하고 말았다.

이광수는 일본이 본국과 식민지에서 본격적인 전시 총동원 체제에 돌입한 1939년 이래 적극적인 친일 노선을 걸었다. 일본이 적극적인 협력자를 양성하기 위해 내선일체를 표방하고 나설 무렵, 이광수는 앞장서서 한국인의 창씨개명을 주장하기도 했다. 한국인이 스스로 일본인과 같은 성씨로 이름을 바꾸어, 더 이상 식민지 백성으로 차별받지 않고 본국의 일본인과 똑같이 당당하게 살아가자는 것이었다. 그리고 열성적으로 일본의 대동아 공영권*의 정당성을 주장하면서 한국의 젊은이들에게 전장으로 나가

반민특위에 회부된 이광수는 "나는 민족을 위해 친일"했다며 자신의 친일 행위를 정당화했다.

몸 바쳐 싸울 것을 호소했다. 그는 적어도 일본이 그처럼 허망하게, 빨리 무너지리라고는 생각하지 않았다. 아마도 자신의 살아생전에는 일본이 제국의 위용을 잃지 않고 한국을 식민 지배할 것이라 예상하고 또 그렇게 기대했을 것이다. 그런데 믿었던 천황이 '너무도' 빨리 항복을 선언하는 바람에, 이광수는 오랏줄에 묶여 반민족 행위자의 처벌을 다루는 재판에 출두하는 처지가 되고 말았다.

8·15 해방과 더불어 김구와 이광수의 처지는 반전되었다. 아니, 반전되어야 옳았다. 한 사람은 이봉창李奉昌(1900~32), 윤봉길尹奉吉(1908~32) 등 한국의 꽃다운 젊은이와 더불어 목숨을 걸고서까지 일제와 맞서 싸웠고, 한 사람은 이름 없는 수많은 한국의 젊은이를 희생시켜 가면서까지 일제에 협력했다. 해방 이전, 한 사람은 전쟁터가 된 중국 곳곳을 전전하며 험난한 삶을 살았고, 한 사람은 식민지 한복판에서 본국인들의 보살핌을 받으며 안온한 삶을 살았다. 이 상황이 역전되지 않는다면 과연 해방은 무슨 의미가 있을까?

두 사람의 삶이 역전되어야 한다는 것이 김구는 호의호식하며 살아야 하고, 이광수는 비참하게 살아야 한다는 것을 뜻하지는 않는다. 8·15 해방이 역사의 올바른 진로 위에 놓인 사건이었다면 김구에게는 그동안 독립운동을 하며 품어 온 생각들을 실현할 기회가 주어져야 하며, 이광수에게는 그동안 친일을 하며 품게 된 생각들을 반성할 기회가 주어져야 한다. 과연 그렇게 되었던가? 여기에 역사는 또 한번의 8·15라는 복잡한 변수를 제시하며 해답을 꼬이게 만들어 버렸다.

* 대동아 공영권 : 제2차 세계대전 당시 일본이 아시아의 여러 나라를 침략하며 내세웠던 슬로건으로, '대동아'란 동아(東亞), 곧 동아시아에 동남아시아를 더한 지역을 가리킨다. 그들은 아시아가 서양의 식민 지배에서 벗어나려면, 우선 아시아 땅에서 서양 세력을 몰아내고 일본을 중심으로 단결해 정치적·경제적으로 공존·공영을 도모해야 한다고 주장했다.

1945년 9월 남한에 들어선 미군정에 의해 조선총독부 앞에 게양되어 있던 일장기가 내려가고 있다. 그러나 올라가는 것은 태극기가 아닌 성조기.

뜻하지 않게 다가온 1948년 8월 15일

1945년의 8·15는 한국 국민에게 식민 지배의 악령을 떨쳐 버리고 자주 독립 국가를 건설하는 과제를 안겼다. 일제 치하에서 그토록 대동아 공영권을 찬양하고 영미귀축을 섬멸하자고 외치던 목소리들은 적어도 한반도 안에서는 감쪽같이 자취를 감추었다. 독립운동을 하던 세력은 국민의 뜻을 모아 새 나라를 세우고, 친일파들을 색출하여 그들의 생각이 잘못된 것이었다는 사실을 똑똑히 가르쳐 주어야 했다.

그런데 김구가 땅을 쳤던 것처럼 해방이 우리 손에 의해 이루어지지 않은 후유증은 매우 컸다. 해방 직후 이 땅에서 일본군을 무장 해제시키고 치안을 담당한 세력은 독립운동 조직이 아니라 미국과 소련이었다. 북위 38도선을 경계로 두 나라가 한반도에 군대를 보냈을 때, 이들은 점령군이 아니라 해방군으로 들어왔다. 두 나라의 지도자들이 함께 참여한 카이로 회담*에서, 이미 이들은 일본이 항복한 뒤에는 한국이 독립할 것임을 천명闡明(진리나 사실, 입장 등을 드러내어 밝힘)했다. 따라서 미군과 소련군은 어디까지나 이 땅에서 한국인에 의한 건국이 이루어질 때까지 한국을 일본으로부터 확실히 해방시키는 임무를 지니고 있었다.

김구를 비롯한 임시정부 요인들은 비록 개인 자격으로 고국에 돌아올 수밖에 없었지만, 독립 국가를 건설할 만한 우리 민족의 역량은 충분했다. 민족 지도자들이 결집한 건국준비위원회도 활동을 시작했다. 그러나 전후 세계 질서를 유리하게 짜기 위해 고심하던 미국과 소련은 자신들에게 적대적인 정부가 한국에 수립되는 것을 원하지 않

---

* 카이로 회담 : 제2차 세계대전 때 이집트 카이로에서 개최된 연합국 수뇌들의 회담. 1943년 9월 이탈리아가 항복하자 연합국 지도자들은 제2차 세계대전의 수행과 전후 처리 문제를 협의하기 위해 카이로에 모였다. 이때 그들은 대일전(對日戰)에 서로 협력할 것을 결정하는 동시에, 일본이 패전할 경우를 가정하고 일본의 영토 처리에 대한 연합국의 기본 방침을 결정했다.

"소련은 신탁 통치 주장 / 소련의 구실은 38선 분할 점령 / 미국은 즉시 독립 주장"이라는 1945년 12월 27일『동아일보』1면 기사는 해방 정국에 또 한번 소용돌이를 일으켰다. 사실 한반도 문제를 논의한 모스크바 3상회의에서 가장 중점을 둔 안건은 임시정부 수립이었다. 그러나 국내에는 신탁 통치안만이 부각되고 그나마 왜곡되어 알려지면서 파문이 일었다.

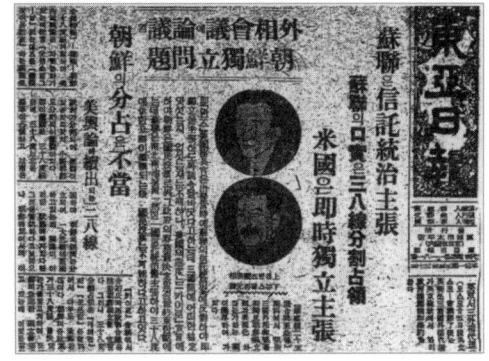

았다. 이들은 때로는 은밀하게, 때로는 드러내 놓고 한국의 정국이 자신들에게 유리한 방향으로 흘러가도록 하려고 애썼다. 그 대표적인 사례가 신탁 통치를 둘러싼 논쟁이었다.

1945년 겨울, 미국·영국·소련의 외상外相(외교 등을 담당하는 외무성의 우두머리)들이 한국의 독립 문제를 논의하려고 소련의 수도 모스크바에 모였다. 이들은 얽혀 있는 여러 가지 문제를 조정하기 위해 정식 정부 출범 이전에 한국인에 의한 임시 정부를 세우자는 데 합의했다. 그런데 이때 논의 과정에서 미국이 신탁 통치안을 제안했다. 5년간 강대국이 한국을 대신 통치하자는 의견이었다. 그런데 미국은 언론을 통해 이 같은 신탁 통치안을 소련이 먼저 제안한 것처럼 흘렸다. 그 반향은 대단했다. 한국 언론에 대대적으로 보도된 '소련의 신탁 통치 제안'은 곧바로 모스크바 3상 회의의 결론인 것처럼 받아들여지고 그것은 소련의 제안에 따른 것처럼 부풀려졌다. 즉각적인 자주 독립을 바라던 여론은 순식간에 소련에 적대적으로 돌아섰다. 진짜 모스크바 3상 회의의 결론인 임시 정부 수립을 지지하는 사람들은 엉겁결에 소련에 붙어 신탁 통치에 찬성하는 매국노로 낙인찍혔다.

임시 정부 수립이 신탁 통치로 뒤바뀌고 이를 소련이 제안한 것처럼 인식된 사태는 한국 현대사에서 빼놓을 수 없는 결정적 순간의 하나다. 왜곡된 사실을 둘러싸고 국론이 양분되면서 8·15 해방이 선사한 자주 독립 정국은 순식간에 좌우 대립 정국으로 바뀌었고, 곧 분단 정국으로 치달았다.

물론 일제하에서 독립운동을 하던 사람들 가운데는 좌익인 사회주의자도 있었고 우익

인 민족주의자도 있었다. 그러나 이들이 해방된 뒤에 나라를 갈라서 독립하자는 생각을 한 적은 한번도 없었다. 국가 운영의 주도권을 놓고 지지고 볶더라도 '한 울타리의 독립 국가' 안에서 해야 한다는 것은 이론의 여지가 없는 명제였다. 그런데 해방이 타율적으로 이루어지고, 미국과 소련이라는 잠재적 적대국이 들어오면서 상상할 수 없었던 사태가 벌어지고 말았다. 그 결과가 바로 1948년의 8·15였다. 격화된 좌우 대립의 결과, 이날 서울에서 남한만의 대한민국이 건국된 것이다. 이 두번째 8·15는 첫번째 8·15의 절반의 계승인 동시에, 내용적으로 보면 절반의 배반이기도 했다.

1945년과 1948년 사이에서 희생된 사람들

신탁 통치를 둘러싼 좌우 대립은 분명히 '잘못된 정보'에 의한 '잘못된 대립'이었다. 그러나 계기는 잘못되었다 하더라도 이미 식민지 시절부터 우리 내부에 존재해 온 좌우의 이념 차이가 결국은 이런 사태를 발생시킨 것 아니냐는 시각도 있다. 한마디로 말해서 올 것이 왔을 뿐이라는 것이다. 더군다나 그때 소련 및 공산주의자들과 결별하여 남한만이라도 자본주의를 따르는 독립 국가를 세운 결과, 오늘날 번영하는 대한민국이 있을 수 있었던 것 아니냐는 시각도 최근 떠오르고 있다.

그러나 **남한만의 대한민국이 세워지는 과정에서 배제된 것은 공산주의자만이 아니었다. 좌우 대립을 하더라도 통일 독립 국가 안에서 하자며 좌우 합작을 추진했던 민족주의자들도 함께 배제되었다.** 그토록 자주 독립을 염원한 나머지 8·15가 너무 빨리 왔다고 한탄하던 김구가 바로 그런 사람이었다. 그는 마지막 순간까지 남북한 양쪽의 단독 정부

← 언론을 통해 신탁 통치안이 유포되자 이를 둘러싼 찬반 시위가 격렬하게 일어났다. 왼쪽은 신탁 통치를 반대하고 오른쪽은 모스크바삼상회의를 찬성하는 시위의 모습이다. 모스크바삼상회의를 지지하는 시위대도 신탁 통치를 지지한 것은 아니기 때문에 '반탁'은 있어도 '찬탁'은 없었다.

수립을 막아 보려고 발버둥을 치다가, 남한만의 단독 정부 수립을 추진하던 사람들이 보낸 암살범에게 피살되고 말았다.

그리고 해방 직후 숨죽이고 있던 친일파들이 좌우 대립이 격화되는 틈을 타 화려하게 부활했다. 그들은 정계, 언론계, 경찰 등에 자리 잡고 일제히 공산주의 타도를 외치며 행동 대장 노릇을 떠맡고 나섰다. 일본 제국주의를 지지하던 그들이 공산주의와 적일 수밖에 없는 것은 지극히 당연한 일이었다.

그런데 친일파는 독립운동의 한 축을 담당하고 있던 민족주의자들과도 적이었다. 그들은 신탁 통치를 둘러싼 논란 이후 아연 활기를 띠면서 민족주의자들을 제치고 이 나라 우익의 대표 주자 노릇까지 하기 시작했다. 심지어 통일 독립 국가를 위해 남북 협상을 하자는 김구 등의 민족주의자마저 용공 세력容共勢力(공산주의의 주장을 받아들이거나 그 정책에 동조하는 집단)이라며 좌익으로 몰아갔다.

그 뒤 공산주의와 싸운다는 명분 아래 애국자들을 갖은 방법으로 괴롭히고 쫓아내는 일이 대한민국에서 상습적으로 자행되었다. 건국 이래 수십 년간 계속된 독재 정권 치하에서 민주주의와 노동자의 기본권을 주장하던 수많은 사람이 '빨갱이'라는 누명을 쓰고 감옥에 가거나 형장의 이슬로 사라졌다. 북쪽의 공산 정권이 독재 정권에게는 적이라기보다 남쪽 내부의 적을 없앨 수 있는 좋은 구실이었다.

오랜 투쟁 끝에 대한민국은 민주화의 길로 들어섰다. 두번째 8·15로 잠시 미뤄졌던 첫번째 8·15의 과제를 완성하기 위한 노력도 이어졌다. 그런데 남북 교류가 다시 활성화되고 통일을 위한 디딤돌이 놓이는가 싶더니 최근 들어 다시 상황이 바뀌고 있다.

1947년 12월 장덕수가 피살되자 이승만은 자신의 라이벌 김구를 배후로 지목했다. 이로 인해 김구는 미군정의 재판을 받게 되었다. 사진은 김구가 자신은 "왜놈" 외에는 죽이라고 한 적이 없다며 무죄를 주장하는 모습이다. 이 사건으로 김구는 이승만과 정치적으로 완전히 결별하게 된다.

1948년의 선택이 옳았음을 주장하면서, 통일과 민주주의를 위해 노력해 온 사람들을 시대착오적인 용공론자로 비판하는 논의가 제법 활기를 띠고 있는 것이다. 8·15를 건국절로 기념해야 한다는 것도 그 맥락 위에 서 있는 논리다.

광복절이냐 건국절이냐 하는 다툼이 데마고그demagogue(과대한 공약으로 대중을 선동해 권력을 획득·유지·강화하는 정치가)의 신탁 통치와 같은 주장에 의해 왜곡되지 않기를 바란다. 아울러 신탁 통치 논란 이후의 '기묘한' 좌우 대립이 조국 독립에 헌신했던 애국자들을 희생시킨 것처럼, 광복절과 건국절을 둘러싼 갈등이 민주주의에 헌신한 애국자들을 두 번 죽이거나 희생시키는 일이 없기를 간절히 기원한다.

현대 세계의 최전선

38선 V

YOU ARE NOW CR
38TH PAR
US CO.B 728

10여 년 전만 해도 제2차 세계대전 후의 대표적인 분단국가 하면 흔히 독일과 한국이 꼽히곤 했다. 1989년 베를린 장벽이 무너지자 어떤 시인은 역시 게르만 민족은 다르다며 우리는 언제나 통일할 수 있으려나, 자조의 한숨을 내쉬었다. 그러나 조금만 생각해 보면 이 상황은 부러워할 일이 아니라 주먹을 쥐고 부르르 떨어야 할 일이다. 전쟁이 끝나고 독일이 분단된 것은 당연하다. 천인공노할 침략 전쟁을 일으키고 인종 대학살을 저지른 나라를 분해하지 않고는 전후 세계에서 정의를 논할 수 없기 때문이다. 그런데 우리나라는 전쟁을 일으키지도 않았고 반인류적 범죄를

S 휴전선

저지르지도 않았다. 독일과 맞먹는 침략자 일본의 식민지로 전락하여 모진 고초를 겪었을 뿐이다. 그런데 일본이 아니라 '한국'이 분단됐다. 한국인이 원한 것도 아니다. 심지어는 분단에 책임 있는 강대국도 누가 왜 38선을 그었는지 잘 모르겠다는 어처구니없는 변명만 늘어놓았다. 남북으로 나뉜 한민족은 그 38선을 없애겠다고 전쟁을 벌였다가 38선보다 더 단단한 휴전선만 긋고 말았다. 38선과 휴전선 사이에는 어떤 역사가 담겨 있을까?

☝ 휴전선.

어영부영하다 그은 선이라고?

영국의 극작가 버나드 쇼G. Bernard Shaw(1856~1950)가 직접 쓴 자신의 묘비명은 이렇다.

"어영부영하다 내 이럴 줄 알았다."

위트 넘치는 작가다운 묘비명이고, 모든 사람이 공감할 수 있는 촌철살인의 표현이다. 그런데 자신이 책임질 수밖에 없는 자기 인생이 아니라, 만약 수천만 명에 이르는 한 민족의 운명을 놓고 저지른 행위를 어영부영하다 그랬노라고 변명한다면 어떨까? 이런 일이 제2차 세계대전이 끝나 가던 1945년 8월에 벌어졌다. 그것도 다른 민족이 아니라 바로 우리 민족의 운명과 관련된 일이었다.

1945년 8월 6일, 미국은 일본의 히로시마廣島, 사흘 뒤에는 나가사키長崎에 잇달아 원자폭탄을 떨어뜨려 일본의 항전 의지를 꺾어 버렸다. 그리고 8월 9일에는 소련이 얄타 회담*과 포츠담 회담**에서 약속한 대로 일본과 전투를 벌이기 시작했다. 7월 말까지만 해도, 일본은 무조건 항복을 요구하는 연합국의 포츠담 선언을 거부하고, 설령 항복하더라도 15년 전쟁 이전부터 보유하고 있던 한국과 타이완의 영토는 계속 유지하려 했다. 그러나 이제 그런 희망은 없어졌다. 제국주의 일본이 가장 두려워하는 상대는 소련이었다. 자본주의를 증오하는 공산주의 소련에 항복하는 것보다는 원폭을 쏟아 부었어도 자본주의 미국에 항복하는 것이 여러모로 나았다. 한국을 지배하고 있던 조선총독부와 조선 주둔군은 더욱 그러했다. 8월 9일 소련 참전을 전후하여 일본은 미

* 얄타 회담 : 1945년 2월 4~11일까지 소련의 얄타에서 미국 · 영국 · 소련의 수뇌들이 모여 독일의 패전과 그 관리에 대하여 의견을 나눈 회담을 말한다.
** 포츠담 회담 : 1945년 7월 미국 · 영국 · 중국의 3개국 대표가 독일의 포츠담에 모여 벌인 회담. 일본의 항복 조건, 일본 점령지의 처리 등을 명시한 '포츠담 선언'을 발표했다. 항복 조건은 제국주의적 지도 세력의 제거, 전쟁 범죄인의 처벌, 연합국에 의한 점령, 일본 영토의 제한 등이며, 한국의 독립도 이 선언에서 약속되었다.

1945년 8월 6일, 미국은 히로시마 상공에서 원자폭탄을 투하하고 3일 후에는 나가사키에 원폭을 투하했다. 일본은 1945년 8월 15일 무조건 항복을 선언했다.

강원도 양양의 38선 휴게소. 38선 휴게소는 한 곳이 아니다. 북위 38선에 해당하는 포천과 인제 등지에서도 38선 휴게소를 마주칠 수 있다.

국과 항복 조건을 협상하는 '화평 공작'을 벌여 나갔다. 바로 다음 날부터 미군의 한반도 공습이 씻은 듯이 사라진 것이 그 성과 가운데 하나였다. 그리고 관동군關東軍(일제 강점기에, 중국을 침략하기 위하여 관동저우關東州에 주둔했던 일본 육군 부대) 병력을 한반도로 내려 소련을 막는 데 최선을 다했다.*

그러나 소련군의 남하 속도는 무척 빨랐다. 바로 이때 미국 측에서 저 악명 높은 38선 획정이 이루어졌다. 이와 관련된 미국의 정치인과 군인들의 말을 종합하면, 북위 38도선을 경계로 미국과 소련이 남북한에 나누어 진주한다는 구상은 그 당시 미국 행정부 내의 실무 담당자들이 다급하게 내놓은 것이라 한다. 일본의 항복이 임박한 상황에서 일본 본토를 처리하는 문제도 급박한데 한반도까지 다루려다 보니, 충분한 검토 없이 실무자들이 임의로 그어서 제시한 38선 분할안을 확정했다는 말이다. 그것이 8월 11일경의 일이었다. 미국은 이 안을 소련에 제시했고, 소련도 이를 순순히 받아들였다. 이에 따라 연합국 사령부가 내놓은 일반 명령 1호는 한반도를 남북으로 가른다는 내용을 담게 되었다. 한마디로 **어영부영하다 38선이 그어지고 한반도로 끌려 들어오게 됐다는 것이 미국 측 설명이다.**

미국 입장에서는 일본을 처리하는 게 우선이었으니 일본에 예속되어 있던 한반도 문제는 부수적이었을지 모른다. 그래서 정말로 어떻게 해야 할지 갈팡질팡하다가 급한 대로 지도 위에다 줄을 그어 버린 것일지도 모른다. 그러나 민족의 운명을 바꿔 버린 중대한 결정에 이런 식으로 '우연'을 둘러대는 것은 우리 국민에 대한 예의가 아니다. 이는 1,000년이 넘도록 함께 살아온 민족을 생이별시키고 급기야는 동족상잔同族相殘

* 이때 일본군 편제는 북위 38도선을 경계로 관동군과 조선군으로 나뉘어 있었다. 따라서 일본이 38선을 경계로 해 연합국이 한반도를 분할하도록 유도한 것 아니냐는 학설도 있다.

혼란한 해방 정국에서 좌우익 통합을 위해 애썼던 몽양 여운 형. 그는 극우파 청년 한지근의 총에 맞아 유명을 달리했다.

(같은 겨레끼리 서로 싸우고 죽임)까지 초래한 결정이었다. 여기에 대해 미국은 어떤 의도와 구상을 가지고 있었기에 38선 획정을 공식 입장으로 결정했는지 구체적이고 책임 있는 해명을 내놓아야 한다. 그리고 소련이 이를 받아들인 이유가 무엇인지도 규명되어야 할 것이다.

38선으로부터 휴전선으로

일반 명령 1호의 내용은 8월 20일쯤 일본에 알려졌다. 그전까지 조선총독부는 꼼짝없이 소련에 항복해야 하는 줄 알고 있었다. 그래서 8월 15일 해방되던 날 새벽에 아베 노부유키阿部信行(1875~1953) 총독은 좌익계 정치인인 여운형을 찾아가서 일본인의 신변 보호를 요청했다. 일반 국민은 일본 천황이 항복 선언을 했는지도 모르고 있었던 8월 15일 여운형을 중심으로 한 '조선건국준비위원회' 가 출범한 것도 이런 배경이 있었기 때문이다. 그 당시 아베 총독은 소련군이 부산까지 점령할 것이 확실하다고 이야기할 정도였다. 8월 16일부터 전국에서 태극기를 들고 해방을 환호하는 만세 소리가 터져 나오고 식민 통치 기구와 적산 가옥(8·15 해방 후 일본인들이 물러간 뒤 남겨 놓고 간 집이나 건물)에 대한 한국인의 공격이 이어졌지만, 조선총독부와 경찰은 속수무책으로 당하고 있었다.

그러던 8월 20일, 미군이 서울을 점령하기로 했다는 소식이 가뭄 끝의 단비처럼 아베 총독에게 전해졌다. 아베 총독과 조선총독부는 아연 활기를 되찾고 경찰력을 동원하여 치안 유지에 나섰다. 이때부터 일본 기관에 대한 공격은 싹 사라져 버렸으며, 한국

민세 안재홍은 일제 강점기 신간회에 참여하는 등 일찌감치 좌우 통합을 위해 노력했다. 여운형이 중도 좌파의 성향을 가지고 있었다면 안재홍은 중도 우파에 가까웠다. 그러나 두 사람 모두 이것 아니면 저것을 선택해야 하는 해방 정국에서는 환영받지 못했다. 6·25 전쟁 당시 납북당해 북한에서 사망했다.

인이 자발적으로 만든 자경단自警團(지역 주민들이 스스로를 지키기 위하여 조직한 민간단체)도 모두 무장 해제 당했다.

9월 9일 미군이 들어올 때까지 서울은 여전히 조선총독부가 통제했고, 그들의 항복을 받은 미군은 한국의 모든 정치 단체를 부정하고 친일파를 등용하여 군정軍政을 실시했다. 중도파 정치인 안재홍의 말처럼 "해방은 8월 16일 단 하루뿐이었다".

그 뒤 임시 분계선이던 38선이 남북을 가르는 분단선이 되고, 남북 양쪽에 각각의 정부가 들어선 이야기는 앞에서 말한 대로다. 물론 분단 그 자체가 어떤 경우에도 있을 수 없는 일은 아니다. 영국 치하에서 하나로 통합됐던 인도는 독립하면서 인도와 파키스탄으로 분리됐다. 그것은 인도의 이슬람교도들이 파키스탄이라는 나라로 따로 독립하기를 원했기 때문이다.

그러나 한국의 분단은 철저히 우리 민족의 의사에 반하는 것이었다. 나뉘어 살 의사가 없는 민족이 강제로 나뉘게 됐을 때 파국이 올 가능성은 매우 높다. 왜냐하면 하나의 국가를 이루어 살면 대화와 협상으로 풀 수 있는 문제도, 분단으로 대화의 채널이 끊겨 의사소통이 단절되면 쉽게 오해와 증오를 낳을 수 있기 때문이다. 서로 모른 척 살면 그만이지만, 우리 민족은 서로 이념은 달라도 하나의 공동체에서 살려는 지향이 매우 강하기 때문에, 그러한 증오는 일촉즉발의 무력 대결을 초래할 가능성이 매우 높았다. 실제로 분단이 현실화되면서 38선 주변에서는 크고 작은 충돌이 자주 일어났다. 그것이 바로 38선으로부터 휴전선으로 가는 길이었다.

사진 속의 앳된 청년이 50년 가까이 북한의 1인자로 군림했던 김일성이다.

38선이 낳은 불구의 기형아, 휴전선

남북한에 각각 단독 정부가 수립될 즈음 분단의 주범인 미국과 소련 사이에는 냉전이 점차 치열해졌고, 중국에서는 1949년 공산당 정권이 본토를 장악하여 미국을 긴장시켰다. 이 같은 시기에 한반도에서 전면전이 터졌다. 이상한 전쟁이었다. 수백만 명이 죽어 갔는데 먼저 총을 쐈다는 쪽은 없었다. 소련이 붕괴된 뒤 흘러나온 자료들을 분석한 결과, 전쟁을 일으킨 것이 북한이라는 점은 거의 명백해졌다고 한다.

북한은 6·25 전쟁에서 패하지 않았다. 또 스스로도 미국과 대결을 벌인 조국해방전쟁이라며 자랑스러워하고 있다. 그런데 왜 먼저 치고 내려온 사실을 그토록 부인하고, 남쪽에 전쟁 도발의 책임을 씌우려 했을까? 궁극적인 이유는 머지않아 밝혀지겠지만, 6·25 전쟁의 성격을 규명하기보다 누가 먼저 총을 쏘았는지를 밝히는 데 연구자들의 정력을 소비하게 만든 비겁함은 단죄되어야 할 것이다.

최근의 연구 성과에 따르면 전쟁을 먼저 원한 것은 김일성金日成(1912~94)이었고, 개전을 허가해 달라는 김일성의 요구에 스탈린I. V. Stalin(1879~1953)은 신중한 입장을 취했다고 한다. 그 당시 소련이 미국에 맞서는 강국으로 부상했다지만, 여전히 미국과 서유럽의 자본주의 선진국들에 비하면 모든 면에서 취약했다. 당연히 미국과 정면으로 맞서게 되는 상황이 두려울 수밖에 없었다. 그런데 공산화된 중국을 미국이 그냥 놔두는 것을 보고 스탈린의 생각이 바뀌었다. '중국도 내버려 두는데 한반도처럼 작은 지역에서의 충돌쯤이야 무시하겠지' 하고 판단했던 것이다.

그러나 상황은 정반대로 움직였다. '한반도처럼 작은 지역'이기 때문에 오히려 미국은

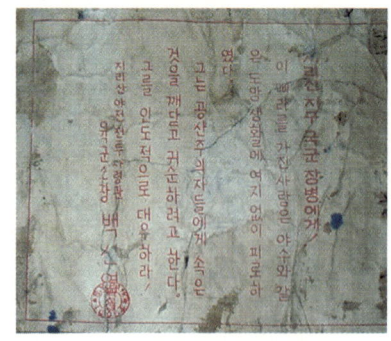

귀순한 지리산 빨치산(유격전을 수행하는 비정규군을 뜻하나 한
국에서는 6·25 전쟁 전 활동하던 공산 게릴라를 뜻함)들에게 발
급해 준 귀순증명서. 당시 토벌대의 책임자였던 백선엽의 이
름이 보인다. 지리산은 해방 후 좌우 갈등이 가장 심한 곳이었
다. 지리산에서는 빨치산에 대한 토벌작전이 계속되었다.

신속하게 문제를 유엔으로 가져가서 16개국의 연합군을 구성했다. 서방 세계와 정면
으로 대립하고 싶지 않았던 소련은 거부권을 갖고 있으면서도, 연합군 구성을 다루는
'유엔 안전 보장 이사회'에 참석하지 않았다. 북한군과 중국군에 무기를 대 주는 등 간
접 지원은 하면서 직접 참전을 하지 않은 것도 같은 맥락이다. 심지어 국경이 위협당
해 참전을 결정한 중국조차 공식 군대인 인민 해방군이 아니라 의용군인 인민 지원군
을 보내는 모양새를 취했다. 유엔군과 국가 대 국가로 맞서고 싶지 않았기 때문이다.

6·25 전쟁은 이처럼 내전의 형태로 시작되어 국제전으로 비화된 끝에, 전쟁이 시작된
지점에서 끝났다. 그것도 확실한 종전終戰이 아니라 일시적으로 싸움을 멈추는 정전停
戰이었다. **6·25 전쟁은 하나의 국가를 지향하는 민족이 적대적인 이념을 가진 두 개의 국
가로 나뉘어 의사소통이 단절된 결과가 얼마나 끔찍한가를 적나라하게 보여 준 전쟁이었
다.** 그리고 한국인의 운명을 결정하는 데 이 세계가 얼마나 오지랖이 넓은지도 잘 보여
준 전쟁이었다.

38선은 남북 간의 일시적인 분계선이었으나 휴전선은 현대 세계의 분단선으로 확대되
었다. 38선에 의해 가능성으로만 제기됐던 전 세계의 이념 대립은 휴전선에서 잔혹한
현실로 나타났다. 그런데 38선에는 민족의 의지가 전혀 반영되지 않았지만, 휴전선은
민족 스스로 책임져야 할 요소를 듬뿍 안고 있다. 그런 만큼 휴전선은 38선과 달리 우
리 민족의 의지에 따라 무너질 가능성도 가지고 있다. 전쟁이 일어날 당시와 세계정세
도 많이 달라졌다.

오늘날 휴전선을 차라리 국경선으로 만드는 것이 낫겠다고 생각하는 한국인도 적지

50년이 넘게 제자리에 서 있는 철마가 달릴 수 있는 날은 언제 오게 될까. 철도 중단점은 철마에게도 휴전선 아니 휴업선이다.

않은 것 같다. 38선에서 휴전선으로 이어지는 역사를 볼 때 그것은 자폭에 가까운 행위다. 남북한은 휴전선을 없애고 한 국가로 통일돼야 안전하며 후환을 남기지 않는다고 역사는 가르친다. 단, 주의해야 할 것이 있다. 6·25 전쟁이 말해 주는 것처럼 우리 민족끼리만 잘한다고 해서 휴전선이 사라지지는 않는다는 점이다. 휴전선은 남북의 분단선일 뿐 아니라 세계의 분단선이기 때문이다. 우리가 휴전선을 다루기 위해서 세계를 상대해야 하는 이유가 바로 여기에 있다.

민족 민주인가, 반공 독재인가

4 · 19 V

정보 통신과 관련하여 한국인은 유독 새로운 기술, 새로운 상품의 등장에 민감하다고 한다. 세계 유수의 정보 통신 기업들이 신상품을 개발하면 먼저 한국에서 선보여 반응을 점검할 정도다. 그런데 정보 통신 분야의 민감함에 비하면 정치적·사회적 발전 속도는 느린 편이라는 말들을 많이 한다. 정치적 민주화도 늦게 이룩했고, 양성 평등이나 다문화 인정 등 사회 민주화 분야에서도 한 걸음씩 뒤처졌다는

↑ 4 · 19 당시 시위 군중과 진압하는 경찰.

S 5·16

것이다. 그러나 우리는 그 분야에서도 사실 앞서갔고, 그러한 선진 사회를 일찍이 굳힐 기회도 있었다. 4·19 혁명이 그것이었다. 민주화와 사회 평등으로 가는 길의 반대편에 서 있었던 5·16 군사정변만 아니었다면, 우리는 정치·사회 분야에서도 멀찌감치 앞서서 선진화의 길을 갔을 것이다. 지금부터 1960년대 벽두에 한국의 운명을 바꾸어 놓은 두 개의 결정적 사건을 되돌아보자.

⬆ 5·16 정변 직후의 박정희(가운데 인물).

이승만을 비롯한 자유당 정권에 비판적 기사를 실은 이유로 『경향신문』은 폐간되었다. 사진은 폐간을 알리는 경향신문 속보판에 모여든 시민들. 『경향신문』은 4·19 혁명 이후 복간되었다.

제3세계 민주화를 선도한 4·19

20세기 전반까지 아시아와 아프리카의 수많은 민족이 제국주의 열강의 식민 지배를 받았다. 제2차 세계대전이 일어나기 전 이들의 공통된 목표는 식민지를 벗어나 독립하는 것이어서, 1950년대까지 아시아에서는 많은 나라가 독립했다. 하지만 그 나라들은 독립에 이르는 과정만큼이나 고통스러운 정치적 독재와 경제적 빈곤으로 큰 어려움을 겪었다. 그리하여 독재를 물리치고 민주화를 이룩하는 것, 그리고 가난에서 벗어나 번영을 이루는 것이 신생국들의 절박한 과제로 대두되었다.

한국도 마찬가지였다. 아니, 한국은 다른 신생국보다 사정이 더 어려우면 어려웠지 나은 것이 없었다. 가혹한 식민 수탈을 겪은 데다 하나의 경제 단위로 움직이던 국토가 냉전의 직접적인 영향 아래 분단되고 동족상잔의 전쟁까지 겪었으니 말이다. 6·25 전쟁이 끝났을 때 한국은 세계에서 가장 가난한 나라가 되어 있었고, 반공을 앞세운 이승만 독재가 판을 치고 있었다. 외국인의 눈으로 볼 때 한국은 희망이 없는 나라였다.

바로 그때 전후 세계사를 바꿔 놓는 기적 같은 일이 일어났다. 1960년 4월 27일 이승만 대통령이 물러난 것이다. 그를 물러나게 한 것은 이승만의 북진 통일론을 경계한 미국도 아니고, 이승만의 자유당과 아웅다웅하던 야당 정치인들도 아니었다. 독재자를 몰아낸 것은 바로 이름 없는 '국민'이었다.

부정 선거를 밥 먹듯이 하던 이승만과 자유당은 그 해에 있었던 대통령 선거에서도 조직적인 부정 선거를 자행했다. 강력한 민주당 대통령 후보이던 조병옥趙炳玉(1894~1960)이 선거 직전 사망하여 이승만의 당선은 '떼어 놓은 당상'이었는데도, 2인자인 이기붕 마산에서 일어난 3·15 부정선거 규탄 시위(왼쪽) 중 실종되었다가 마산 앞바다에서 떠오른 김주열 군의 시신(오른쪽).

李起鵬(1896~1960)마저 꼭 부통령으로 당선시키려고 무리한 짓을 벌였던 것이다. 참다못한 우리 국민은 이에 저항하고 나섰다. 1960년 2월 28일 대구에서 시작된 학생 시위는 점차 확산되기 시작했고, 급기야 선거 당일인 3월 15일 마산에서 일어난 부정 선거 규탄 시위 때는 경찰의 발포로 8명의 시위 참가자가 사망하는 사건이 일어났다. 그 당시 실종자로 발표되었던 고등학생 김주열金朱烈(1943~60)은 한 달 뒤 마산 앞바다에서 최루탄이 눈에 박힌 채 시체로 발견되었다.

전국이 들끓었다. 4월 19일 반정부 시위대는 대통령 집무실이 있는 경무대(청와대의 예전 이름) 앞까지 몰려갔고, 경찰이 그들을 향해 발포하여 무려 104명이 목숨을 잃었다. '피의 화요일'이었다. 아이젠하워D. D. Eisenhower(1890~1969) 미국 대통령이 강력한 항의 각서를 보내자 야당 지도자와 군부, 고위 관리까지 동요했다. 국민학생(초등학생)부터 대학 교수까지 가담한 시위대가 전국을 뒤덮자, 이승만은 더 이상 버티지 못하고 하와이행 비행기에 급히 몸을 실었다.

6·25 전쟁이 끝난 지 7년도 안 되어 이 같은 민주 혁명이 일어나리라고는 아무도 예상치 못했다. 국민의 힘으로 독재자를 하야下野(시골로 내려간다는 뜻으로, 관직이나 정계에서 물러남을 이르는 말)시키고 한국 역사상 최초의 민주 정부를 탄생시킨 것은 아시아·아프리카 등 제3세계 국가와 민족들에게 희망의 씨앗을 심어 준 값진 승리였다.

4·19 혁명은 끝이 아니라 시작이었다. 한국 사회를 독재의 나락으로 몰고 간 분단, 빈곤, 대외 종속의 문제를 헤쳐 나갈 수 있는 첫 매듭이 풀어진 것이었다. 그 해 5월 대구에서 교원 노조가 만들어지고, 쉬쉬하던 6·25 전쟁 당시의 민간인 학살 문제가 터져 나왔다.

만주 신경군관학교 졸업식. 거수경례를 하고 있는 학생이 박정희다. 그는 예과 2기를 우등으로 졸업해 만주국 황제 부의에게 은사품을 받는 영광(?)을 차지했다.

이런 일들이 21세기가 다 돼서야 제기된 줄 아는 사람이 많겠지만 1960년에 이미 이처럼 공론화되었던 것이다. 통일운동도 본격화되었다. 그 해 11월에 결성된 '민족 통일 연맹'(민통련)은 남북 학생 회담을 제기하면서 "오라 남으로, 가자 북으로, 만나자 판문점에서"라는 유명한 구호를 유행시키기도 했다.

이러한 민족적·민주적 과제만이 아니었다. 4·19 혁명 이후 치러진 총선에서 집권한 민주당 정부는 '빈곤'이라는 절체절명의 문제를 풀기 위해 5년 단위의 경제 개발 계획을 추진했다. 이 계획이 성공하여 전쟁이 가져다준 지독한 가난으로부터 벗어나기만 한다면, 한국은 진정 제3세계에서 존경받는 나라가 될 것이 분명했다.

제3세계 개발 독재의 효시, 5·16

4·19 혁명 이후 한국에 필요한 것은 국민의 힘과 염원을 모아 민족적 과제를 해결하는 안정된 권력이었다. 그런데 집권 민주당은 그러한 힘을 보여 주지 못하고 신·구파로 분열되어 허우적거렸다. 그때 은밀히 권력을 꿈꾸던 세력이 꿈틀거리기 시작했다. 6·25 전쟁을 치르면서 한국 사회에서 차지하는 비중이 높아진 군부 내의 일부 소장少壯(젊고 기운참) 세력이었다. 육사 8기생을 중심으로 한 젊은 장교들은 고위 장성들의 비리와 인사 적체 등에 불만이 컸다. 육사 8기인 김종필金鍾泌(1926~)은 상관의 명령에 항거했다가 군복을 벗기도 했다. 이들은 그 과정에서 쌓인 불만을 권력에 대한 욕망으로 연결시켜 정권 찬탈(왕위, 국가 주권 등을 억지로 빼앗음)을 꿈꾸고 있었던 것이다. 그 중심에는 일본 관동군 출신인 박정희朴正熙(1917~79) 소장이 자리 잡고 있었다.

쿠데타 세력은 자신들의 거사를 기념하기 위해 도로나 건축물 등에 5·16이란 이름을 붙였다. 사진은 제주도의 5·16도로.

1961년 5월 15일 밤 10시, 그들은 움직이기 시작했다. 한국 역사상 최초의 군부 쿠데타였다. 박정희 소장의 지휘를 받는 쿠데타 수뇌부는 영등포의 6관구 사령부에 집결했다. 그들이 계획한 쿠데타 주력 부대는 육군 30사단과 33사단. 그러나 이곳에서 병력을 동원하지 못하자, 이들은 김포의 해병 여단과 공수단만으로 쿠데타를 강행했다. 이튿날 새벽 3시 30분, 한강 인도교 남단인 노량진에 박정희 소장이 직접 지휘하는 해병 여단과 공수단 병력 2,000여 부대는 집결했다. 그들은 가벼운 무장만을 한 50명의 헌병 저지선을 뚫고 새벽 4시경 용산의 육군 본부로 진입했다. 군의 심장부를 장악한 쿠데타 세력은 즉각 병력을 나누어 민주당 내각의 주요 인사를 체포하고 주요 기관을 장악했다.

박정희 소장은 이미 4·19 혁명을 전후하여 정변을 준비했고, 육군 방첩대(적국의 간첩이나 첩보 활동을 막는 임무를 맡던 부대)와 검찰 등은 그러한 동향을 감지한 바 있었다. 1960년 말부터 한국에서 쿠데타가 일어날 수 있다는 미국 정부와 대사관의 경고가 나오기도 했다. 그리하여 한때 쿠데타 모의 혐의로 조사가 진행됐으나 지속되지는 않았다. 그 결과 한국의 현대사를 바꾸어 놓은 폭력적 거사는 너무나도 허무하게, 거의 아무런 저항도 받지 않고 성공하고 말았다.

박정희와 쿠데타 주체 세력은 기성 정치의 부패와 무능, 사회적 혼란을 극복하기 위해 궐기했다면서 다섯 가지 혁명 공약을 발표했다. 이때 그들이 국시의 첫번째로 내세운 것이 바로 '반공'反共이었다. 그리고 미국 등 우방과의 유대 강화, 구악 일소, 경제 재건, 국토 통일 등이 포함되어 있었다. 4·19 혁명으로 세워진 민주 정부를 무너뜨린 군

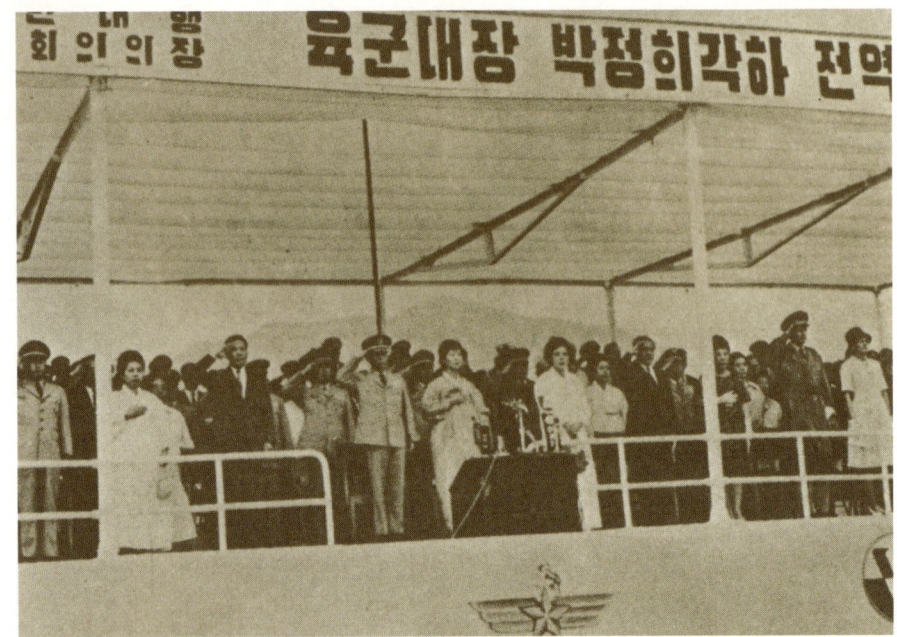

부 쿠데타 세력이 '반공'을 최고의 가치로 내세운 것은 의미심장한 일이었다. 쿠데타 세력은 북한의 위협 앞에서라면 민주주의는 희생될 수 있는, 또는 희생되어야 할 가치라 생각하고 있는 것이 분명했다.

미국이 군사 쿠데타의 가능성을 알고도 이를 막기 위해 적극적인 조치를 취하지 않은 것은 두고두고 사람들의 입방아에 오르내리고 있다. 결국은 반공과 친미를 국시로 들고 나온 쿠데타 세력을 용인한 것 아니냐는 시각에서부터 5·16 군사정변을 배후 조종한 것 아니냐는 시각까지 다양하다. 그런 의혹이 제기될 만한 꼬투리들도 있다.

한국군 전체 병력의 0.5% 수준에 불과한 쿠데타군이 어떻게 그렇게 쉽게 거사에 성공할 수 있었느냐는 것이다. 동원하려고 한 병력이 다 동원되지도 않았고, 계획도 사전에 누설되어 미국과 민주당 정부에 정보가 들어간 상태였다. 게다가 미국은 한국군의 작전권을 쥐고 있었다. 미국 정부가 쿠데타 이전부터 무능한 민주당 정부를 대체할 한국 내의 정치 그룹에 대해 논의하고 있었다는 주장도 있다. 미국 정부 내에는 가난한 농촌 출신 군인의 역할이 후진국에서 중요하다는 생각을 가진 관리들도 포진해 있었다. 그들이 아예 박정희 소장을 염두에 두고 있지 않았을까 하는 의혹도 제기된다.

이런 논의들이 미국 내에서 있었다 해도 미국이 의도적으로 군부 쿠데타를 조종했다

고 볼 근거로는 미약하다. 다만 미국이 5·16 군사정변을 인지하고도, 미 대사가 쿠데
타에 반대한다는 성명까지 내고도, 쿠데타를 좌절시키고 민주 정부를 유지하려는 적
극적인 노력을 하지 않은 것만은 분명하다.

**결국 쿠데타 세력은 전후 한국에 절대적인 영향력을 갖고 있던 미국의 묵인 속에 국민이 피
로써 탄생시킨 민주 정부를 뒤엎고 정권을 잡았다.** 그 뒤 이들은 이 원죄를 빈곤의 극복
으로 씻기 위해 안간힘을 쓰게 된다. 그것은 많은 제3세계 국가에게 결코 바람직하지
않은 모델로 제시될 '개발 독재'의 시작이었다.

잃어버린 30년

5·16 군사정변이 일어났을 때 처음에는 적지 않은 국민이 이를 반겼다. 4·19 혁명 정
신을 계승하겠다는 쿠데타 세력의 말을 믿었던 것이다. 혁신적인 논조의 신문인 『민족
일보』의 조용수趙鏞壽(1930~61) 사장과 민족주의적인 잡지 『사상계』의 장준하張俊河
(1918~75) 선생은 기대감을 표명하기도 했다. 4·19 혁명의 주도 세력 중 하나였던 서울
대 총학생회도 5·16 지지 성명을 냈다. 지주 출신이 장악하고 있는 민주당의 제2공화
국 정부가 무능하고 부패했으며, 4·19 혁명에서 드러난 국민의 여망을 저버렸다고 생
각했기 때문이다. 또한 혁명적 조치를 취하고 다시 군으로 돌아가겠다는, 이른바 민정
이양(민간인에게 정치권을 넘겨줌)에 관한 쿠데타 세력의 발표를 곧이곧대로 믿었기 때문이
기도 하다.

그러나 박정희와 쿠데타 주체 세력은 그렇게 순진한 사람들이 아니었다. 박정희는 자

장준하가 의문의 실족사를 당한 자리에 모인 그의 동지들. 재야의 대통령 장준하는 박정희가 관동군으로 활동할 당시 학도병으로 끌려갔다가 중국 충칭의 임시정부로 탈출하여 광복군으로 활동했다. 박정희의 친일 경력과 독재를 비판하던 그는 등산 중 의문의 죽음을 당한다.

신들의 약속을 믿었던 진보 세력을 조롱하며 군으로 돌아가기를 거부하고 5대 대통령 선거에 출마하여 당선되었다. 쿠데타 초기에 취했던 혁신 조치들은 물거품이 되었다. 쿠데타 주체 세력이 정치에 참여하기로 하면서 만든 민주공화당은 증권 시장에 개입해 주가를 조작하고, 외화 벌이를 위해 공금을 횡령하여 워커힐 호텔을 지었다. '파칭코'('슬롯머신'이라고도 함)라는 회전 당구기를 도입해 도박 열풍을 일으킨 뒤 그 이익금을 빼돌리고, 온갖 불법적이고 탈법적인 수단으로 일본 자동차를 수입하여 예산을 낭비하기도 했다. 이것들을 '민주공화당의 4대 비리'라고 하는데, 모두가 정치 자금을 마련하기 위해 저질러진 일이었다. 언론에서는 "신악新惡이 구악舊惡을 뺨친다"라든가 "늦게 배운 도둑이 날 새는 줄 모른다"라는 비판을 쏟아냈다. '구악'을 일소하겠다던 쿠데타 세력의 약속을 빗댄 지적이었다.

쿠데타 주체 세력의 '말'을 믿었던 순진한 국민들은 그후 30년 가까이 가혹한 대가를 치러야 했다. 조용수 사장은 쿠데타 세력에 의해 사형당했고, 장준하 선생도 박정희 대통령과 맞서다가 의문의 실족사를 당했다. 수많은 사람이 민주주의를 외치고 노동자의 권리를 주장하다가 죽음을 당하거나 험난한 삶을 살아야 했다.

군부 정권은 독재에 대한 비난을 회피하기 위해 빈곤 추방에 나섰다. 그러나 그들이 채택한 경제 개발 계획은 이미 민주당 정부에서 추진하고 있던 것이다. 게다가 그들이 경제를 재건할 자금을 마련하기 위해 벌인 일은 우리 젊은이들을 베트남 전쟁에 밀어 넣어 미국으로부터 외화를 벌어들이고, 일본과 비밀 회담을 갖고 식민 지배에 대한 충분한 논죄 없이 약간의 보상금과 차관(한 나라의 정부나 기업, 은행 등이 외국 정부나 공적 기관으제1차 경제개발 5개년 계획 기념우표. 박정희 정권의 최대 치적으로 평가되는 경제개발 5개년 계획은 최근 연구에 따라 그 이전인 민주당 정부에서 이미 계획하고 있었던 것으로 밝혀졌다.

로부터 자금을 빌려 옴)을 받아 내는 것이었다. 둘 다 민주 정부에서라면 있을 수 없는 일이었다.

민주당같이 무능한 정부 아래에서라면 군부 정권이 추진했던 강력한 경제 개발은 불가능했으리라고 주장하는 사람들이 있다. 그러나 민주주의 체제하의 정부가 모두 4·19 혁명 직후의 민주당 정부 같기만 한 것은 아니다. 정말 민주당 정부에 문제가 있다면 국민의 힘으로 민주적 절차에 따라 바꾸면 되었을 것이다. 또 1987년 6월민주항쟁* 이후 한국의 경제 발전 상황이 그 이전의 독재 정권 치하에서보다 질적으로 더 낫다는 통계도 나오고 있다. 그런 점에서 우리는 30년 가까운 세월을 잃어버린 건지도 모른다. 또한 바로 그렇기 때문에 4·19 혁명과 5·16 군사정변은 우리 국민이 어려움을 겪을 때마다 반드시 되새겨 보아야 할 역사적 교훈으로 영원히 남을 것이다.

* 6월민주항쟁 : 1987년 6월, 전두환 정부의 강압적인 통치에 대항해 전국에서 벌어진 시위를 말한다. 그 결과 전두환 정부는 대통령 직선제를 골자로 하는 시국 수습 방안인 6·29 선언을 발표했다.

누구를 위한 통일인가

7·4 남북공동성명 V

통일은 한국인의 당연한 권리다. 앞서 살펴본 것처럼 남북한의 분단은 독일의 분단과는 달리 아무런 정당성도 찾을 수 없는 폭거였다. 해방 후 드러난 좌우 대립이 지역적 분단으로 귀결되었다고들 하지만, 이 세상에서 좌우 대립이 없는 나라는 찾아보기 힘들다. 민중은 물론 대립의 주체였던 정치인들조차 대부분 분단을 원하지 않았는데, 강대국의 이해관계 때문에 현대 세계사에서 가장 비극적인 사건 중 하나가 일어난 것이다. 사정이 이런데도 6·25 전쟁 이후 지금까지 많은 한국인이

1971년 판문점에서 열린 남북적십자예비회담. 이 회담의 막후에서 7·4 남북공동성명이 준비되고 있었다.

S 6·15 남북공동선언

남의 눈치를 보며 통일에 대한 거론을 주저해 왔다. 5·16 군사정변 이후 군부 정권은 '반공'을 앞세우며 통일운동 세력을 용공 세력으로 몰아 탄압하기까지 했다. 통일을 위한 정부 차원의 노력이 없었던 것은 아니지만 무척 조심스럽고 소극적이었다. 1972년의 7·4 남북공동성명과 2000년의 6·15 남북공동선언을 비교하면서 통일을 위한 노력들을 살펴보고, 다시 한번 통일의 당위성과 방법론을 되새겨보자.

↑ 남북정상회담을 위해 평양으로 간 김대중 전 대통령. 평양 순안공항에서 김정일 국방위원장이 김 전 대통령을 맞이하고 있다.

1972년 5월 4일, 당시 중앙정보부장이었던 이후락(옆모습)은 평양에 가 김일성(정면)을 만났다. 이날의 만남이 두 달 뒤의 남북공동성명을 가능케 했다.

군사 정부에게 통일은 무엇이었을까

4·19 혁명으로 되살아났던 통일운동은 '반공'을 국시로 내세운 5·16 군사정변의 성공과 더불어 잦아들었다. 반공이 통일보다 앞서는 한 공산주의 체제를 고수하고 있는 북한은 통일의 대상이 아니라 타도의 대상이 될 수밖에 없기 때문이다. 군부 독재가 지속되던 1960년대 내내 베트남 전쟁,* 1·21 사태,** 푸에블로호 사건*** 등 안팎에서 남북 관계를 얼어붙게 만드는 일들이 계속되었다.

그런데 1960년대 말부터 변화의 바람이 바깥으로부터 불어왔다. 닉슨R. M. Nixon(1913~94) 미국 대통령이 1969년 닉슨 독트린Nixon Doctrine(닉슨 대통령이 밝힌 아시아에 대한 외교 정책)을 발표하며 아시아 문제에 개입하지 않겠다고 선언하고는 베트남 전쟁에서 발을 빼기 시작한 것이다. 사회주의 동맹국으로 똘똘 뭉쳐 있던 소련과 중국도 1968년 국경 분쟁을 겪으면서 사이가 벌어졌고, 닉슨은 그 틈새를 노려 1972년 역사적인 중국 방문을 감행함으로써 세계를 깜짝 놀라게 했다.

이러한 정세 속에 한반도에서도 깜짝 놀랄 사건이 일어났다. 정권이 바뀌지도 않았는데, 분단 이후 최초로 남북한 정부가 통일과 관련하여 기본 원칙에 합의하고 공동 성명을 발표한 것이다. **1972년 7월 4일 서울과 평양에서 동시에 발표된 남북공동성명이** 그

* 베트남 전쟁 : 공산주의와 민족주의를 내세운 북베트남이 독립의 쟁취를 위해 프랑스와 치른 제1차 전쟁, 미국의 비호를 받은 남베트남과 치른 제2차 전쟁을 모두 가리키는 말이다.
** 1·21 사태 : 1968년 1월 21일 북한의 특수 부대인 124군부대 소속 31명이 청와대 습격과 정부 요인 암살 지령을 받고, 한국군 복장과 수류탄, 기관총으로 무장하고 휴전선을 넘어 수도권까지 잠입하는 데 성공한 사건을 말한다. 세검정 고개에서 정체가 드러난 이들은 수류탄을 던지고 기관총을 난사해 많은 시민을 살상한 뒤, 28명은 사살되고 2명은 도주했으며 1명은 생포되었다.
*** 푸에블로호 사건 : 1968년 미국의 푸에블로호가 북한에 나포된 사건이다. 1968년 12월 23일, 미국 측이 북한의 영해를 침입했음을 인정하고 재발 방지 등을 약속하자, 북한은 사건 발생 11개월 만에 승무원 82명과 유해 1구를 미국에 송환했다.

1972년 12월 정부중앙청사에서 열린 유신헌법 공포식. 박정희의 조카사위이자 군 선후배지간이면서 5·16쿠데타를 함께 도모한, 당시 국무총리 김종필이 발표문을 읽고 있다. 유신헌법이 제정되면서 1971년 대선 당시 박정희가 집권하면 영구집권의 총통 시대가 올 것이라는 김대중의 예언은 적중했다.

것이었다. 남북은 이 성명에서 '자주·평화·민족 대단결'을 통일의 3대 원칙으로 제시했다. 외세에 의존하거나 그들의 간섭을 받지 않은 채 자주적으로 해결하고, 무력행사에 의하지 않고 평화적인 방법으로 실현하며, 사상과 이념, 제도의 차이를 초월해 하나의 민족으로서 대단결을 도모한다는 것이다.

7·4 남북공동성명은 천만 이산가족과 전 국민의 뜨거운 지지를 받았고, 오늘날까지도 통일의 기본 방향을 잡은 것으로 평가받고 있다. 박정희 정권은 이 성명을 성사시키기 위해 이후락李厚洛(1924~2009) 중앙정보부장을 비밀리에 평양으로 보내는 등 혼신의 힘을 다했다. 반공을 국시로 내걸었던 군부 정권으로서는 놀라운 변신이었다.

통일은 남북한 민중 모두에게 좋은 일임에 틀림없었다. 남북한이 통일을 향해 큰 발걸음을 내디뎠다면 양쪽 모두 이전보다 더 개방적인 사회로 나아가는 것이 합당할 터였다. 그런데 7·4 남북공동성명 직후 남북한에서 일어난 일은 정반대였다. 박정희 대통령은 그 해 10월 17일, 대통령의 권한을 극단적으로 강화한 유신헌법維新憲法을 선포했다. 국회가 해산되고 계엄령(사회의 안녕·질서 유지 등을 위해 일정 지역의 행정권·사법권을 군이 맡아 다스리는 계엄의 실시를 선포하는 대통령의 명령)이 선포된 공포 분위기에서 국민투표에 붙여진 유신헌법은 90% 이상의 투표율과 찬성을 얻어 확정되었다.

유신헌법의 핵심 내용은 대통령을 '통일주체국민회의'라는 기구에서 간접 선거로 뽑으며, 본인이 원하면 한 사람이 몇 번이라도 대통령에 출마할 수 있다는 것이었다. 이에 따라 박정희는 99.9% 찬성이라는 표결로 대통령에 당선되었다. 더욱이 대통령이 국회의원의 3분의 1을 직접 지명할 수 있었기 때문에 마음만 먹으면 무엇이든 할 수

박정희는 통일주체국민회의에 의해 99.9%의 득표율로 제8대 대통령에 당선되었다. 장충 체육관에서 치러진 이 선거를 두고 사람들은 '체육관선거'라고 비아냥거렸고, 한 시인은 국민의 기본권이 깡그리 무시된 이 시절을 '겨울 공화국'이라고 표현했다.

있게 되었다.

전 세계적인 평화 공존 분위기 속에 통일을 향한 큰 발걸음을 내디딘 정부가 왜 이렇게 폐쇄적이고 극단적인 독재 체제를 수립했을까? 유신 정권은 그 이유를 국제 정세에 대응하고 통일로 나아가는 데 필요한 확고한 지도력을 세우기 위해서였다고 말한다. 국제 정치의 흐름을 무시할 수 없어서 남북 대화에는 나섰으나, 자신들이 주도하지 않는 통일은 어림도 없다는 속내가 읽힌다.

그렇다면 그 당시 북한은 어땠을까? 1972년 12월 '북한 최고인민회의'는 기존 헌법을 폐지하고 새로운 사회주의 헌법을 제정하면서 김일성 주석에게 내각·군·인민 위원회를 모두 통솔할 수 있는 막강한 권한을 주었다. 그곳에서도 권력의 집중과 강화가 이루어졌던 것이다. 결국 1972년 한반도에 상륙한 평화 공존 모드는 서로 상극인 체제들의 평화 공존으로 귀결되었다. 7·4 남북공동성명은 양측 정부의 권력 강화에 이용되었고, 통일은 사실상 멀어졌다.

국민의 정부에게 통일은 무엇이었을까

유신 정권은 통일을 추진하기는커녕 경제 위기에 대응하고 반독재 투쟁을 억누르느라 1970년대를 정신없이 보내야 했다. 남북 당국 간에 대화의 움직임이 다시 시작된 것은 박정희 피살로 유신 체제가 몰락하고 신군부가 등장한 뒤였다. 이때 남북정상회담이 추진되기도 했으나, 1980년대 중반부터 밀어닥친 민주화운동에 따른 정국 불안으로 성사되지 못했다.

비전향 장기수였던 이인모 노인을 아무런 조건 없이 북송하는 등 김영삼 정부는 남북 관계 개선을 위한 노력을 계속했으나, 1994년 7월 9일 정상회담을 보름 앞두고 갑자기 김일성 주석이 사망하고 말았다. 김일성의 죽음에 대한 조문과 애도 표명 문제를 둘러싸고 정치권과 재야, 학생 운동권까지 이념 논쟁이 확산되면서 남북 관계는 급속히 얼어붙기 시작했다.

결국 남북한이 정상회담을 갖자는 합의에 이른 것은 1990년대 문민정부(직업 군인이 아닌 일반 국민이 수립한 정부)에 이르러서였다. 김영삼金泳三(1927~) 대통령은 1993년 2월 김일성 주석과 만날 뜻을 밝혔고, 이듬해 6월 김일성 주석은 카터J. Carter(1924~, 미국의 제39대 대통령으로, 재임 기간은 1977~1981년임) 전 미국 대통령을 통해 이를 수락했다. 그 당시 북한은 핵 개발 추진으로 미국과 극단적인 갈등을 겪는 중이었으며, 카터는 이를 중재하기 위해 평양을 방문한 길이었다. 그러나 그 해 7월 김일성 주석이 갑자기 사망하면서 정상회담은 무산됐고, 김일성 조문을 둘러싸고 국내에서 공안 정국(민주주의 체제를 수호한다는 명목 아래, 보수주의를 표방한 극우적인 분위기)이 조성되자 남북 관계는 한동안 얼어붙고 말았다.

그 뒤 남북한은 다 같이 위기를 겪었다. 북한은 '고난의 행군'이라 불릴 정도로 심각한 기근과 재해로 많은 인명을 잃었고, 한국도 IMF 경제 위기를 겪었다. 경제 위기를 극복하겠다는 약속을 내걸고 1997년 말 대통령 선거를 통해 등장한 '국민의 정부'는 경제적 논리로 북한에 접근했으며, 북한도 이에 화답했다.

'햇볕 정책'으로 불리는 김대중金大中(1924~2009) 대통령의 대북 포용 정책은 북한과 협력하는 것이 남는 장사라는 논리에서 출발한다. 북한을 경제적으로 지원하여 남북 관계를 안정시키는 비용이 북한과 대결할 때 들어가는 정치적·군사적 비용보다 적게 든다는 주장이다. 게다가 북한의 자원과 인력을 저렴한 비용으로 활용할 수 있다는 점도 장기적으로는 한국에 이익이 된다고 생각했다.

이러한 화해 협력론은 2000년 6월 13일 평양을 방문한 김대중 대통령이 한 말에서도

개성공단은 남북 간의 경제협력 증진과 공동 번영을 위해 2002년 공식 착공되었다. 사진은 개성공단 내 봉제공장의 모습.

그대로 드러난다. 그날 만찬 때 김정일金正日(1942~) 국방위원장이 "망국과 분열로 이어진 20세기 민족사는 외세의 간섭과 그에 영합한 뿌리 깊은 사대주의의 후과後果(뒤에 나타나는 좋지 못한 결과)"라고 환영하자, 김 대통령은 "21세기는 무한 경쟁의 시대"라면서 "국제 경쟁에서 살아남으려면 우리 민족도 남북이 하나 되어 힘을 합쳐야 한다"라고 답사를 했다. 통일에 대한 국민의 정부의 생각이 아주 쉽고 분명하게 드러난 말이 아닐 수 없다.

김 대통령을 수행한 한국의 기업인들은 남북정상회담을 계기로 한국 자본이 북한의 값싸고 질 좋은 노동력과 결합해 시장을 넓힐 수 있기를 고대했다. 그리하여 남북 간의 경제 협력은 다른 어떤 분야보다도 속도를 냈다. 2002년 11월에는 북한이 금강산을 관광 특구로 지정하여 한국에 개방했고, 그 해 12월에는 개성 공단이 공식 착공되었다.

6·15 남북공동선언은 남북한의 국력이 엄청난 차이를 보이던 시기에 이루어졌다. 세계적으로도 북한의 지원국이던 소련과 동구권이 몰락한 지 10년 가까이 지난 뒤였다. 경제력으로만 보면 한국은 북한을 흡수 통합하고도 남을 만한 능력을 갖추고 있었다. 문제는 남북한을 둘러싼 주변 강대국들의 이해관계와 전쟁 가능성이었다. 북한은 체제를 지키기 위한 마지막 수단으로 핵 무장을 서둘렀다. 그런 북한을 상대로 미국은 한국 정부를 제쳐 둔 채 전쟁을 검토하기까지 했다. 이런 상황에서 남북한 모두에 파국을 초래할 전쟁을 피하면서 점진적으로 통일을 이루겠다는 것이 햇볕 정책이었다.

햇볕 정책은 소련과 동유럽이 붕괴한 뒤에도 중국이 건재하고 북한이 생존을 모색하

김대중 정부의 햇볕 정책은 큰 틀 안에서 노무현 정부로 무리 없이 이어졌다. 사진은 2007년에 만난 남북의 두 정상.

는 정세 속에서 나왔다. 이 정책은 미국의 대북 포용 정책과 궤를 같이 하는 것이었다. 그래서 미국이 북한에 대해 유화적인 태도를 보이면 햇볕 정책도 순항했고, 미국이 강경한 자세로 돌아서면 햇볕 정책도 기우뚱거리거나 지체되곤 했다. 그런 한계가 있다 해도 햇볕 정책은 통일이 더 이상 정권 안보를 위한 선전용 문구가 아니라 진정한 정책 목표로 자리 매김 되었다는 것을 보여 주었다. 여기서 우리가 한 단계 더 나아간다면, 외세의 입김이나 국제 정치의 흐름에 흔들리지 않고 한국인의 힘으로 통일을 이루어 나갈 수 있는 논리와 자신감을 갖게 되는 것이 아닐까?

한국인에게 통일은 무엇일까

박정희 정권은 1970년대 평화 공존이라는 국제 정치의 흐름에 떠밀려 어쩔 수 없이 7·4 남북공동성명을 성사시켰다는 인상을 강하게 준다. 그들이 동의한 3대 원칙이 진심이었다면, 북한은 물론 한국 국민조차 동의하기 어려운 유신 독재 체제를 구축했을 리가 없다.

반면 김대중 정권의 '햇볕 정책'에는 진심이 어려 있었다. 7·4 남북공동성명과는 달리 6·15 남북공동선언은 어느 정도 주체적인 노력의 성과라 할 수 있다. 하지만 햇볕 정책은 클린턴B. Clinton(1946~) 미국 대통령의 대북 포용 정책과 궤를 같이 하여 강대국의 눈치를 보며 조심스럽게 진행되었다는 인상을 준다.

분단이 강대국에 의해 이루어졌으니 통일도 강대국의 입장을 무시하고 이루어지기는 어려울 것이다. 하지만 통일 논의의 주도권은 어디까지나 남북한이 가지고 있어야 한

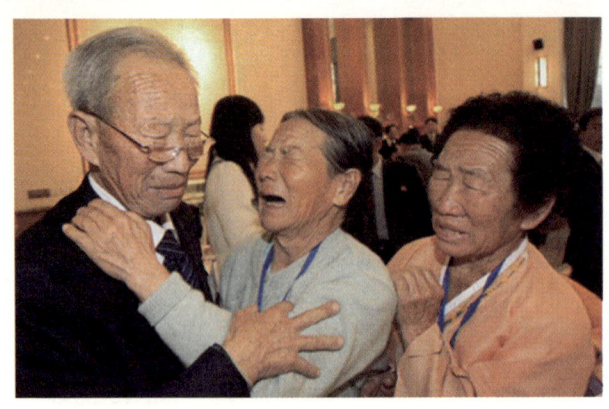

남북 분단의 최대 피해자인 이산가족들(사진). 이산가족 상봉 신청자는 대개 고령의 노인들로 70세 이상이 74% 이상을 차지하며, 신청자 가운데 30%는 가족을 만나지 못하고 숨을 거둔 것으로 집계됐다. 이산가족이 고령화되면서 그들이 가족을 만날 수 있는 가능성은 점점 낮아지고 있다.

다. 한국인의 운명과 직결된 북핵 문제가 미국과 북한 사이의 협상이나 대립에 의해 좌우되거나, 한국이 수동적인 역할이나 맡는 6자 회담 석상에서 논의되는 것을 지켜보면 한숨부터 나온다.

한국이 통일을 당연한 권리로 주장하고 나서면서 국제 사회를 이끌어 나갈 수는 없을까? 지금까지 그렇게 할 수 없었던 것은 복잡한 한반도 주변 정세와 당사국 간의 역학 관계(서로의 힘이 상대에게 미치는 관계) 때문이라 할 수 있지만, 우리 자신에게도 문제는 있다. 분단 상태에서 몇십 년을 살아오다 보니, 한국인 중에는 통일에 대한 관심이 흐려진 사람도 있고 심지어는 통일을 꺼려하는 사람도 있다. 그런 한국인은 북핵이니 뭐니 하면서 공포 속에 사느니, 차라리 남북한이 남남이 되어 서로 냉랭하게 평화 공존하는 게 낫지 않느냐고 주장한다. 물론 생각은 자유지만 현실은 결코 몇몇 사람의 생각대로 편하게 굴러가 주지를 않는다.

국제 정세를 어떻게 활용할 것인가는 놓아두고라도, **남북한 민중은 통일을 자신의 권리로 국제 사회에 당당하게 요구할 수 있고 또 요구해야 한다.** 그 점이 독일과 다르다. 제2차 세계대전의 전범 국가인 독일은 국제 사회에 통일을 요구할 자격이 없는데도 소련과 미국의 용인 아래 우리보다 먼저 통일을 이루었다.

남북한은 한목소리로 이처럼 부당한 현실에 대해 문제를 제기하고, 분단에 책임 있는 나라들에 보상과 대책을 요구해야 한다. 남북한 민중이 분단으로 입은 피해를 돈으로 환산하면 한반도를 분단시키는 데 일조한 나라들의 GNP(gross national product; 국민 총생산)를 다 합쳐도 모자랄 것이다. 나아가 우리 사회 일각에서 걱정하는 통일 비용도 이들 강대국이 분담하도록 강하게 촉구할 권리가 우리에게는 있다고 생각한다. 지금 주변 강대국은 한국의 분단 현실에 미안해하기는커녕 북한의 붕괴에 대비해 최대한 자국의 이익을 챙기려고 호시탐탐하고 있다. 이러한 '외세'에 남북한이 유연하게, 그러나 당당하게 대응할 때에만 통일은 '남북한 민중의 당연한 권리'라는 제자리를 찾아 이루어질 것이다.

1980년대 이야기

'친북 좌파'라는 말이 있다. 말뜻으로만 보면 북한을 추종하는 사회주의 성향의 정치 세력이지만, 그 말이 실제로 포괄하는 사람들의 스펙트럼은 유례없이 넓고 다양하다. 보수 정당으로 집권까지 했던 민주당, 제도권 진보 정당인 민주노동당, 민주노총·전교조 등 각종 사회 운동 단체와 시민 단체, 일부 언론 등 보수부터 혁신까지 총망라하고 있다. 이들의 진짜 공통점은 '친북 좌파'가 아니라 1980년대 반독재 민주화운동에 힘을 합쳤던 세력이나 그 후예라는 점이다. 1987년 그들은

🔼 이한열(당시 연세대 2학년) 학생이 최루탄에 맞아 피를 흘리고 있는 이 사진은 6·10항쟁의 도화선이 되었다.

S 6 · 29

목표에 거의 다가갔다. 6·10 민주항쟁이 그것이었고, 군부 독재로부터 6·29 선언이라는 항복을 받아 냈다. 그러나 6·29 선언은 다른 맥락에서 군부 독재와 그 주변 세력을 오늘날까지 온존시키는 계기가 되었다. 그들 없는 세상에서 보수와 혁신을 다툴 수도 있었던 다양한 세력이, 아직도 '친북 좌파'라는 생경한 말로 싸잡아 표현되는 현실은 언제 어떻게 싹이 텄을까?

↑ 6·29 선언을 발표하는 노태우 민정당 후보.

1980년 5월, 갑작스레 광주에 나타난 공수부대는 시위대를 해산한다는 이유로 무고한 시민들에게 폭력을 가했다. 1988년 제6공화국에서 공식발표한 5·18 민주화운동 당시 사망자만 해도 191명, 부상자는 852명이었다.

5·17과 5·18이 가져온 것

유신 독재는 1979년 10월 26일 박정희 대통령이 심복이던 김재규金載圭(1926~80) 중앙정보부장이 쏜 총에 사망함으로써 막을 내렸다. 김영삼, 김대중 등 야당 지도자는 물론 재야 민주화운동 세력과 일반 시민도, 오랜 군부 독재의 밤이 걷히고 민주주의의 새 아침이 열리기를 고대해 마지않았다. 이들은 또 박정희 정권을 못마땅해하던 미국이 한국의 민주화를 적극적으로 도울 것을 믿어 의심치 않았다.

그러나 오랜 군부 독재가 길러 낸 정치군인(군인 본연의 일보다 정치적 활동에 치중하는 군인)들의 야심과 세력은 만만치 않았다. 전두환全斗煥(1931~), 노태우盧泰愚(1932~)를 중심으로 하는 신군부 세력은 민주화를 요구하는 학생들의 시위를 진압한 뒤 1980년 5월 17일 전국에 계엄령을 내리고 정치인들을 잡아 가두었다. 이튿날 이에 항거하는 민주화 시위가 전라남도 광주에서 대규모로 일어났다. 이것이 **한국 현대사에서 거대한 분수령을 이루었던 '5·18 민주화운동'**(이하 5·18)이다.

계엄군과 공수부대는 '화려한 휴가'라는 작전명 아래 광주의 시위대와 시민에게 무차별 폭행을 가하고 총을 쏘는 강력한 진압 작전을 펼쳤다. 분노한 광주 시민은 무장 항쟁에 나서서 계엄군을 밀어내고 전남 도청을 장악했다. 그리고 자신들을 폭도로 몰아가는 계엄 당국의 선전에 맞서 평화와 질서를 유지하며 외부의 지원을 간절하게 기다렸다. 그들이 기다린 지원 세력 중에는 미국도 있었다. 하지만 광주 시민군은 고립된 채 계엄군의 총공격 앞에 노출되었고, 비극적인 최후를 맞아야 했다.

신군부는 유신 독재 뺨치는 탄압과 공작 정치工作政治(정치적 목적을 달성하기 위해 미리 일을 신군부는 광주의 진실을 숨기기 위해 애를 썼지만 손바닥으로 하늘 가리기였다. 외신 기자들이 찍었던 사진과 영상이 지하에서 공공연하게 돌았고, 황석영 등의 문인은 10일간의 항쟁의 기록을 책(사진)으로 엮었다. 『죽음을 넘어 시대의 어둠을 넘어』라는 제목의 이 책은 출간 직전 당국에 압수당했으나 우여곡절 끝에 세상에 나왔다. 당국은 다시 이 책을 금서로 묶었으나 대학생 필독서이자 베스트셀러가 되는 것을 막지 못했다.

꾸밈)를 펼치면서 광주의 비극을 철저히 숨겼다. 그러나 황석영(1943~), 김준태(1948~) 등 비극의 현장을 고발한 문인들을 시작으로 5·18의 진실이 조금씩 알려졌고, 광주는 신군부와 그들을 낳은 한국 사회의 모순을 집약적으로 대변하는 상징이 되어 갔다. 5·18은 민주화의 대세를 거스른 신군부의 폭력성과, 그들에 의해 '순화'된 언론과 재벌의 비겁함이 여지없이 드러난 사건이었다. 그 숨겨진 진실이 알려지면 알려질수록 신군부 치하의 한국 사회는 아무런 희망도 없는 것으로 여겨졌다.

그뿐만이 아니었다. 5·18은 미국에 대한 사람들의 인식도 크게 바꾸어 놓았다. 그동안 '5·16 군사정변'과 '10월 유신'을 방관한 미국에 대해 아쉬운 소리는 있었지만, 근본적으로 우리 국민은 미국이 한국의 민주화를 지지한다고 믿어 왔다. 그래서 5·18이 한창 진행 중이던 광주에는 미 7함대가 계엄군을 응징하기 위해 부산에 들어왔다는 소문까지 나돌았다. 그러나 진실은 정반대였다. 한국군의 작전 통제권을 쥐고 있던 주한 미군은 민주화 세력을 폭력 진압하기 위해 광주로 이동한 한국군을 내버려 두었다. 그리고 미국의 레이건R. W. Reagan(1911~2004) 정권은 폭력적으로 정권을 찬탈한 신군부를 주저 없이 공식 승인했다. 많은 한국인은 충격과 함께 엄청난 가치관의 혼란에 빠져들었다.

그러나 5·18은 또 다른 측면에서는 희망의 근거로 다가왔다. 무장 항쟁에 나섰던 광주 시민이 계엄군을 몰아낸 뒤, 밖으로 알려진 것과는 달리 자발적인 평화와 질서를 유지했던 것이다. 그리고 계엄군의 압도적인 무력 앞에서도 끝까지 포기하지 않고 계엄령 철폐와 구속자 석방, 신군부 퇴진 등을 위해 싸워, 군부 독재에 반대하는 한국인

광주학살을 묵인하고 신군부를 지지한 미국의 책임을 묻기 위해 1982년 문부식을 비롯한 대학생들이 불을 지른 부산 미문화원.

에게 용기와 신념을 안겨 주었다.

그 뒤 대학가를 중심으로 미국 중심의 세계 질서와 한국 사회를 근본적으로 다시 보자는 움직임이 일기 시작했다. 한국이 미국 중심의 세계 자본주의 체제에서 종속적인 위치에 놓여 있고 또 반공 기지의 역할을 충실히 수행하는 한, 아무리 반민주적인 독재 정권이 들어서도 미국은 개의치 않는다는 인식이 확산되었다. 광주 민중은 미국의 세계 전략과 그에 적응한 신군부에게 희생된 것이고, 이러한 구조적 모순을 깨뜨리지 않는 한 한국인은 독재 치하에서 절망적으로 살아갈 수밖에 없다고 생각하는 사람들이 늘어 갔다.

1982년에는 문부식(1959~) 등 부산 지역 대학생들이 미국 문화원에 불을 지르는 최초의 반미 시위가 일어났다. 대학가와 공단을 중심으로 민중 혁명을 꿈꾸고 실천하려는 사람들이 꿈틀거렸다. 반면 김대중, 김영삼 등 야당 정치인들은 해외로 추방되거나 연금軟禁(밖과의 연락만 제한하고 감시하는, 정도가 비교적 가벼운 감금)당해 제도권에서 신군부에 맞설 세력은 거의 없었다. 그런 가운데 신군부의 강압 정치는 계속되고 있었다.

6월을 향하여

1985년은 신군부가 집권하면서 시작된 제5공화국의 전환점이었다. 그 해 2월의 국회의원 총선거를 앞두고 정부는 야당 정치인에 대한 연금을 풀었다. 김영삼은 즉시 미국에 있던 김대중의 동의 아래 '선명 야당*'의 기치를 내걸고 신한민주당(신민당)을 창당하여 총선에 참여했다. 신군부의 폭압 정치 아래에서 관제官製(정부의 조종을 받음) 야당

* 선명(鮮明) 야당 : 여당과 타협하며 온건한 노선을 걷는 야당이 아닌, '정부와 여당의 정책·정치를 강하게 비판하는 야당'을 말한다.

12·12와 5·18을 저지른 죄로 전두환(오른쪽)과 노태우(왼쪽)는 나란히 법정에 섰다. 전두환은 반란 수괴, 뇌물 수수 등의 혐의로 1심에서 사형이 확정되었으나 무기징역으로 감형되었고 노태우는 징역 17년을 언도받았다. 그러나 김영삼 전 대통령은 구속 2년 만에 국민 대화합을 명분으로 이들을 사면했다.

노릇을 하던 민주한국당(민한당)과 신민당이 경쟁하면, 여당인 민주정의당(민정당)이 압승할 수 있다는 것이 여당의 계산이었다. 언론과 대부분의 국민도 그렇게 생각했다. 그런데 2·12 총선에서 기적이 일어났다. 창당한 지 한 달도 안 되는 신민당이 수도권을 비롯한 도시 지역에서 압승을 거두며 군부 정권의 대항마對抗馬(경마에서, 우승이 예상되는 말과 결승을 겨루는 말)로 떠오른 것이다. 군부 독재를 청산하려면 민중이 힘을 키워 직접 나설 수밖에 없다고 생각하는 사람들이 늘어나던 차에 변화가 일어난 것이다. 신민당을 중심으로 한 야당 세력은 본격적으로 군부 정권을 압박하며 선거를 통한 정권 교체를 위해 대통령 직선제를 요구했다. 유신 정권 이래 체육관에 모인 정권의 대리인들이 대통령을 선출하던 방식을 바꿔서, 국민에게 대통령 선택권을 돌려 줘야 한다는 주장이었다.

야당의 부활로 정치적 자유의 공간이 다소 넓어진 것은, 민중 혁명을 추구하는 세력에게도 활동의 틈새를 넓혀 주었다. 1985년 김문수(1951~) 등이 주도한 '서울지역노동운동연합'(서노련)은 이 시기에 민중 주도의 변혁을 추구한 최초의 대중 운동 조직으로 기억된다. 그들에게서 싹을 틔운 혁명적 이론과 조직은 1986년 들어 이른바 '민족 해방파'(NL; National Liberation)와 '민중 민주파'(PD; People's Democracy)로 불리는 양대 정파가 자리 잡으면서 깊어지고 커졌다.

NL은 한국이 미국의 식민지라는 인식 아래, 군부 독재를 배후에서 조종하는 미국으로부터의 해방을 중심 과제로 생각했다. 그리고 PD는 한국이 미국 주도의 분업 구조 속에 들어 있는 것은 사실이지만 상대적 자율성을 갖고 있으므로, 민중의 힘으로 독재를

타도하는 것을 중심 과제로 보았다. NL의 상당수는 북한의 지도 이론인 주체사상主體
思想*의 영향을 받고 있었으므로 '주체사상파' (주사파)로 불리기도 했다. NL과 PD는
논쟁과 조직 확대 등을 통해 경쟁하면서 점점 더 남한의 자생적 사회주의자들로 변화
해 갔다. 특히 북한의 조선노동당과 선을 긋고 있던 PD는 남한만의 사회주의 정당을
공공연히 추진하는 단계로 나아갔다.

이러한 한국적 좌익 세력의 발전은 범국민적인 민주화운동의 진전과 함께 이루어졌
다. 1987년 4월 13일 전두환 대통령은 야당의 대통령 직선제 요구를 일축하고 개헌을
하지 않겠다고 선언했다. 기존 헌법을 보호하고 지킨다는 뜻에서 이를 '4·13 호헌護憲
조치'라고 한다. 그러자 국민의 분노가 폭발하여 전국을 뒤덮은 민주화 시위의 구호는
"호헌 철폐, 독재 타도"로 단일화되었고, 제도권과 재야를 망라하는 민주화운동 세력
이 여기에 힘을 모았다. NL과 PD는 한국 사회에 대한 나름대로의 분석에 따라 독재
타도와 그 이후의 사회 혁명에 대한 계획을 마련하고 준비했다. 하지만 그들의 1차적
과제는 어디까지나 군부 독재의 완전한 타도였다.

그리하여 5·18 이래 7년 만에 한국 사회는 전국적인 민주화운동의 열기로 뒤덮였다.
여기에는 훗날 '친북 좌파'로 한꺼번에 매도될 수많은 정치·사회 세력이 공통의 목표
를 가지고 모여들었다.

* 주체사상 : 북한의 김일성이 1967년 12월 최고인민회의에서 발표한 내외 정책의 기본 방침. 정치 면에서의 '자주' (自主), 경제
면에서의 '자립' (自立), 국방 면에서의 '자위' (自衛)를 중심 내용으로 하는데, 이를 통해 김일성의 지배 체제가 한층 강화되었다.

6 · 10 장군에 6 · 29 명군

5 · 18 민주화운동 7주년인 1987년 5월 18일, '천주교정의구현전국사제단' 은 서울대
생 박종철朴鐘哲(1964~87)이 그 해 1월 경찰의 물고문을 받다 사망했으며, 정부가 이를
은폐·축소해 왔다는 사실을 폭로했다. 사건 당시 경찰은 박종철을 연행하여 책상을
'탁' 하고 치니 '억' 하고 죽었다는 천인공노할 거짓말로 사건을 덮으려 했다.

5월 27일 '민주헌법쟁취 국민운동본부' 가 결성되어 민주화운동은 더욱 조직적으로
전개되었다. 물러날 뜻이 없던 군부 정권은 더욱 강경한 진압으로 맞서다가 또 한 명
의 젊은 목숨을 앗아 갔다. 6월 9일 연세대생 이한열李韓烈(1966~87)이 시위 도중 경찰이
쏜 직격 최루탄을 맞아 중태에 빠졌던 것이다(이한열은 7월 5일 사망했다). **6월 10일 전
국 22개 도시에서 '박종철고문살인은폐조작규탄 및 민주헌법쟁취 범국민대회' 가 열려 24
만여 명이 참가했다.** 그런데도 전두환 대통령은 노태우 민정당 대표를 기존 헌법에 따
른 차기 대통령 후보로 지명하며 민주화 요구를 일축했다. 그러자 **18일에는 최루탄추
방대회, 26일에는 평화대행진이 이어졌고, 일반 회사원과 중산층까지 합류한 시위대는 100
만 명을 넘어섰다(6월민주항쟁).** 머뭇거리던 야당마저 시위 행렬에 동참하겠다고 밝히
며 정권의 결단을 촉구했다.

**6월 29일, 군부 정권은 1980년처럼 계엄령을 내리고 군대를 투입하는 대신 국민의 요구를
받아들였다.** 그러면서 노태우 대표가 전두환 대통령에게 이를 건의하여 재가(안건을 결
재하여 허가함)를 받은 뒤 자신이 국민 앞에서 선언하는 모양새를 취했다. 이를 '6·29 선
언' 이라 한다. 대통령 직선제를 받아들여도, 야당의 두 지도자인 김영삼과 김대중이

둘 다 출마하여 경쟁하기만 하면 민정당이 승리할 가능성이 충분하다는 계산이었다. 정국은 순식간에 대통령 선거 국면으로 바뀌었다. 김영삼과 김대중은 기다렸다는 듯이 출마 준비에 나섰고, 종교계를 비롯한 재야 세력은 두 야당 정치인의 후보 단일화를 촉구하고 나섰다. 그러나 지지 기반이 다르고 야심만만한 두 김 씨가 단일화에 합의할 가능성은 없어 보였다.

민주화운동을 주도해 온 재야 세력은 고민에 빠졌다. 특히 NL과 PD 등 신생 좌익운동 세력은 더욱 고민이 컸다. 사회주의, 민중 민주주의 등 근본적인 사회 변혁을 꿈꾸던 그들에게 야당 정치인의 대통령 당선은 목표가 될 수 없었다. 그렇다고 해도 군부 독재가 연장되는 것보다는 야당이라도 승리하는 것이 낫기 때문에, 대통령 선거 국면을 부정하거나 모르는 척할 수 없었다.

두 김 씨의 단일화가 무산되자 재야 세력은 둘로 갈라졌다. 한쪽은 두 김 씨 가운데 상대적으로 재야와 가까운 김대중을 지지하되 그의 반민중적 요소는 비판한다는 이른바 '비판적 지지'를 선언했다. 다른 한쪽은 선거 국면을 활용하여 민중운동 세력이 정치 세력화를 이루어야 한다는 '민중 후보론'을 주장했다. 이 세력은 처음에 문익환文益煥 (1918~94) 목사를 민중 대통령 후보로 밀다가 문 목사가 비판적 지지를 선택하자 백기완白基玩(1932~)을 추대했다. 재야 세력 내의 좌익 세력도 분열되어 NL 일부는 비판적 지지로 쏠리고 PD 일부는 민중 후보론으로 쏠렸다.

1987년 12월의 대통령 선거 결과는 비판적 지지도 민중 후보도 아니고, 다른 야당 후보도 아닌, 군부 독재의 적자('본처가 낳은 아들' 로, 여기서는 정통성을 잇는 후계자를 뜻함) 노태우

← 후보단일화가 결렬되면서 김영삼(왼쪽)은 통일민주당 후보로, 김대중 (오른쪽)은 평화민주당 후보로 각각 대선에 따로 출마했다. 결과적으로 민정당의 노태우 후보가 당선되면서 민주세력에 대한 깊은 실망을 안겨 주었다. 이후 김대중과 김영삼은 반목을 거듭해 오다 김영삼이 죽음을 앞둔 김대중의 병상을 찾음으로써 화해의 뜻을 내보였다.

의 승리였다. 야당 분열을 노린 6·29 선언의 속셈이 정확히 들어맞은 것이다. 그것은 1980년대 한국사의 대반전이었다. 체제 내 개혁을 노리는 야당 정치인들은 다음 대통령 선거를 겨냥하여 다시금 경쟁의 고삐를 죄었고, 재야 세력은 서로의 선택에 대한 잘잘못을 따지며 진로를 모색했다.

민주화운동을 함께 추진했던 야당과 재야 세력 내부에는 혁명을 꿈꾸는 사람도 있었고 개혁을 추구하는 사람도 있었다. 하지만 그들이 군부독재 세력을 제거한 뒤 서로의 노선을 놓고 국민 앞에서 경쟁할 기회는 다음으로 미루어졌다. 한국 사회는 반공 군부독재를 완전히 제거하고 민주화된 사회에서 진보와 보수가 대결을 벌이는 단계로 나아가지 못했다. 그 대신 **여전히 군부 및 그 파생 세력과 훗날 '친북 좌파'로 싸잡아 매도될 다양한 좌우 민주화 세력의 대결 구도를 유지하게 되었다.** 이것이 한국 사회에 반공 독재가 뿌리내릴 토양을 제공한 분단의 저주가 아니고 무엇이겠는가?

한국의 선진화는 가능한가

OECD 가입 V

1987년 '6월민주항쟁'으로 어느 정도 민주화의 토대를 마련한 한국 사회에서는 나라의 미래를 놓고 서로 엇갈리는 주장이 나왔다. "한국도 개발도상국에서 벗어나 선진국 대열에 들어갈 수 있다", "한국은 세계 자본주의 체제의 하부 구조에 자리 잡고 있기 때문에 결코 선진국으로 발돋움할 수 없다"라는 주장이 그것이다. 20여 년이 지난 뒤에도 이 해묵은 논쟁은 해답을 얻지 못한 채 계속되고 있다. 분명한 것은 이명박 정부의 중요한 국정 목표 가운데 하나가 '선진화'라는 데서도 알

⬆ 한국은 1996년 OECD(경제협력개발기구)에 가입했다. 사진은 OECD 장관 회의 모습.

S IMF 경제위기

수 있듯이, 대한민국은 아직 선진국이 아니라는 점이다. 여기서 선진국이란 무엇보다도 경제 수준이 세계 상위권에 속하는 나라를 말한다. 그렇다면 1980년대에 나왔던 상반된 주장 가운데 '선진국 불가론'이 맞다고 할 수 있을까? 그리고 대한민국은 정말 선진국이 될 수 없을까? 1990년대의 한국 사회를 되돌아보며 이 문제를 점검해 보자.

⬆ 1997년 찾아온 IMF 경제위기는 하루아침에 실업으로 인한 노숙자들을 양산했다. 사진은 지하철역에서 자고 있는 노숙자.

"한국에서 민주주의를 기대하는 것은 마치 쓰레기통에서 장미꽃이 피기를 바라는 것과 같다."

1950년대 한국을 보고 한 영국인 기자가 했다고 전해지는 말. 그러나 한국인은 4·19, 5·18, 6·10 민주항쟁 등을 거치며 쓰레기통이 꽃밭으로 변할 가능성을 창조했다.

급가속 ― 선진국으로 가는 길

1987년 6월민주항쟁이 6·29 민주화 선언으로 일단락된 뒤 한국 사회의 중심에 등장한 것은 바로 노동자들이었다. 7, 8, 9월에 걸쳐 민주 노조의 건설을 요구하는 대파업이 전국에서 일어났는데, 3,235건의 파업에 120만 명이 참가했다. 1,000명 이상 일하는 대기업 342개 중 209개 공장, 500명 이상 일하는 중규모 기업 943개 중 303개 공장의 노동자들이 파업을 일으킨 것이다. 이에 따라 3개월간 전국에 무려 1,162개의 노조가 새로 설립되었다. 이 같은 대파업은 오늘날의 민주노총과 같은 전국적 지도 조직도 없이 자연 발생적으로 일어났다. 노조를 설립하자고 일어난 대파업이니 제대로 된 노조가 있을 리 없었고, 심지어는 단위 사업장 내의 지도부조차 없었다.

'6월민주항쟁'으로 형성된 정치 민주화의 분위기가 군사 독재 아래에서 아무 권리도 누리지 못하던 노동자들에게 이런 용기를 주었던 것이다. 이 같은 대파업으로 한국 노동자들은 이전과 비교할 수 없는 조건과 대우를 누리게 되었다. 수많은 민주 노조가 생겨나 노동자들의 기본권을 지켜 준 것은 물론이요, 해마다 20% 수준의 임금 인상을 쟁취할 수 있었다. 1990년대 들어 전체 노동자의 임금은 이전에 비해 두 배 가까이 올랐다. 민주 노조들은 1990년 1월에 5만 명으로 '전국노동조합협의회'(전노협)를 결성해 전국적인 연대를 시작했고, 5년 만인 1995년 12월에는 '전국민주노동조합총연맹'(민주노총)을 만들었다. 민주노총은 60만 조합원을 가진 막강한 조직으로 성장하여 노동자의 사회적·정치적 영향력을 확대해 나갔다.

군사 독재 정권은 노동운동을 사회주의운동과 동일시하여 무조건 탄압했고, 자본가들

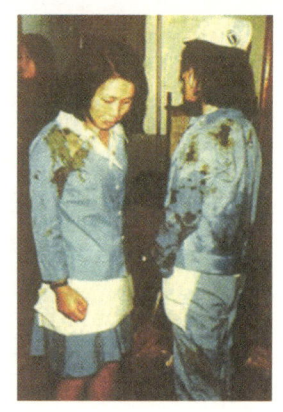

1978년 노조 결성을 요구하다 똥물을 뒤집어쓴 동일방직의 여성 노동자들. 회사 측은 민주노조를 결성하려는 노동자들의 대의원 선거를 방해하기 위해 여성 노동자들에게 똥물을 퍼부었다. 1987년 노동자대투쟁은 이러한 일련의 사건들이 곪아터진 결과였다.

도 노동운동이 경제 발전에 방해가 된다고 주장해 왔다. 그러나 1987년 대파업 이후의 현실은 정반대였다. 한국의 경쟁력은 유신 독재가 한국 경제에 동맥 경화 현상을 유발했던 1970년대 후반부터 심각하게 정체되었다. 하지만 1987년 이후 한국의 생산력은 급격히 되살아나기 시작했다. 1990년대 후반에 이르러서는 세계 11위에 이를 정도로 경제 규모가 커졌다. **민주주의와 국가 생산력이 비례한다는 사실은 한국에서도 진리였다.** 6월민주항쟁과 7, 8, 9월 대파업으로 이룩한 정치 민주화와 경제 민주화는 한국을 세계에서도 존경받는 나라로 우뚝 세웠다. 1990년대는 세계적으로 노동운동과 노동자의 권리가 퇴보하던 시기였으나, 한국만은 노조의 성장과 더불어 노동자들의 발언권이 커져서 많은 나라로부터 경외敬畏(공경하면서 두려워함)의 시선을 받았다.

민주화의 진전과 노동 조건의 개선, 그리고 지속적인 경제 성장은 한국인에게 낙관적인 전망을 안겨 주었다. 1980년대만 해도 한국이 선진국 수준의 경제에 도달하리라는 의견은 꿈에 불과했다. 그러나 1990년대에는 더 이상 꿈만이 아닌 것처럼 여겨졌다. 이러한 낙관론을 상징적으로 보여 주는 사건이 1996년 말의 '경제 협력 개발 기구 OECD 가입'이었다. OECD(Organization for Economic Cooperation and Development)는 1961년에 모습을 드러낸 선진국의 경제 협력 모임으로, 개발도상국에 대한 원조와 자유 무역의 확대를 도모하고 있다. 한국이 29번째 회원국이라는 점에서도 알 수 있듯이, OECD는 반드시 국민 소득이 높은 선진국만 가입하는 클럽은 아니다. 하지만 그곳에서 논의된 사항은 세계무역기구(WTO), 국제통화기금(IMF) 등 세계 경제 기구의 정책으로 채택되는 사례가 많다. 따라서 OECD 가입은 한국의 경제적 지위를 안팎에 과시

1995년 6월 29일 오후, 서울의 삼풍백화점이 순식간에 무너졌다(사진). 500명이 넘게 사망하고 900여 명의 부상자를 낸 이 사건은 성수대교 붕괴 사건과 함께 고속 성장의 폐해를 보여 준 대표적 사건이었다.

하기에 안성맞춤인 이벤트였다.

OECD에 가입하면서 한국은 '경상經常(국제 거래에서 자본 거래를 제외한 부분으로, 상품의 수출입·서비스 등을 말함) 무역 외 거래 자유화 규약', '자본 이동 자유화 규약' 등을 준수하지 않으면 안 되게 되었다. 이러한 규약은 그 당시까지만 해도 한국에서는 비교적 낯선 신자유주의(국가 권력의 시장 개입을 비판하고, 시장의 기능과 민간의 자유로운 활동을 중시하는 이론) 세계화에 기초한 것이었고, 이를 준수할 경우 한국에는 적지 않은 경제적 충격이 올 수밖에 없었다. 사실 신자유주의 경제는 1990년대 한국 사회에서 소리 소문 없이 그 위력을 발휘하는 중이었다. 그러나 선진국의 꿈에 젖어 있던 한국인은 코앞에 어떤 위험이 다가오고 있는지 깨닫지도 못한 채 하루하루를 보내고 있었다.

급제동—IMF 경제 위기

신자유주의 경제의 핵심은 시장에 대한 국가의 개입을 최소화하고 자본에 무한한 자유를 주는 데 있다. 한국에서도 이처럼 자본 자유화를 추진하려는 움직임은 일찍부터 있어 왔지만, 본격적으로 시도된 것은 1990년대 들어서였다. 정부의 시장 개입을 단적으로 보여 주는 예가 '경제개발 5개년 계획' 같은 국가 차원의 계획인데, 1993년부터는 이것도 없어졌다.

1995년에는 자본과 무역의 완전 자유화를 목표로 하는 WTO가 출범했고, 여기에는 한국도 적극적으로 참여했다. WTO는 우루과이 라운드*(그래서 한국에서는 이를 빗대어 '우

---

* 우루과이 라운드(UR) : 관세무역일반협정(GATT, 지금은 WTO로 바뀌었음)의 새로운 다국 간 무역 협상을 이르는 말. 21세기를 향한 세계 무역 질서의 구축과 보호 무역주의의 철폐를 목적으로 1986년 9월 우루과이에서 첫 회합이 열렸다. 상품뿐 아니라 서비스·무역 관계 투자 등의 분야도 협상 대상으로 채택되었으며, 여러 번의 협상을 거쳐 1993년 12월에 타결, 1995년부터 발효되었다.

우루과이 라운드를 저지하기 위한 전국농민대회.

르르 꽝'이라고 말하기도 했다)의 오랜 논의 끝에 나온 결과물로서, 그러한 논의는 한국 농업을 빈사瀕死(거의 죽게 됨) 상태로 몰고 갈 것이 뻔한 쌀 개방 등 농업 분야의 개방을 포함하고 있었다. 당장 큰일 난 것은 농업이었지만, WTO의 출범은 농업뿐 아니라 한국 경제 전반이 신자유주의 경제 체제 안으로 편입되기 시작했다는 신호탄이었다.

1996년 말에는 신자유주의 노선에 따라 정리 해고를 법적으로 가능하게 하는 노동법 개정이 시도되었다. 이에 대해 민주노총은 총파업으로 맞서 국민의 지지 속에 20여 일간 투쟁을 벌였고, 김영삼 정부는 결국 노동법 개정을 포기하고 말았다. 민주노총이 전 세계 노동 운동계의 영웅으로 떠올랐음은 말할 나위도 없다. 그러나 민주노총이나 이를 지지한 한국민 모두 그들의 승리가 세계사적으로 매우 중요한 의미를 지닌다는 사실은 잘 모르고 있었다.

노동법 개악을 저지한 지 얼마 안 되어 한국 경제는 곳곳에서 이상 징후를 보이기 시작했다. 한보철강을 시작으로 1997년 한 해 동안 대기업 12곳이 부도를 내고 무너졌다. 국내외를 가리지 않고 무분별하게 빚을 내어 사업을 키워 가던 대기업들이 한꺼번에 무너져 내린 것이다. 그 당시 30대 재벌의 평균 부채(빚) 비율은 자기 자본의 5배를 넘었다. 이렇게 재벌들이 연쇄 부도를 내자 돈을 빌려 준 금융 기관들도 부실 덩어리가 됐다. 예전 같았으면 국가가 개입하여 기업들의 방만한 경영을 규제하고 나섰을 것이다. 그러나 이미 신자유주의 경제 정책을 도입하고 있던 정부는 OECD에 가입하기 위해, 준비도 안 된 상태에서 자본 시장의 개방을 확대해 문제를 더 크게 만들었다.

사태가 이 지경에 이를 때까지 정부도 국민도 심각성을 몰랐다. 1997년 말 주가가 폭

락하고 환율이 급등하며 위기가 본격화되기 직전에도 정부는 "경제의 펀더멘틀 fundamental(기초 경제 여건)이 좋아 위기가 아니다"라고 강조했고, 언론도 위기를 경고하지 않았다. 한국 경제가 그대로 망가지도록 미국, 일본 등의 우방이 내버려 두지는 않을 것이라는 믿음도 있었다. 그러나 미국 정부와 자본은 냉정했다. 파산 직전에 이른 한국 경제에 외환을 공급하기는커녕 투자한 자금마저 속속 빼내 갔다. 같은 해 타이에 경제 위기가 닥쳤을 때 이를 지원했던 일본조차 미국의 태도에 따라 한국의 위기에는 눈을 감았다. 미국은 시종일관 IMF에 구제 금융을 신청하라는 태도를 보였다. 그러한 태도 뒤에는 IMF가 한국의 경제 구조를 신자유주의 경제 체제에 맞게 바꿔 놓을 것이라는 판단이 깔려 있었다.

1997년 11월 21일, 정부는 끝내 미국의 권유대로 IMF에서 돈을 빌리겠다고 발표했다. IMF 관계자들은 긴축 재정, 고금리 정책, 기업 구조 조정 등 강도 높은 조치를 조건으로 내걸고 580억 달러의 구제 금융을 제공하기로 한국 정부와 합의했다. 그러는 동안에도 주가는 400선이 무너져 1년 만에 반 토막이 났고, 금리(돈을 빌리거나 빌려 줄 때 내는 이자)는 25% 넘게 폭등했으며, 환율도 달러당 1,700원대로 치솟았다. 이듬해 민주노총은 노사정 협의회에 나가 1년 전 그토록 힘들게 저지했던 정리 해고의 도입에 찬성하고 말았다. 이에 따라 수많은 노동자가 합법적으로 해고되어 거리로 나앉았고, 1987년 이래 힘겹게 쟁취했던 노동자들의 권리는 일부 정규직 노동자들의 것으로 축소되어 버렸다. 1년 전의 위대한 승리가 "어, 어" 하는 사이에 물거품이 되고 말았던 것이다.

← 1996년 12월 26일 여당이었던 신한국당(한나라당의 전신)은 새벽 6시 국회를 소집해 노동법과 안기부법을 날치기로 통과시켰다. 그 결과 정리 해고제가 도입되고 쟁의기간 임금 지급 금지 등 노동자들의 권리가 축소되고 수많은 비정규직이 양산되었다. 사진은 날치기 통과를 규탄하는 야당의원들의 시위.

IMF 경제 위기는 1990년대 내내 지속되던 한국인의 선진국 꿈을 짓밟아 버렸다. 1980년대에도 이 같은, 아니 이보다 더 큰 위기를 겪었지만 그때의 한국인은 미래에 대한 낙관적인 전망을 잃지 않았다. 그러나 이번에는 달랐다. 민주주의와 경제 성장을 동시에 이룩한 나라로 존경받던 자부심은 만인의 조롱을 받았다. 무엇보다 **한국인 스스로 깊은 좌절을 겪으면서 자신감을 상실한 점이 IMF 경제 위기의 최대 손실이었다.**

급변하는 대한민국

IMF 경제 위기는 한국에 한 가지 좋은 선물을 안겨 주었다. 위기의 와중에 치러진 제15대 대통령 선거에서 헌정사상 최초로 국민 선거에 의해 '정권 교체'가 이루어진 것이다. 1990년 3당 합당을 통해 거대 여당으로 태어난 신한국당(1997년 대통령 선거 당시에는 한나라당)은 일본의 자유당처럼 웬만해서는 권력을 내놓지 않을 것처럼 보였다. 하지만 엄청난 경제 위기를 불러온 책임에서 벗어나지 못하여 선거에서 패하고 말았다. 경제 위기의 극복을 내걸고 권력을 쥔 김대중 대통령은 IMF가 요구하는 대로 신자유주의 경제 체제로의 개혁을 착착 진행시켜 나갔다.

이러한 결과를 놓고 많은 사람이 1990년대 초의 **'워싱턴 컨센서스consensus'**를 떠올린다. 워싱턴 컨센서스란 미국의 정치 경제학자인 존 윌리엄슨John Williamson이 1989년 자신의 저서에서 라틴 아메리카 등 개발도상국에 대한 경제 개혁 처방을 제시하며 붙인 이름이다. 그의 처방은 한마디로 **미국의 신자유주의 경제 체제를 개발도상국으로 확산시켜야 한다는 것이었다.** 따라서 워싱턴 컨센서스는 라틴아메리카뿐 아니라 한국 등

금모으기 운동에 동참한 종교 지도자들. IMF 사태로 외화가 부족해지자 달러를 모으기 위한 금모으기 운동이 시작되었다. 금모으기 운동은 '제2의 국채보상운동'이라는 평가를 받으며 전국적으로 전개되었다.

아시아 국가들을 포함한 전 세계 개발도상국의 경제 시스템을 미국의 자본과 기업이 진출하기 쉽게 만들어 이익을 증진시키려는 술수라는 비판도 받고 있다.

이러한 워싱턴 컨센서스는 1990년대 초 IMF와 세계은행IBRD(국제 연합UN 산하의 국제 금융 기관)의 전문가들, 미국 내 정치 경제학자들, 행정부 관료들의 논의를 거쳐 정립됐다. 이때 워싱턴 컨센서스가 제안한 개발도상국 경제의 구조 조정 프로그램에는 '정부 예산 삭감, 자본 시장 자유화, 외환 시장 개방, 관세 인하, 국가 기간산업基幹産業(전력·철강·가스 등 나라 산업의 기초가 되는 산업) 민영화, 외국 자본에 의한 국내 우량 기업의 인수 합병(M&A) 허용' 등 IMF가 한국에 요구한 내용이 그대로 담겨 있다.

그런데 워싱턴 컨센서스는 개발도상국에 외환 위기가 발생하면 이를 계기로 해당 국가에 구조 조정을 요구하도록 권고하고 있다. 또 구조 조정을 이루려면 기존의 보수 정권보다는 중도 개혁 성향의 정권이 집권하는 쪽이 좋다는 견해도 내놓고 있다. 그래야 많은 국민이 이를 개혁으로 인식하고 기업과 노조의 반발도 최소화할 수 있다는 것이다. 이러한 발상은 1980년대 미국 레이건 대통령과 영국의 대처M. H. Thatcher(1925~) 수상 등 보수 정권이 신자유주의 개혁을 추진했다가 적지 않은 반발에 부딪친 경험에서 나왔다고 한다.

우연의 일치였는지 이 내용은 1990년대 말 한국의 상황과 유사하다. 미국과 IMF는 한국의 외환 위기를 계기로 삼아 한국에 신자유주의적 구조 조정을 요구했으며, 때마침 한국에는 보수 정권이 퇴진하고 개혁을 지향하는 정권이 들어섰다. 그리고 새 정부는 거의 아무런 저항도 없이 IMF의 요구에 따라 한국 경제를 개편해 나갔다.

해고철회와 복직을 요구하는 쌍용자
동차 노동자와 가족들. 2009년 쌍용
자동차의 대량해고 사태는 노동자들
이 처해 있는 불안한 고용 상황을 여
실히 보여 주었다.

1998년 1년 동안 약 6만 8,000개의 사업체가 문을 닫을 정도로 강도 높은 구조 조정을
실행했고, 매월 10만 명 가량의 신규 실업자가 발생할 정도로 대대적인 정리 해고를
단행했다. 이 과정에서 특히 금융 부분이 집중적인 구조 조정 대상이 되었다. 또한 외
국인의 주식·채권 투자를 전면 허용하고, 외국인 지분(외국인이 소유할 수 있는 몫) 한도를
100%까지 풀어 주며, 기업의 인수 합병을 자유롭게 할 수 있도록 제도를 바꾸어 외국
자본이 활동할 수 있는 폭을 넓혀 주었다.

김대중 정부의 구조 조정은 한국 사회를 크게 바꾸어 놓았다. 구조 조정 덕분이었는지
한국 경제는 1년여 만에 살아나기 시작했으나, 그것은 1990년대 초의 발랄했던 한국
경제는 아니었다. 노동자들에게 어느 정도 소득 분배가 이루어지던 상황에서 후퇴하
여 부익부 빈익빈의 양극화가 회복하기 어려울 만큼 진행되었으며, 노동자들은 정규
직과 비정규직으로 갈라져 단합할 힘을 잃어버렸다. IMF 경제 위기를 맞아 완전히 멀
어져 버린 듯했던 선진국의 꿈이 21세기 들어 다시 모락모락 피어나고 있지만, 이는
1990년대 초에 우리가 꿈꾸던 선진국의 모습과는 거리가 멀다.

민주적 정권 교체를 이룩했던 정치 세력이 왜 이 같은 결과를 가져올 경제 정책을 선
택했을까? 상세한 원인 규명은 정치학자와 경제학자에게 맡기더라도 향후 한국 국민
의 선택과 관련하여 한 가지는 분명하다. **한국이 진정한 선진국으로 가기 위해서는, 국내
외 자본에 대한 통제가 민주주의적 신념과 어긋나지 않는다는 점을 알고 있는 정부가 나라
를 이끌어야 한다는 사실이다.**

아직도 민족주의는 유효한가

세계화 V

미국 피츠버그 컨벤션센터에서 열린 2009년 G20 정상회의에 참석한 각국 정상들.

한국은 민족주의 정서가 매우 강한 나라다. 일본의 식민 지배에 저항하면서 근대적 민족의식이 형성되었기 때문에 더욱 그러하다. 민족주의는 '양날의 칼'로서 억압자에 대항해 민족 간의 평등과 평화를 추구하는 진보적 측면이 있는가 하면, 다른 민족을 배척하고 민족 내의 다양성을 무시하는 퇴행적 측면도 있다. 1990년대 이래 한국 사회에 거세게 불기 시작한 세계화의 바람은 아직도 대외 종속의 극복,

S 민족주의

분단의 해소 등 숱한 민족적 과제를 안고 있는 한국인에게 크나큰 고민과 혼란을 안겨 주고 있다. 세계화 시대에는 민족을 버리고 세계인으로 살아가야 하는가, 아니면 더욱더 민족을 내세워 세계의 다른 민족과 경쟁해야 하는가? 21세기 한국 사회의 최대 쟁점으로 떠오르고 있는 이 문제의 내력을 찾아 역사 속으로 들어가 보자.

⬆ 한미 FTA 반대 시위에 참가한 농민들.

민족주의의 시대

민족에 대한 정의만큼 복잡한 것도 없지만 한국 민족주의가 일제 식민 지배를 겪으면서 분명한 모습을 갖추었다는 데는 별 이론이 없을 것이다. 20세기의 거의 절반을 노예 신세로 보낸 한국인은 식민주의에 맞서 민족적 자존심과 독자성을 지키고 입증하는 데 온 힘을 다해야 했다.

일본 제국주의자들은 한국의 사회·경제 발달 정도가 10세기 말의 일본 촌락 경제 수준에 머물러 있다는 '정체성론'을 폈다. 또 한국인은 주체적으로 자기 역사를 이끌고 나갈 역량이 없어 늘 중국, 몽골, 일본 등 외세의 간섭을 받아 왔다는 '타율성론'도 제기했다. 한마디로 한국은 독자적으로 나라를 꾸릴 자격이 없으므로 일본에 병합되는 것이 당연하다는 논리였다.

이에 맞서 한국인은 자주 독립 의지를 천명하고 일제에 맞서 독립을 쟁취하려 했다. **남녀 귀천을 가리지 않고 모든 계층의 한국인이 거족적으로 '대한 독립 만세'를 외치고 나선 3·1 운동은 한국 민족주의의 거대한 이정표**였다. 그 뒤 한국인은 나라 안팎에서 집요한 독립운동을 펼쳐, 제2차 세계대전이 끝나 갈 무렵 연합국으로부터 전후에 독립해야 할 민족으로 인정받을 수 있었다.

해방 후 한국 민족주의의 과제는 세계의 발전 추세에 발맞추어 독자적인 나라를 꾸려 가는 능력을 보여 주는 것이었다. 그러기 위해서는 먼저 일제 강점기 동안 우리 민족의 자주성을 부정하고 일제에 협력했던 친일파를 청산해야 했다. 그러나 한국인은 이 과제를 완수하지 못했다. 분단 때문이었다. 분단은 한국인 내부에 있던 좌우 갈등을

---

* 해방 직후 숨죽이고 있던 친일파들은 좌우 대립이 격화되는 틈을 타 정계·언론계·경찰계 등에 자리 잡고 '공산주의 타도'를 외쳤다. 심지어 독립운동의 한 축을 담당했던 민족주의자들도 좌익으로 몬 뒤, 이 나라 우익의 대표 주자 노릇을 하기 시작했다.

일제 강점기 조선사편수회 회원들. 조선 총독 데라우치는 "조선인에게 일본혼을 심어 줘야 한다. 그렇지 않고 조선인의 민족적 반항심이 타오르게 된다면 이는 큰일이므로 영구적이며 근본적인 사업이 필요하다"라며 식민통치에 필요한 역사자료를 수집하라는 지시를 내렸다. 이 역할을 담당한 것이 조선사편수회였다.

그대로 남북 지역 갈등으로 바꿔 놓았다. 사회주의를 내세운 북한의 위협은 숨죽이고 있던 남한의 친일파를 반공 투사로 불러내기에 이르렀고, 남한 정부는 북한 공산주의자와 맞선다는 명분 아래 친일파의 청산을 유보했다.[*] 따라서 한국 민족주의의 과제도 연장될 수밖에 없었고, 해방 후 수십 년이 흘러 역사적 환경이 사뭇 달라질 때까지도 이 땅에서는 친일파를 둘러싼 논란이 사그라지지 않았다.

그런데 일본의 식민 지배라는 역사적 경험은 한국 민족주의에 한 가지 특징을 안겨 주었다. 제2차 세계대전 이후 제3세계 국가에서는 민족주의 하면 '반미'反美를 떠올리는 일이 많았다. 하지만 한국에서만큼은 미국이 일본으로부터 조국을 해방시켜 준 '천사의 나라'였다. 이러한 예외적 현상은 1980년대 초까지 30여 년간 이어졌다. 그러나 5·18 민주화운동 당시 한국 민중의 기대에 부응하지 못한 미국의 처신은, 마침내 한국에서도 미국 공관公館(외국에 설치하는 외무부의 파견 기관. 대사관·공사관·총영사관 등이 있음)이 공격받고 민중이 '양키 고 홈'을 외치는 제3세계 공통의 현상을 불러일으켰다. 미국도 결국 국익에 따라 한국인을 배신할 수 있다는 인식 때문에, 그 뒤 한국에서는 아랍 유전 지대에서만큼 폭력적이지는 않지만 미국을 불신하는 대중 시위가 끊임없이 일어나곤 했다.

2002년 한일 월드컵이 한창이던 6월 13일, 경기도 양주의 두 여중생이 미군 장갑차에 깔려 죽는 사건이 일어났다. 이 사건의 피의자인 미군을 사법 처리하는 과정에서 관련 협정의 불평등이 노출되자,[**] 한국에서는 강력한 민족주의적 성향의 촛불 집회가 열렸다. 5·18 민주화운동을 체험하지 못한 젊은 세대의 반미 감정은 어떻게 보면 일제의

[**] 미군 장갑차 사건이 일어난 뒤 미군 측이 관련자 처벌에 소극적인 태도를 보이자, 우리 법무부는 재판권 포기를 요청했다. 그러나 '한미행정협정'(SOFA)에 따라 1차적 재판권을 갖고 있던 미군은 이를 거부했고, 11월 20일과 22일 미군 군사 법원에서 재판을 열어 피의자인 2명의 미군에게 무죄를 선고했다.

미국산 쇠고기 수입을 저지하기
위한 촛불 집회.

식민 사관을 극복하고 민주주의와 경제 성장을 이룩한 전후 한국인의 자신감에서 비롯되었다고도 할 수 있다. 2008년 미국산 쇠고기 수입 반대 촛불 집회에 이르는 한국인의 반미 운동에는 미국이 한국을 무시하고 있다는 생각이 깔려 있었다. 미국이라는 초강대국이 자존심과 자긍심을 회복해 가는 한국인을 그에 걸맞게 대접해 주기는커녕 제 잇속만 챙기고 있다는 것이다.

한편 21세기 들어 한국 민족주의에 대한 새로운 도전이 예상치 못했던 방향으로부터 시작되었다. 바로 2002년부터 추진된 중국의 동북공정(정식 명칭은 '동북 변경 지역의 역사와 현상에 관한 체계적인 연구 과제' 임)이었다. 동북공정은 한반도 통일 이후에 생길 영토 분쟁에 대비하는 연구 프로젝트로, 현재의 중국 동북 지역을 무대로 전개된 과거의 역사를 모두 중국 역사에 귀속시키는 것을 목표로 한다. 이로 인해 고조선, 고구려, 발해 등 중국 동북 지역을 생활 터전으로 삼았던 나라의 역사가 통째로 중국사의 일부가 될 위기에 놓여 있다.

여기에 일본 우익은 자신들의 식민 지배를 합리화하는 왜곡된 역사 교과서를 끈질기게 제작·배포하여 한국인을 자극하고 있다. 심지어는 해묵은 독도 영유권 분쟁마저 들고 나와, 과거의 역사만이 아닌 현재의 영토를 둘러싼 대립까지 불러일으키고 있다. 중국이 가세한 동북아시아의 역사 전쟁은 한국 민족주의가 미처 예상치 못했던 심각한 문제다. 특히 중국에서는 예전에 없던 민족주의 분위기가 급상승하고 있어, 이 문제의 앞날이 더욱 험난할 것임을 예고하고 있다. 한마디로 한국 민족주의는 모든 방향에서 새롭고 크나큰 과제에 직면해 있는 것이다.

일본의 영유권 도발로 한시도 잠잠할 때가 없는 독도.

세계화의 도전

민족 국가 수립이라는 한국 민족주의의 과제를 좌절시킨 것은 분단이었다. 분단은 세계를 자본주의 진영과 사회주의 진영으로 나눈 냉전의 산물이었다. 그런데 1970년대 이래 세계를 휩쓴 신자유주의의 바람이 1990년대에 소련과 동구권을 휩쓸며 냉전을 해체한 뒤에도 한반도는 통일되지 않고 있다.

신자유주의란 제2차 세계대전 이후 세계 자본주의 경제를 이끌어 왔던 브레턴우즈 체제가 흔들리면서 새롭게 나타난 경제 논리다. 브레턴우즈 체제는 '달러'를 기축통화基軸通貨(국제간의 결제나 금융 거래의 기본이 되는 화폐)로 삼은 고정 환율제*로 세계 경제를 하나로 묶으면서 자유 무역을 추구하는 금융 체제였다. 그런데 1970년대 초 아랍 산유국이 석유를 무기로 삼자 석유 값이 폭등하면서, 미국 경제가 총체적 위기에 빠졌다.

브레턴우즈 체제는 세계 여러 나라가 준비한 금에 대해 미국이 언제든 달러로 바꿔 줄 수 있을 때에만 유지된다. 하지만 그럴 능력을 잃어버린 미국은 달러의 금 태환(지폐를 금과 바꿈)을 정지한다고 선언했다. 고정 환율제가 해체되고, 세계 각국은 그때그때의 경제 상황에 따라 환율을 달리하는 변동 환율제로 전환했다. 그러자 환율 차이에서 이익을 얻으려고 국경을 넘나들며 돈을 넣었다 뺐다 하는 금융 투기 세력이 활개를 치기 시작했다. 하지만 달러는 여전히 기축 통화였으므로, 무역을 할 때는 달러로 사고팔아야 했다. 그런데 달러 값이 환율에 따라 춤을 추다 보니, 세계 각국은 언제 달러 부족으로 외환 위기의 덫에 걸릴지 모르는 불안한 상황에 노출되었다.

미국 경제의 위기는 근본적으로 1950년대 이래 누리던 자본주의의 황금시대가 끝나

---

* 고정 환율제 : 각국 화폐 사이의 환율, 곧 자기 나라 돈과 다른 나라 돈의 교환 비율을 일정 수준으로 고정시키는 제도를 말한다.

2003년 WTO 각료회의가 열린 멕시코 칸쿤에서 스스로 목숨을 끊은 노동운동가 이경해의 장례식. 그가 마지막으로 남긴 말은 "WTO가 농민을 죽인다"였다. 오른쪽 페이지의 사진은 칸쿤의 임시 분향소에서 고인을 추모하는 사람들의 모습.

고, 산업 활동으로부터 얻는 이익이 급격히 줄어든 데 있었다. 자본주의란 자본가가 생산 시설을 마련하고 노동자를 고용해 제품을 생산하여, 이를 시장에 팔아서 이익을 얻는 체제다. 그러한 산업 활동에서 나오는 이익이 줄어들면, 자본가는 생산 시설과 노동자에 대한 투자를 꺼리게 마련이다. 그리고 '돈이 돈을 버는' 금융 쪽에 손대고 싶은 유혹을 느낀다. 그런데 기존의 미국 경제는 국가가 일정하게 시장에 개입하여 생산과 노동을 유지하는 데 필요한 규제를 가하기도 하는 체제였다. 이제 미국 자본가들은 이러한 규제로부터 벗어나고 싶어졌다. 그래서 국가 규제를 포함한 어떤 장애도 없이 돈을 굴리고 이익을 추구하기 위해 만들어 낸 것이 '신자유주의'였다.

신자유주의는 세계를 무대로 한 금융 자본의 경제 논리다. 따라서 처음부터 세계 각국에서 자유롭게 투자하고 이익을 얻기 위한 방법을 모색했다. 그것이 1980년대 이래 세계를 휩쓴 '세계화'의 동력이었다. 자본주의와는 다른 메커니즘을 가지고 경제를 운영하는 사회주의 체제는 이러한 세계화의 가장 큰 장애물이었다. 소련과 동구권의 몰락은 신자유주의 세력이 얼마나 절실하고 강력한 세계화의 의지를 갖고 있었는지 잘 보여 주는 사건이었다.

이러한 세계화의 거센 물결 속에 독일이 통일된 것은 당연한 일이었다. 신자유주의 세계화의 주도 세력인 서독의 공세 앞에서 동독과 소련은 배겨 낼 재간이 없었다. 그러나 똑같은 세계화의 물결 속에서도 한반도의 통일은 앞당겨지기는커녕 냉전 이전과 같은 교착 상태에서 벗어날 조짐을 보이지 않고 있다. 그것은 무엇보다도 한국이 서독과 같은 신자유주의의 주도 세력이 아니라, 오히려 신자유주의 세력의 사냥감 중 하나

였기 때문이다. 1997년 IMF 외환 위기는 그러한 현실을 똑똑히 보여 준 사건이었고, 이를 계기로 한국 사회는 신자유주의 세계 질서로 철저하게 편입되기 시작했다.

신자유주의 세계화는 한국 민족주의가 이전에 경험하지 못한 최대의 시련이다. 신자유주의 시대를 주도하는 국제 금융 자본은 국경을 초월한 자본 투자의 자유를 추구한다. 따라서 온 힘을 다해 민족 국가 단위의 권력과 각종 심리적·문화적 장벽을 허물어 버리려 하고 있다. 이 때문에 경제뿐 아니라 사회·문화의 모든 분야에서 민족의 주권과 정체성이 위협받는 현상이 일상화되어 가고 있다. 한국 농촌이 국제 경쟁력에서 뒤진다는 이유로 도태되고, 기업과 은행의 소유권도 속속 외국인에게 넘어가고 있다. 또 매일 아침 미국과 유럽의 주가 동향이 뉴스의 첫머리를 장식하고 있으며, 외국 유학파가 정부와 기업, 대학의 주도권을 장악한 데 이어, 영어 몰입 교육과 영어 공용화도 노골적으로 추진되는 중이다. 한국 민족주의는 배타적 국수주의라는 부정적 방향으로 흐를 가능성이 나타나기도 전에 총체적으로 무장 해제 당할 위기를 맞이한 것이다.

다문화 사회를 위하여

한국 경제가 신자유주의적으로 재편되면서 나타난 가장 부정적인 현상은 비정규 노동의 법제화에 따른 고용의 불안정과 정리 해고, 노동자의 분열 그리고 사회 양극화다. 여기서 더 나아가 자본의 세계화는 노동의 세계화를 촉진하여, 한국에도 토착 노동자보다 훨씬 낮은 임금과 열악한 노동 조건을 감수하는 외국인 노동자들이 흘러들고 있다. 이들은 언제 추방당할지 모르는 불안정한 상태와 힘든 노동에 더해, 한국인의 민

네팔인 미노드 목탄. 그러나 한국 이름 '미누'로 더 잘 알려진 사진 속 청년은 2009년 10월 서울출입국 관리소에 의해 강제출국당했다. 그는 18년 동안 한국에 체류하면서 다양한 문화활동을 펼쳤지만 단지 불법 체류자라는 이유만으로 쫓겨나고 말았다. 미누의 강제출국은 다문화주의를 받아들이지 못하는 한국 정부의 옹졸함을 드러낸 사건이었다.

족주의적 차별이라는 삼중고에 시달리고 있다.

외국인 노동자를 한국 사회의 구성원으로 받아들여야 한다는 다문화주의는 한국 민족주의에 대한 또 하나의 도전이다. 다문화주의는 오늘날의 세계화가 민족주의만으로 치유될 수 없는 복합적인 현상이라는 사실을 말해 준다. 그동안 한국 민족주의가 긍정적인 역할을 해 왔다면, 그것은 외세의 부당한 억압에 맞서 민족 간의 평등과 인류 사회의 진보를 위해 싸웠기 때문이다. 민족의 주권과 자존을 위협하는 신자유주의 세계화에 저항하는 것도 민족주의의 정당한 권리다. 그러나 다문화주의에 맞서 한국인의 순혈주의純血主義를 고수하기 위해 싸운다면? 그것은 아직까지 한국 민족주의가 노골적으로 내비치지 않았던 치졸한 배타성을 드러내어, 다른 긍정적 측면까지 한꺼번에 날려 버리는 최악의 결과를 불러올 것이다.

외국인 노동자 문제는 세계화 시대에 한국 사회가 나아가야 할 길을 분명히 보여 준다. **한국인은 민족주의를 넘어 외국인 노동자를 포함한 사회 여러 계층의 연대를 통해, 신자유주의 세계화가 몰고 온 양극화와 노동자의 분열을 하루빨리 극복해야 한다.** 그리고 '배달겨레' 운운하는 순혈주의에서 벗어나, 여러 문화권에서 온 사람들을 동반자로 인정하고 배려하는 개방된 사회로 나아가야 한다.

그렇다고 해서 한국 민족주의의 역할이 끝났냐고 한다면, 그것은 명백히 아니다. 앞에서 살펴본 대로 통일이라는 한국 민족주의 최대의 과제가 아직 이루어지지 않았을 뿐 아니라, 세계화를 맞아 민족의 주권과 정체성이 새로운 도전을 받고 있기 때문이다. 통합이 추진되는 유럽과 달리 동아시아에서는 일본의 역사 교과서 왜곡과 독도 문제,

중국의 동북공정 등에서 볼 수 있는 것처럼 민족주의의 파도가 높게 일고 있다. 1990년대 이후 한국 사회에서는 진보를 표방한 지식인들이 섣불리 민족주의의 역할을 부정하다가 대중으로부터 매도당하거나 스스로 진보의 길에서 벗어나는 사례가 적지 않았다.

세계화 시대의 한국 사회는 앞으로 나아가기 위해서 민족주의를 넘어설 것을 요구받고 있지만, 그러기 위해서는 **민족의 주권과 정체성을 지키고 통일을 이룩한다는 민족주의적 과제도 외면할 수 없는 처지에 놓여 있다.** 세계화 시대에도 민족주의는 자유와 진보를 추구하는 한국인의 반려(伴侶)인 것이다.

찾아보기